上海社会科学院
经济研究所
青年学者丛书

中国制造业企业自主创新能力提升研究
趋势把握与政策选择

张伯超 / 著

上海社会科学院出版社
SHANGHAI ACADEMY OF SOCIAL SCIENCES PRESS

丛书编委会

主编： 沈开艳

编委： （按姓氏笔画为序）

王红霞　贺水金　唐忆文　韩汉君

韩　清　詹宇波

丛 书 总 序

上海社会科学院经济研究所作为一家专业社会科学研究机构,主要从事政治经济学、经济史、经济思想史等基础理论研究。近年来,顺应上海社会科学院国家高端智库建设的要求,经济研究所依托学科优势,实施学科发展与智库建设双轮驱动战略,在深入开展基础理论学术研究的同时,也为政府和企业提供决策咨询服务。经过多年的努力,经济研究所在宏观经济运行、产业与科技创新发展、区域经济发展、金融与资本市场发展、贸易中心与自贸区建设、能源与低碳经济等研究领域,积累了大量的高质量研究成果。

党的十八大以来,习近平总书记把马克思主义政治经济学的基本原理同中国特色社会主义的实践相结合,发展了马克思主义政治经济学,提出一系列新思想新论断,创新并丰富了中国特色社会主义政治经济学理论,为中国和世界带来了新的经济发展理念和理论。

新时代中国特色社会主义政治经济学的提出,一方面,对包括经济研究所科研人员在内的广大经济理论研究工作者提出了新的、更高的理论研究要求;另一方面,也为经济学理论研究拓展出更为广阔的研究领域。

根据我国经济理论和现实发展现状,学术界迫切需要研究下列理论问题:关于社会主义初级阶段基本经济制度的理论,关于创新、协调、绿色、开放、共享发展的理论,关于发展社会主义市场经济、使市场在资源配置中起决定性作用和更好发挥政府作用的理论,关于我国经济发展进入新常态、深化供给侧结构性改革、推动经济高质量发展的理论,关于推动新型工业化、信息化、城镇化、农业现代化同步发展和区域协调发展的理论,关于农民对承包的土地具有所有权、承包权、经营权属性的理论,关于用好国际国内两个市场、两种资源的理论,关于加快形成以国内大循环为主体、国内国际双循环相互促进的新发展格局的理论,关于促进社会公平正义、逐步实现全体人民共同富裕的理论,关于统筹发展和安全的理论等一系列基本理论,等等。这些理论涵盖了中国特色社会主义经济的生产、分配、交换、消费等主要环节,以及生产资料所有制、分配制度与分配方式、经济体制、宏观经济管理与调控、经济发展、对外开放等各个层次各个方面的主要内容。这些研究主题当然也成为经济研究所科研人员面临并需要重点推进的研究课题。

青年科研人员代表着一家社会科学研究机构的未来。经济研究所长期以来一直重视支持青年科研人员的研究工作,帮助青年科研人员提升其研究能力,组织出版《上海社会科学院经济研究所青年学者丛书》就是其中的重要举措之一。本丛书包括的著作基本上都是本所青年学者的处女作,是作者潜心研究、精心撰写,又根据各方面意见建议反复修改打磨的精品成果,也是作者进入经济学专业研究生涯的标志性科研成果。

本丛书的研究主题涉及理论经济学一级学科的重要议题,毫无疑问,这些研究成果对于经济研究所的学科建设工作将发挥重要作用。另一方面,本丛书中的很多研究成果与当前我国经济社会现实发展问题密切关联,这就为进一步开展决策咨询研究作了坚实的理论思考准备。因此,本丛书的出版也将促进经济研究所的智库研究工作。

2026年将迎来经济研究所建所70周年,本丛书将成为经济研究所青年科研人员向所庆70周年呈献的一份厚礼。

丛书编委会
2023年8月30日

前　言

　　自从改革开放以来,中国在过去四十多年的时间里,其经济始终保持高速增长态势,然而,随着"人口红利"的消失以及投资效率的递减(蔡昉,2013),以要素投入为标志的粗放式增长动力日益衰减,中国经济现已进入中低速增长通道。2014年中央经济工作会议也指出,中国经济发展进入"新常态",正从高速增长转向中高速增长,经济发展动力从传统增长点转向新增长点[①]。以索洛(Solow,1956)为代表的新古典经济增长理论研究表明,经济增长的动力主要倚仗资本、劳动等生产要素投入的持续增加以及全要素生产率(TFP)的提高,其中全要素生产率的提高对推动有效人均GDP的增长更为重要(Hall & Jones,1999)。因此,在中国经济发展进入"新常态"阶段,资本和劳动要素投入增速放缓的现实背景下,中国经济发展的关键动力机制应该由原来的投资拉动转向效率驱动(武鹏,2013),也就是需要通过提高全要素生产率来推动经济发展。

　　通常而言,一个国家经济总体全要素生产率的提高主要有以下两条途径:一是作为生产主体的企业通过研发创新提高生产要素的边际产出来实现自身全要素生产率的提高,进而提高国家经济总体的全要素生产率(唐未兵等,2014);二是通过资源的进一步优化配置来实现国家总体全要素生产率的提高(Hsieh & Klenow,2009),其中体制因素(靳来群,2015)和结构因素(靳涛、陶新宇,2015)是影响资源配置的重要因素。

　　自2004年以来,中国制造业企业生产效率的提升越来越依赖企业自身的成长,然而其增长空间却在不断缩小(杨汝岱,2015),造成这个现象的主要原

[①] 资料来源:中国经济网,http://www.ce.cn/xwzx/gnsz/szyw/201412/11/t20141211_4103857.shtml。

因是自改革开放以来，中国制造业企业的技术进步主要依赖于技术引进基础上的模仿创新以及外资技术溢出，由此导致中国制造业企业长期陷入"落后—引进—再落后—再引进"的低水平循环，对技术引进形成了路径依赖（唐未兵等，2014）。在当前所处的新时代，中国经济发展模式面临实质性转型的背景下，如果中国制造业企业无法从简单的来料加工、低技术含量向高附加值、有自主知识产权和品牌的方向转型，未来发展将难以为继。中国制造业企业在走过了引进和消化国外先进技术的历程后，只有通过自主创新，开发具有自主知识产权的产品及生产技术，发展自主品牌，才能在国际竞争中求得生存和发展（周亚虹等，2012）。

但是，目前中国制造业企业的自主创新能力与欧美等世界发达国家相比仍然存在很大差距。从中国制造业企业的研发强度来看，2007年中国制造业企业的研发强度[①]为1.37%，2021年仅增加至1.54%[②]。与之形成鲜明对比的是，美国等世界发达国家制造业企业的研发强度一般在3%以上。中国制造业企业的自主研发积极性仍然较低。提高中国制造业企业的自主创新积极性，塑造和提升中国制造业企业的自主创新竞争力，迫在眉睫。

在上述现实背景下，通过构建合理的数理模型和理论分析框架来分析如何提升中国制造业企业的自主创新能力，对于推动中国制造业企业的转型升级与创新驱动发展，以及对于中国经济加快转变增长方式，为经济增长寻求新动能，都具有重要的现实意义，这也是本研究的初衷和目的之所在。

此外，从理论上层面来看，研究发现，制造业企业的研发创新活动与企业其他经营活动相比具有鲜明的独特性，主要表现在投入要素的特殊性（安同良等，2009）、研发创新活动收益的强烈外部性（Romer，1990；Eaton & Kortum，1999），以及研发创新活动收益的高度不确定性等。其中，研发创新活动最为显著的特殊性在于创新活动的产出和收益具有高度的不确定性，且这种不确定性有别于与传统投资相关的风险概念。根据奈特（Knight，1921）对风险和不确定性的概念厘清："风险（Risk）表示可以计量的不确定性，通过事先的计算或根据过去的类似经验事实进行统计，最终能够得到一组不同事实结果的概率分布，换言之，其事实结果总是可知的；对不确定性（Uncertainty）而言，由

---

① 研发强度＝研发支出/营业收入。
② 数据来源：中华人民共和国科学技术部发布的《2007年全国科技经费投入统计公报》《2021年全国科技经费投入统计公报》。

于意外事件的独特性,根本不可预测其发生的概率。"企业的传统投资行为通过借鉴参考自身或者其他企业同质或类似的投资行为结果,形成对该投资行为不同事实结果的概率分布,从而能够采取相关措施规避不利结果的发生。如不可避免,至少也可以采取应对措施降低不利结果发生的概率。与企业传统投资行为形成鲜明对比的是,不同企业的研发创新活动由于其强烈的异质性、企业针对研发的严格保密制度,以及知识产权保护制度阻碍了研发创新成果信息的溢出等因素,企业进行研发创新活动时,没有足够的先验信息可供借鉴,从而导致其研发创新活动结果的高度不确定性。企业研发创新活动的常规化对解决上述难题具有重要意义,即企业可以通过将自身创新活动常规化和系统化,不断积累本企业研发创新活动的先验信息,为企业后续的研发创新活动提供借鉴,从而将企业研发活动的高度不确定性转变为可控的风险。除此之外,鲍莫尔(Baumol,2014)提出企业研发创新常规化将使得企业研发创新活动的前期沉没成本(Sunk Cost)不再无关紧要,其对企业的研发创新决策具有重要意义,因为企业前期研发创新活动产生的沉没成本将为企业后来的创新活动提供有益的先验信息。同时,当企业常规化研发创新活动产生的沉没成本数额巨大时,将对潜在进入者构成一种进入障碍,这种障碍恢复了研发创新企业获取正的经济利润的可能性,而企业对正的经济利润的追逐又将进一步成为推动企业持续创新的重要力量。然而,就当前而言,中国制造业企业的创新常规化程度仍然处于较低水平。根据国家统计局公布的最新数据,截至2021年,中国规模以上制造业企业数量为41.9万家,其中有研发创新活动的企业数量占比尚不到20%。由此可以推断,将研发创新活动常规化且进行持续创新活动的制造业企业数量占比将更低。

因此,目前中国制造业企业创新发展的当务之急在于解决研发创新活动的投入端常规化水平与投入强度过低的问题。在当前中国制造业企业研发创新投入常规化处于较低水平的情况下,制造业企业的研发创新产出水平与效率水平将是一个不确定的随机性质的结果,因此在研究中国制造业企业研发创新效率与创新成果评价时,不同研究得出的结论大相径庭。根据前文所述理论,只有在制造业企业的研发创新投入处于高度常规化水平时,其研发创新产出效率才具有稳定性和可比性。基于上述理论与现实背景,本研究的一个重要内容是以中国制造业企业的研发投入为主要研究对象,将其作为衡量中国制造业企业创新活动的主要指标,重点研究影响中国制造业企业创新投入强度的影响因素,为提高中国制造业企业研发创新活动常规化程度,乃至提升中国制造业企业的自主创新能力，打造中国制造业企业持续创新动力，最终保障制造强国战略目标的顺利实现，提供有益借鉴。

国内外现有研究文献把制造业企业研发创新投入影响因素分为企业内部影响因素和外部影响因素，其中内部影响因素的研究主要集中在如下几个方面：

一是企业规模与制造业企业研发投入的关系。自从熊皮特（Schumpeter, 1942）提出较高市场集中度行业当中大型企业的创新活动是技术进步的主要源泉以来，根据他的这个论断，学术界对企业规模与企业创新行为之间的关系研究甚嚣尘上。众多研究着眼于论证熊彼特假说的正确与否，形成了一系列理论与实证的研究结论。有一些研究结论支持了熊彼特假说。弗里曼（Freeman, 1982）、罗斯威尔和泽福德（Rothwell & Zegveld, 1982）研究认为，现有文献对熊彼特假说进行论证时，在实证研究过程中往往会剔除小规模企业，这容易造成研究结果的偏差，熊彼特假说似乎更加适用于描述小规模企业的创新行为。在近期国内的研究文献当中，吴延兵（2007）以中国制造业企业为研究对象，发现中国制造业企业的规模与其自身研发投入之间呈现显著的正相关关系，支持了熊彼特的理论。李宇和张瑶（2014）研究发现，企业规模与其研发投入规模之间不是简单的线性关系，应该用分段函数形式进行描述，其研究结论基本支持了熊彼特假说。周黎安和罗凯（2005）从所有制异质性视角展开研究，最终发现企业规模与企业研发投入规模之间的正相关关系仅存在于非国有企业之间，国有企业则不具备这种关系特征。另有一些研究结论则反对熊彼特假说。比如，舍雷尔（Scherer, 1965）研究发现企业规模与企业创新行为之间并不是正向的线性关系，而是呈现倒U形关系。聂辉华等（2008）以中国2001—2005年规模以上制造业企业为研究对象，也发现了企业规模与创新行为之间的倒U形关系。与之研究结论较为类似，中国的张西征等（2012）研究发现企业规模越小，其对研发投入的抑制作用越强，这主要由小规模企业的现金流和盈利能力的不稳定所导致。卡门和施瓦茨（Kamien & Schwartz, 1982）的研究在控制了行业效应之后，仍未发现企业规模与企业创新行为之间有正向的显著性促进作用。很多文献即便从企业的创新产出角度来研究，也未能发现企业规模与企业创新产出之间的确定性关系（Acs & Audretsch, 1987）。综上所述，现有研究对企业规模与企业研发投入之间的关系仍未达成一致，关于熊彼特假说的争论仍在进行之中。

二是公司治理与企业研发投入的关系研究。众多现有的研究都表明，公司治理对企业研发创新活动具有重要影响,是企业创新的重要内部制度性基础(O'Sullivan,2000),良好的公司治理使企业经营过程中不局限于追求短期经济利益,更会注重追求长期的经营目标,有利于推动企业形成长效创新投入机制(党印,2012)。关于公司治理对企业创新的影响,现有研究主要从以下几个视角进行,如股权结构(李文贵、余明桂,2015;吴延兵,2007;吴延兵,2009;任曙明等,2017;李春涛、宋敏,2010;鲁桐、党印,2014)、激励机制(唐清泉、甄丽明,2009;杨婵等,2017)、外部治理环境(Sapra & Subramanian,2014)等。费格伯格(Fagerberg,2005)研究发现,很多企业在外部环境和企业规模大致相同的情况下,其创新行为却表现出极大的差异,这些差异只能从企业内部来寻找原因。霍尔姆斯特龙(Holmstrom,1989)研究认为,企业内部的委托代理问题导致企业治理机制对企业创新行为具有重要影响。在股权结构方面,鲁桐、党印(2014)研究发现,企业前十大股东持股比例、基金持股比例以及董监高持股比例的提高对企业的研发创新投入具有促进作用。在中国企业二元所有制的背景下,国有企业更具创新性,但是国有产权的提高削弱了薪酬激励对企业管理层创新行为的激励作用(李春涛、宋敏,2010)。对此,某些研究的结论并不完全一致,吴延兵(2009)研究认为国有企业在研究与试验发展(R&D)资源配置方面存在扭曲,降低了大规模企业创新的积极性。任署明等(2017)研究发现非国有企业的并购效应要大于国有企业。即非国有企业当中,并购的可能性对企业创新行为的推动作用要更强,且国有股权占比越高,民营化程度越低的企业的创新积极性越弱(李文贵、余明桂,2015)。在激励机制方面,现有研究主要集中在何种激励机制设计有利于推动企业创新积极性方面。余明桂等(2016)以中国的央企为研究对象,发现对央企负责人实行业绩考核制度可以显著提高创新对企业价值的边际贡献。唐清泉和甄丽明(2009)研究发现,受管理层风险偏好的影响,就推动企业创新积极性而言,对管理层进行短期激励要比长期激励更有效。此外,还有部分学者从企业内部薪酬差距的角度来研究激励机制设计对企业创新的影响。孔东民等(2017)在研究企业高管与员工之间薪酬差距对企业创新行为的影响时发现,两者关系在薪酬差距较小时基本支持"锦标赛理论",即扩大薪酬差距有利于促进企业创新,但是随着薪酬差距的扩大,"比较理论"开始占主导作用。杨婵等(2017)考察了企业不同层级之间的垂直薪酬差距与企业创新行为之间的关系,发现两者基本呈倒U形关系。

三是融资约束与企业研发投入的关系。熊彼特(1979)指出,企业的创新活动需要完善有效的金融体系作为支撑,融资约束过大将导致企业创新活动的失败。而在现实经济当中,由于企业创新活动的高度不确定性和创新过程的长期性,导致企业与银行等金融机构之间存在较为严重的信息不对称,严重影响了企业创新活动的外源性融资来源,使企业进行创新时更加依赖内源性融资(张杰等,2012)。若企业的内源性融资不充分,研发创新过程中资金链突然断裂,企业将面临高昂的研发投资调整成本,将对企业的创新活动乃至整个经营状况产生不利影响(Lvarez & Crespi,2015)。现有研究对融资约束与企业创新行为的结论较为一致,普遍认为融资约束显著抑制了企业的创新活动(陈希敏、王小腾,2016;过新伟、王曦,2014)。在这个研究共识的基础上,很多学者提出了缓解企业融资约束的途径,其中包括政府补贴和政治关联(赵玮,2015;康志勇,2013;王刚刚等,2017;安同良等,2009;于蔚等,2012),以及营运资本管理(过新伟、王曦,2014;鞠晓生等,2013;戴晨、刘怡,2008)等。

在国内外现有研究文献中,对制造业企业研发创新投入外部影响因素的研究主要集中在如下几个方面:

一是市场结构与企业研发投入的关系研究。在市场结构与企业创新投入之间的关系方面,现有研究仍然以熊彼特假说为参照系,对其进行实证检验。但是早期的研究就该问题并未达成一致。霍洛维茨(Horowitz,1962)研究发现,市场集中度与企业的创新投入之间呈较弱的正相关关系;而汉贝格(Hamberg,1966)的研究则发现,市场集中度对企业创新投入差异的解释力只有不到30%。舍雷尔(Scherer,1967)对美国制造业企业进行实证研究,发现行业集中度与企业的创新投入之间并不是简单的正向线性关系,而是大致呈倒U形关系。凯利(Kelly,1970)、斯科特(Scott,1984)等针对舍雷尔(Scherer,1967)提出的倒U形结论运用各种实证方法进行检验,但是检验结论却并不一致。学界就市场结构与企业创新投入之间的关系仍未达成一致。亚当斯(Adams,1970)发现,市场结构与企业创新投入之间的关系依赖于很多外生因素,比如市场条件和技术机会(technology opportunity)等。另外一些研究认为,市场结构与企业的创新投入之间呈互为因果的内生关系,这很可能是导致熊彼特假说中市场结构与企业创新投入之间的正向关系不成立的主要原因(Farber,1981;Lunn,1986)。

国内研究者中具有代表性的有陈林、朱卫平(2011),他们运用中国制造业企业数据库的数据检验市场结构与企业创新投入的关系,发现该关系在行业市场的产权结构之间具有异质性,国有经济占比较高的行业呈U形关系,而国有经济占比较低的行业呈倒 U 形关系,并认为在中国,熊彼特假说并不成立。朱恒鹏(2006)研究认为,在中国,民营企业拥有一定的市场实力有助于其创新投入的提高。聂辉华等(2008)认为,市场集中度并不适于衡量市场结构,建议采用市场力量进行衡量。王贵东(2017)则从企业的垄断势力出发,探究中国垄断型企业究竟运用其垄断势力进行创新还是寻租,发现该问题的答案在不同特征的企业之间具有异质性。

综上所述,现有对市场结构与企业创新投入关系的研究,基本围绕熊彼特假说进行,但是到目前为止,对该问题的研究并未得出较为一致的结论。

二是政府政策干预与企业研发投入的关系。企业创新活动所具有的强烈正外部性导致企业创新激励受限,使企业的创新投入往往低于社会最优均衡水平。因此,政府通常将 R&D 补贴、税收优惠等作为激励企业创新的重要政策工具。现有相关的研究主要围绕 R&D 补贴政策的制定、实施以及政策效果而展开。政策制定者希望通过针对不同创新类型的企业,给予其相应水平的 R&D 补贴,而企业在该环节为了争取更多补贴可能发出虚假信号。因此,政府需要通过考察和分析企业发出的创新信号,甄别企业的真实创新能力(安同良等,2009;周绍东,2008),从而使 R&D 补贴政策的激励效果达到最优。R&D 补贴政策旨在通过缓解企业的内源性融资约束并撬动企业自有资金来激发被补贴企业参与创新活动、增加创新投入的积极性,但是现有研究对 R&D 补贴政策的真实激励效果并未达成共识。其中多数研究认为 R&D 补贴对企业 R&D 投入有正向激励作用(白俊红,2011;张杰等,2005;解维敏等,2009;Lach,2002;Almus & Czarnitzki,2003);另有一部分研究认为 R&D 补贴对企业 R&D 投入不一定存在正向激励作用,R&D 补贴对企业 R&D 投入的影响是中性甚至是挤出效应(廖信林等,2013;Boeing,2016;陈希敏、王小腾,2016;赵玮,2015;Wallsten,2000;唐清泉、罗党论,2007)。

关于 R&D 补贴政策效果,众说纷纭。有很多学者对影响 R&D 补贴政策效果的影响因素进行研究。研究结果表明,补贴强度、政策搭配及补贴对象和方式等因素都会对 R&D 补贴政策的激励效果产生影响。R&D 补贴的强度只有在"适度空间"内(毛其淋、许家云,2015;刘虹等,2012;Dominiqe & Bruno,2000),与其他政策工具合理搭配(朱平芳、徐伟民,2003;郑绪涛、柳剑平,2008;戴晨、刘怡,2008)并选取合理的 R&D 补贴方式(事前补贴还是事后补贴)和 R&D 补贴对象,比如创新投入、创新产品还是创新技术(生延超,2008;郑绪涛、柳剑平,2008),才能够使 R&D 补贴政策达到理想的激励效果。

此外,部分外国学者还从宏观层面研究 R&D 补贴政策对经济增长的影响(Rustichini & Schmitz,1991;Dinopoulos & Syropoulos,2007),以寻找答案和依据。

综上所述,已有的文献中对政府 R&D 补贴对企业创新投入与产出的影响研究较多,并得出了各种不同的观点(激励创新、政策中性和挤出创新)。对 R&D 补贴政策效果的影响因素也有一定研究,包括政策工具之间的搭配关系、R&D 补贴政策的补贴对象、补贴方式的选取等。然而,现有研究一方面假设 R&D 补贴被全部用于创新投入,忽略了企业挪用研发补贴的可能性;另一方面对政府与企业博弈关系的研究较少,特别对是被补贴企业获得 R&D 补贴之后对 R&D 补贴资金的策略性使用选择的研究更少。现有研究的模型设计,主要目的是研究政府应如何辨别不同企业的创新能力和创新类型,以便实施有差别的最优 R&D 补贴策略,没有考虑不对称信息条件下企业挪用 R&D 补贴这个道德风险行为因素对政策实施效果的影响,更没有考虑政府与企业之间的"合谋"问题以及形成"合谋"的条件及其影响因素。针对该问题,本书第四章重点分析了企业使用 R&D 补贴的策略性行为及其与政府之间的博弈关系,为政府 R&D 补贴政策的政策效果寻找新的解释。

此外,政府的政策干预还体现在资源配置效率方面。现有文献中对政府干预政策对创新资源配置效率的影响研究较少。基于这种研究现状,本书试图从创新资源配置效率的角度分析中国重点产业支持政策和各类区域试点政策对制造业各行业研发资本与劳动资源投入效率的影响,从创新资源配置角度寻找中国制造业企业自主创新能力提升的路径。

三是社会制度环境与企业研发投入的关系研究。众多现有研究认为,良好的社会制度环境是企业创新的重要外部因素,国内对社会制度环境对企业创新行为影响的研究主要集中在知识产权制度方面、司法环境方面、政府的腐败或者反腐败程度方面、地方政府行为方面。在知识产权制度方面,现有国内研究都支持加强知识产权保护有利于促进企业创新的观点,其中吴超鹏和唐茚(2016)不仅证明了政府加强知识产权保护可以促进企业创新,还证明了加强政府对知识产权的执法力度,对企业具有缓解外源性融资约束和减少研发溢出损失的作用。张杰和芦哲(2012)研究发现知识产权保护力度并不是越高越好,知识产权保护力度与企业研发投入之间呈倒 U 形关系。宗庆庆等(2015)的研究结果支持了张杰、卢哲(2012)的倒 U 形关系结论,且进一步精确倒 U 形关系的适用范围仅仅在于垄断程度较高的行业企业。在司法环境方面,潘越等(2015)从地方司法保护的角度来说明其对创新的影响,并提出改革司法环境、减少企业环境的不确定性有利于企业创新。在政府反腐败方面,党力等(2015),王健忠、高明华(2017)从政治关联与创新两者之间的替代关系出发,研究发现反腐败提高了企业政治关联和寻租的成本,从而提高了企业创新积极性。李后建、张剑(2015)研究发现政府较低水平的腐败会对企业创新起到润滑剂的作用,只有高水平的腐败才会对企业的创新行为产生抑制作用,即企业创新投入与政府腐败水平之间呈现倒U形关系。何轩等(2016)则从腐败对企业家活动配置的扭曲效应角度研究了政府腐败对企业创新的影响,研究发现政府腐败会扭曲企业家的行为,对企业创新造成抑制作用。在地方政府行为方面,现有国内文献一般从中国独有的财政分权和锦标赛晋升激励制度方面考察地方政府行为对企业创新的影响,如解维敏(2012)研究发现,旨在增加地方财政收入和基于GDP晋升激励的地方政府干预行为抑制了辖区内的企业研发投入。顾元媛、沈坤荣(2012)研究发现,以GDP为考核标准的晋升竞争会降低政府对企业的R&D补贴,从而抑制企业的研发创新活动。吴非等(2017)从财政科技投入及地方政府行为与企业创新投入之间的关系出发,研究发现财政科技投入受政府考核机制的影响,其创新产出具有地区异质性,中部地区的创新福利效应并不显著。王小霞等(2018)从最低工资制度方面分析其对制造业企业研发创新投入的影响,其研究发现,提高最低工资有助于提升企业的研发创新水平。

纵观现有研究文献,企业规模、公司治理和融资约束可以被归结为影响企业创新投入强度的内部因素,市场结构、政府政策干预以及其他相关社会制度可以被归结为影响企业创新投入强度的外部因素。且现有文献重点涉及的上述影响因素并非影响制造业企业创新行为的全部因素,这就为本书的研究提供了空间。

本书在现有研究基础上,在内部因素方面挖掘制造业数字化、服务化与收入分配公平化三大发展趋势对制造业企业研发创新活动的影响;在外部因素方面挖掘在信息不对称条件下,企业使用政府R&D补贴的策略性行为,研究政府R&D补贴对企业创新投入强度的微观影响机理。另一方面,针对中国普遍存在的创新资源错配现象,结合本书研究的制造业自主创新能力提升这个主题,本书选择以创新资源错配为切入点,分析中国制造业行业间资源配置效率(包括传统生产要素与研发创新资源的配置效率),并从政府干预角度来寻找导致中国创新资源错配的原因和缓解中国创新资源错配的有效途径,以中国"十一五"与"十二五"期间(2006—2015年)的国家与地方重点支持产业为研究对象,构建自然实验,采用双重差分法分析中国重点产业政策对制造业各行业传统生产要素与创新生产要素投入效率的影响。由此,从重点产业支持政策的优化调整角度,寻求降低中国创新资源错配的有效途径,提升中国创新资源的投入、配置与产出效率,进而提升中国制造业企业的自主创新能力。然后,本书还选取中国普遍实行的区域试点型政策作为研究对象,研究其对创新资源配置效率、投入规模与投入产出效率的影响。

最后,考虑到除上述常规政策工具以及制造业内部发展趋势之外,上海作为中国改革开放的前沿阵地和创新发展的先行者,已经积极开展了一系列的体制机制创新,通过打造新型创新机制(大企业开放创新中心)、新型创新主体(新型研发机构)、新型创新平台(硬核科技企业公共技术服务平台)、新型服务体系(硬核科技企业孵化服务体系),通过充分发挥政府端和市场端的双重积极性,推动有为政府与有效市场紧密结合,从而推动创新资源在制造业领域的高效流动与优化配置,为中国制造业提升自主创新能力提供全新路径。为此,本书选取上海的一系列科技创新有益经验举措作为经典案例展开分析,从实践案例视角为中国制造业自主创新能力的提升提供有益借鉴。

上述拟研究内容均为现有研究文献研究较少或者空白之处。因此,详细分析上述因素对中国制造业企业创新行为以及创新资源配置效率的影响,对于进一步认清推动中国制造业企业创新的动力机制,打造适宜创新的企业内外部环境,推动中国制造业企业提高创新常规化程度和自主创新能力,从而实现制造强国的战略目标,具有重要意义。

目 录

丛书总序 ·· 1

前言 ··· 1

第一篇 政策选择篇

第一章 R&D补贴政策效果与制造业企业的策略性行为研究 ············· **3**
  第一节 问题的提出 ·· 3
  第二节 理论模型设计 ·· 5
  第三节 计量模型、变量的设定及描述性统计 ······························· 15
  第四节 实证分析及稳健性检验 ·· 21
  第五节 结论与政策建议 ·· 25

第二章 重点产业支持政策对制造业创新资源配置效率的影响 ·········· **27**
  第一节 问题的提出 ·· 27
  第二节 创新资源错配测算方法与数据来源 ·································· 30
  第三节 创新资源结构性错配测算结果及其分析 ··························· 39
  第四节 中国重点支持产业政策对制造业行业间双重要素配置效率的
         影响 ·· 52
  第五节 主要结论与对策建议 ·· 62

第三章 区域试点型政策对创新资源配置效率的影响 ······················ **65**
  第一节 影响机制分析 ··· 67

第二节　实证策略 ………………………………………………… 70
第三节　区域试点型政策对城市自身创新成果、投入规模及其利用效
　　　　率的作用 ……………………………………………………… 72
第四节　三类区域试点型政策对城市之间创新投入配置效率的作用
　　　　 …………………………………………………………………… 78
第五节　异质性分析 ……………………………………………………… 82
第六节　结论与启示 ……………………………………………………… 85

第二篇　趋势把握篇

第四章　制造业服务化对制造业企业研发投入的影响 …………… 90
第一节　问题的提出 ……………………………………………………… 90
第二节　制造业服务化对企业研发创新投入的影响机理分析 ……… 93
第三节　计量模型与实证结果分析 ……………………………………… 95
第四节　研究结论与对策建议 ………………………………………… 114

第五章　制造业企业生产要素收入分配公平性与研发投入强度 … 116
第一节　问题的提出 …………………………………………………… 116
第二节　理论模型构建与分析 ………………………………………… 120
第三节　制造业企业生产要素收入分配公平性对其研发强度影响的
　　　　实证分析 ……………………………………………………… 125
第四节　主要研究结论与对策建议 …………………………………… 133

第六章　制造业数字化转型、技术创新效应与全球价值链分工 … 135
第一节　问题的提出 …………………………………………………… 135
第二节　影响机制与研究假说 ………………………………………… 138
第三节　计量模型构建与变量说明 …………………………………… 141
第四节　实证研究结果及分析 ………………………………………… 148
第五节　机制检验 ……………………………………………………… 155
第六节　结论与研究展望 ……………………………………………… 159

第三篇 案例篇

第七章　大企业开放创新中心赋能浦东制造业创新发展研究 164
- 第一节　研究背景和意义 164
- 第二节　大企业开放创新中心计划实施现状分析 165
- 第三节　大企业开放创新中心建设过程中存在的主要问题 170
- 第四节　深化大企业开放创新中心建设工作的对策建议 173

第八章　浦东硬核科技企业公共技术平台建设研究 177
- 第一节　主要概念与研究对象 177
- 第二节　研究意义 179
- 第三节　总体情况分析 180
- 第四节　主要问题分析 181
- 第五节　国内重点城市公共技术服务平台政策举措与经验总结 185
- 第六节　对策建议 187

第九章　上海新型研发机构发展研究 191
- 第一节　研究背景 191
- 第二节　上海事业单位类型新型研发机构经典案例分析 193
- 第三节　上海市事业单位类型新型研发机构面临的体制机制瓶颈分析 197
- 第四节　国内可借鉴的新型研发机构建设经验探索 200
- 第五节　对策建议 201

第十章　浦东硬核科技企业孵化服务体系研究 203
- 第一节　浦东硬核科技企业的发展现状 203
- 第二节　浦东硬核科技企业孵化服务体系的短板和不足 205
- 第三节　优化浦东硬核科技企业孵化的对策建议 215

参考文献 220

第一篇
政策选择篇

企业创新活动所具有的强烈正外部性,往往导致企业创新激励受限,使企业的创新投入低于社会最优均衡水平。鉴于此,政府部门有必要发挥"看得见的手"的功能对企业的创新活动予以干预,从而抵消企业创新活动天然存在的正外部性。通常而言,政府会通过R&D补贴政策、税收优惠政策、产业政策和区域性试点政策来干预企业的创新决策。政策工具的选择,将直接影响各类政策对企业创新积极性与创新成效的激励效应,更进一步,将直接影响中国企业自主创新能力的有效提升。因此,有必要从政策视角考察中国普遍用于创新激励的各类政策工具的实施效果,进而为中国制造业企业提升自主创新能力发现最优政策工具乃至政策工具组合。鉴于此,本篇将重点选取R&D补贴政策、区域性试点政策和重点产业支持政策作为研究对象,从企业创新决策的微观视角与创新资源配置效率的中观视角出发,实证检验上述三类政策对中国制造业企业创新活动的影响,及其对制造业内部创新资源配置效率的影响。

第一章 R&D补贴政策效果与制造业企业的策略性行为研究

第一节 问题的提出

创新是经济增长的重要源泉(Romer,1990),但是,受企业研发创新活动成果的非排他性、非可分割性以及高度不确定性的影响,企业很难将研发创新的成果完全内部化,这导致企业的创新投入激励受限,有关创新的私人部门投资均衡水平趋向于社会次优水平(Arrow,1962)。因此,政府通常采取一系列优惠政策措施鼓励企业加大研发投入,比如研发费用税前扣除以及研究与试验发展(R&D)补贴等。中国在2006年提出建立"创新型国家"的发展战略之后,各级政府对企业创新活动的支持力度不断增强。在2007年,全国R&D经费总支出为3710.2亿元,其中国家财政科学技术支出为2113.5亿元,占全国R&D经费总支出的56.9%。2015年,全国R&D经费支出达到14169.9亿元,其中国家财政科学技术支出7005.8亿元,占全国R&D经费总支出的49.44%。从2007年到2015年,国家财政科学技术支出年平均增长率为16.16%,呈现出长期高速增长态势。但是,中国政府R&D补贴强度的不断提高并未有效撬动企业自有资金投向研发创新领域,中国的整体研发强度[1]从2007年的1.37%增加到2015年的2.07%[2],制造业在2021年的研发强度仅为1.5%,这与美国等世界发达国家3%的研发强度相比仍有很大差距。中国企业研发强度的不足严重制约了中国的自主研发创新能力。在

---

[1] 研发强度=研发支出/销售收入。
[2] 数据来源:中华人民共和国科学技术部《2007年全国科技经费投入统计公报》《2015年全国科技经费投入统计公报》。

2018年3月发生的中美贸易摩擦中,美国制裁中兴事件也充分暴露出中国企业在核心技术方面的自主研发创新能力与欧美发达国家的巨大差距。于是,国内产生了一种口号叫作"不惜一切代价发展芯片产业"。针对这一口号,有一部分学者则提出,举国之力搞芯片,要警惕类似新能源汽车骗补的事件卷土重来。吴敬琏也结合以往政府扶持芯片产业的实际效果以及企业使用政府补贴的投机性行为认为,这是一种很危险的口号,并不可取。此外,在近几年中国审计署的审计报告和中国科技部的相关通告当中,频繁曝出某些企业和部门单位违反科研经费管理规定的事件[①]。一些企业通过使用大量假发票列支科研经费及提供虚假财务资料的手段来挪用科研经费。比如:2014年,大连三维传热技术有限公司在承担科技支撑计划"城市生态化公共照明与低碳建筑技术研究及示范"课题(编号2012BAC05B01)时,挪用科研专项经费407万元,并向检查人员提供虚假财务资料。综上所述,企业非规范使用R&D补贴的策略性行为是中国R&D补贴激励效果不佳的一个重要原因。如果企业申请R&D补贴的动机并非缓解其进行研发创新活动面临的融资约束,而是挪作他用,那么政府利用R&D补贴撬动企业内部资金进行研发创新活动的政策传导机制将被打断,R&D补贴的激励效果也将被严重削弱。

根据《国家科技计划和专项经费监督管理暂行办法》(国科发财字〔2007〕393号)第十七条之规定:承担单位、项目负责人及项目组成员在预算执行方面有截留、挤占、挪用经费的,将视情节轻重限期整改、停拨经费、通报批评、不通过财务验收、终止项目、追回已拨经费直至一定时限内取消其项目申报资格。由此可见,中国在科研经费的使用方面有明确的管理规定和严厉的惩罚措施,然而,中国企业挪用科技经费的行为却屡禁不止。因此,对企业非规范使用R&D补贴的策略性和投机性行为进行研究,分析企业挪用R&D补贴的动机及其影响因素,对于有效监督企业使用R&D补贴的规范性,提升中国政府R&D补贴的激励效果,提升企业创新积极性以及建设"创新型国家"具有重要意义。

现有的相关研究主要围绕R&D补贴政策的制定、实施以及政策效果而展开。在R&D补贴政策的制定和实施方面,政府需要进一步精准识别创新型企业与非创新型企业的区别,从而针对不同类型企业进行有力度差别的补贴支持(安同良等,2009;周绍东,2008)。政府的R&D补贴强度过高或者过

---

① 资料来源:国科发资〔2016〕127号和国科发财〔2014〕200号文件通报6家和4家违规使用科技经费的企业和单位。

低,其补贴的激励效果都不理想,只有在一定的"适度区间"内部时才会产生最佳激励效果(毛其淋和许家云,2015)。此外,不可孤立地实施R&D补贴政策,而需要考虑其与其他政策工具之间的合理搭配(朱平芳、徐伟民,2003;郑绪涛、柳剑平,2008)以及补贴对象的选取(生延超,2008)等因素。在R&D补贴的激励效果方面,现有文献并未达成一致观点,其中白俊红(2011)、张杰等(2005)、解维敏等(2009)、拉奇(Lach,2002)研究认为R&D补贴对企业R&D投入有正向激励作用;波音(Boeing,2016)、陈希敏和王小腾(2016)、赵玮(2015)、瓦尔斯滕(Wallsten,2000)、唐清泉和罗党论(2007)研究认为R&D补贴对企业R&D投入不一定存在正向激励作用,R&D补贴对企业R&D投入的影响是中性的甚至具有挤出效应。

综上所述,现有文献对政府R&D补贴对企业创新投入与产出的影响研究较多,对R&D补贴政策效果的影响因素也有一定研究。然而,现有文献在研究时一方面假设R&D补贴被全部用于创新投入,忽略了企业挪用R&D补贴这一非规范策略性行为的可能性。本研究将企业使用R&D补贴的策略性行为纳入分析框架,着重研究企业挪用R&D补贴对企业研发创新投入的影响以及企业挪用R&D补贴的动机和影响因素,为政府监督企业规范使用R&D补贴提供理论和实证依据。

第二节 理论模型设计

一、模型设计思路

本研究旨在分析信息不对称条件下,企业与政府博弈过程中使用R&D补贴的策略性行为和政府监督决策选择,力图寻找企业挪用R&D补贴的影响因素和根本动机。因此,本研究的模型涉及的经济主体是作为政策制定者和监督企业行为的政府、接受R&D补贴的企业,且假设企业和政府都是以追求利益最大化为目标的理性经济人。

由于R&D补贴旨在通过缓解企业的内源性融资约束、撬动企业自有资金来激励企业的创新投入积极性。企业获得政府给予的R&D补贴之后,往往面临两种行为选择:要么将R&D补贴按照政策规定投入创新活动,要么将R&D补贴部分或者全部挪用到其他非补贴项目上。企业最终的行为决策取决于两种选择的利润比较。企业不同的行为决策将会影响企业的利润水平、政府的收益水平、创新投入与产出以及R&D补贴政策的实施效果。因此,本研究假设企业面临的是在一定预算约束条件下如何规划创新投入(包括自有资金和R&D补贴的使用)以达到预期利润最大化的问题。政府作为R&D补贴政策的制定者、实施者以及企业行为的监督者,在将R&D补贴给予企业之后,其面临的问题是选择是否对被补贴企业进行监督来实现自身利益的最大化。假设政府的目标函数当中主要的变量为监督企业行为所需要付出的成本、从企业创新活动中获得的税收收益以及从企业的非补贴项目当中获得的税收收益。

结合上述对企业和政府行为的假定,本研究在安同良(2009)、戴维森和塞格斯特罗姆(Davidson & Segerstrom,1998)模型基础上,建立了一个企业R&D投入选择模型。首先,考察在完美的信息对称条件下,政府R&D补贴对其R&D投入的影响;然后引入非对称信息因素,考察企业挪用R&D补贴的动机、影响因素以及挪用R&D补贴企业的特征,从而为政府对挪用R&D补贴企业进行重点甄别提供理论依据。

二、企业创新活动设定

本研究借鉴安同良(2009)、戴维森和塞格斯特罗姆(Davidson & Segerstrom,1998)的方法,将企业创新活动的成功概率函数设定为C-D形式,为了凸显专用性人力资本在企业创新活动中的重要性,将劳动力的创新成功率弹性参数 α 设定为 $0 < \alpha < 0.5$。

我们将企业在单位时间内取得一次创新成功的概率函数 I 表示为:

$$I = ln(Al^{\alpha}h^{1-\alpha}) = lnA + \alpha lnl + (1-\alpha)lnh \quad (1-1)$$

其中,A 为大于0的参数,l 为企业创新活动投入的劳动力,h 为企业创新活动投入的人力资本。该创新成功概率函数满足"稻田条件",且为保证概率的非负性要求,假设 $1 \leqslant Al^{\alpha}h^{1-\alpha} \leqslant e$。

假设每次创新活动成功后为企业带来的边际价值为 V,该价值包括由于创新活动导致的生产成本的节省、创新活动研发的新产品带来的利润以及股票市场对该企业发展前景的良好预期带来的市值增加等内容。假设单次创新活动成功后为企业带来价值的持续期为 t,r 为贴现率,则单次创新成功为企业带来的价值为：

$$\int_0^t IVe^{-rt}dt = \frac{IV}{r}(1-e^{-rt}) \qquad (1-2)$$

三、企业预算约束设定

假设劳动力的平均成本为 w，专用性人力资本的平均成本为 w_h。M 为企业的自有资金水平，M 越大表示企业面临的较宽松的预算约束；反之则越紧。s_n 为政府给予企业创新活动费用的补贴比例，且 $0 < s_n < 1$，s_m 为企业挪用政府 R&D 补贴资金的比例。当 $s_m = s_n$ 时，表示企业将政府的 R&D 补贴全部挪用；当 $s_m = 0$ 时，则表示企业不挪用政府的 R&D 补贴。本研究假设 $0 \leqslant s_m \leqslant s_n$，即假设企业挪用政府的 R&D 补贴时，不会挤出其原有的 R&D 活动投入。企业的预算约束根据不同的情况分为以下三种形式：

情形 1：当不存在政府的 R&D 补贴资金时，预算约束为：

$$lw + hw_h \leqslant M \qquad (1-3)$$

情形 2：当政府给予企业 R&D 补贴资金，且企业不存在挪用补贴资金行为时，预算约束为：

$$(lw + hw_h)(1-s_n) \leqslant M \qquad (1-4)$$

情形 3：当政府给予企业 R&D 补贴资金，且企业存在挪用补贴资金行为时，预算约束为：

$$(lw + hw_h)(1-s_n+s_m) \leqslant M \qquad (1-5)$$

上述三种情况下对预算约束的设定只考察政府给予企业的 R&D 补贴的直接影响，暂时不考虑政府给予企业 R&D 补贴所带来的其他外部的引致影响，该部分影响因素将在下文的分析当中引入。对比上述三种情形下的预算约束可以发现，与不存在政府 R&D 补贴的情况相比，政府给予企业 R&D 补贴资金会缓解企业面临的内源性融资约束。但是，当存在挪用 R&D 补贴行为时，政府的 R&D 补贴对企业融资约束的缓解作用被削弱①。

---

① 根据式 1-3、式 1-4、式 1-5 可得：$(lw+hw_h) \leqslant M \leqslant \frac{M}{(1-s_n+s_m)} \leqslant \frac{M}{(1-s_n)}$。

四、信息对称条件下政府 R&D 补贴对企业创新投入的影响

首先,为了进行比较分析,我们考虑一种理论上的假设情形:当企业与政府之间的信息完全对称时,政府拥有完全信息监督企业的行为,能够有效防范政府 R&D 补贴资金的挪用,企业获得政府 R&D 补贴资金时的利润最大化问题为:

$$max\left[\frac{IV}{r}(1-e^{-rt})-(lw+hw_h)(1-s_n)\right] \quad (1-6)$$

$$st: (lw+hw_h)(1-s_n) \leqslant M \quad (1-7)$$

通过构造拉格朗日方程:

$$L=\frac{IV}{r}(1-e^{-rt})-(lw+hw_h)(1-s_n)-\lambda_0[(lw+hw_h)(1-s_n)-M]$$
$$(1-8)$$

得到的库恩塔克条件为:

$$\frac{\partial L}{\partial l}=\frac{\alpha}{l}\frac{V}{r}(1-e^{-rt})-w(1-s_n)-\lambda_0(1-s_n)w=0 \quad (1-9)$$

$$\frac{\partial L}{\partial h}=\frac{1-\alpha}{h}\frac{V}{r}(1-e^{-rt})-w_h(1-s_n)-\lambda_0(1-s_n)w_h=0 \quad (1-10)$$

联立式 1-9 和式 1-10,解得要素最优投入水平为:

$$l^*=\frac{\alpha M}{(1-s_n)w} \quad h^*=\frac{(1-\alpha)M}{(1-s_n)w_h} \quad (1-11)$$

由于 $0<s_n<1$,所以式 1-11 中的创新投入要素要多于不存在政府的 R&D 补贴资金情形下企业对创新活动的要素投入 $\left(l^*=\frac{\alpha M}{w}, h^*=\frac{(1-\alpha)M}{w_h}\right)$①。

---

① 当企业没有获得政府的 R&D 补贴时,其面临的利润最大化问题为:$max\left[\frac{IV}{r}(1-e^{-rt})-(wl+w_hh)\right]$,$st: wl+w_hh \leqslant M$,通过构建拉格朗日方程,利用库恩塔克条件得到最优解为 $l^*=\frac{\alpha M}{w}$,$h^*=\frac{(1-\alpha)M}{w_h}$。

这说明,在信息完全对称时,政府拥有完全信息来监督企业的行为,能够有效防范政府 R&D 补贴资金的挪用时,政府提高 R&D 补贴力度(s_n),能够一定程度上缓解企业的内源性融资约束(M),从而提升企业的创新积极性,增加对 R&D 活动的投入。当然,这是一种理论上的假设情形,与现实的经济相去甚远,在此主要与下文信息不对称条件下的 R&D 补贴政策效果进行比较。

五、信息不对称条件下的政府 R&D 补贴与企业创新行为

现实当中的企业和政府之间由于信息不对称,政府无法获得企业使用 R&D 补贴的行为的完整信息,因此无法对企业行为进行充分的监督。这也就为企业将 R&D 补贴资金挪作他用提供了可操作的空间。此时政府的 R&D 补贴对企业创新活动的激励作用将被削弱。在信息不对称条件下,企业存在挪用政府 R&D 补贴行为时所面临的利润最大化问题如下所示:

$$max \left[\int_0^t IV e^{-rt} dt - (1-s_n+(1-r_m)s_m)(lw+hw_h) \right] \quad (1-12)$$

$$st: (lw+hw_h)(1-s_n+s_m) \leqslant M \quad (1-13)$$

其中 s_m 为企业挪用 R&D 补贴的比例,r_m 为企业非补贴项目的资本预期收益率。此时的预算约束变为第三种形式,即挪用行为的存在削弱了 R&D 补贴对企业内源性融资约束的缓解作用。然后利用式 1-12 和式 1-13 构建拉格朗日方程,通过库恩塔克条件得到该问题的最优解为:

$$l^* = \frac{\alpha M}{(1-s_n+s_m)w} \quad h^* = \frac{(1-\alpha)M}{(1-s_n+s_m)w_h} \quad (1-14)$$

通过比较式 1-13 与式 1-14 当中的 l^* 和 h^* 可以发现,$\frac{\alpha M}{(1-s_n)w} > \frac{\alpha M}{(1-s_n+s_m)w}$ 且 $\frac{(1-\alpha)M}{(1-s_n)w} > \frac{(1-\alpha)M}{(1-s_n+s_m)w}$,即在信息不对称条件下,企业对 R&D 补贴资金的挪用降低了其对 R&D 活动的投入,从而削弱了 R&D 补贴对企业创新活动的激励作用。由此可以得到本文的第一个命题。

命题 1：在信息不对称条件下，当其他条件不变时，企业对 R&D 补贴资金的挪用会削弱 R&D 补贴对企业创新活动的激励作用。

本文假设企业是以追求利润最大化为目标的理性经济人，因此，本文通过比较企业挪用和不挪用 R&D 补贴时的利润水平来分析企业挪用 R&D 补贴的动机和影响因素。当企业获得政府 R&D 补贴资金且不对其进行挪用时（也就是信息完全对称条件下企业将政府 R&D 补贴完全用于创新活动），企业在最优 R&D 投入时的创新收益减掉成本支出，得到企业此时的利润水平为：

$$U_1 = \left[ln A + \alpha ln \frac{\alpha M}{(1-s_n)w} + (1-\alpha) ln \frac{(1-\alpha)M}{(1-s_n)w_h} \right] \frac{V(1-e^{-rt})}{r} - M \quad (1-15)$$

用同样的方式可以计算获得当企业获得政府 R&D 补贴资金且对其进行挪用时的利润水平为：

$$U_2 = \left[ln A + \alpha ln \frac{\alpha M}{(1-s_n+s_m)w} + (1-\alpha) ln \frac{(1-\alpha)M}{(1-s_n+s_m)} \right] \\ \frac{V(1-e^{-rt})}{r} - M + \frac{r_m s_m M}{1-s_n+s_m} \quad (1-16)$$

在式 1-16 中，r_m 表示将 R&D 补贴挪用到的非补贴项目的预期收益率。假设只有当企业挪用 R&D 补贴获得的利润水平高于不挪用的利润水平时，企业才有动机对 R&D 补贴进行挪用，即当 $\Delta U = U_2 - U_1 > 0$ 时，企业存在挪用 R&D 补贴的动机。则用式 1-16 减式 1-15 得：

$$\Delta U = r_m s_m \frac{M}{1-s_n+s_m} - \frac{V(1-e^{-rt})}{r} ln \left(\frac{1-s_n+s_m}{1-s_n} \right) \quad (1-17)$$

对 ΔU 进行比较静态分析可得，当 $\Delta U = U_2 - U_1 > 0$ 时，$r_m s_m \frac{M}{1-s_n+s_m} > \frac{V(1-e^{-rt})}{r} ln \left(\frac{1-s_n+s_m}{1-s_n} \right)$。

即补贴资金挪用到的非补贴项目的盈利足以弥补由于挪用 R&D 补贴造成的创新活动要素投入减少带来的损失时，企业将有动机对 R&D 补贴进行挪用。接下来考察企业 R&D 补贴挪用比例的决策机理，将 ΔU 对 s_m 求一阶偏导，并令该偏导数等于 0，解得 s_m 的取值为：

$$s_m^* = \frac{r_m M - \frac{1-e^{-rt}}{r}V(1-s_n)}{r_m M + \frac{1-e^{-rt}}{r}} \text{①} \qquad (1-18)$$

由于 ΔU 对 s_m 二阶偏导数小于0,所以 s_m^* 为企业的实现利润最大化目标时的最优 R&D 补贴挪用比例。通过将 s_m^* 分别对 M、r_m 和 s_n 求一阶偏导数均大于0。表明企业自有资金越宽裕(M)、挪用到的非补贴项目的预期收益率(r_m)越高以及政府的 R&D 补贴比例(s_n)越大,企业挪用 R&D 补贴的最优比例(s_m^*)也会随之增大。当企业自有资金较为宽裕,预算约束较为宽松时,根据资本边际收益递减原理可得,政府的 R&D 补贴资金的边际产出和边际收益较低,从而使企业有动力将 R&D 补贴中边际收益较低的部分资金挪用到收益率较高的某些非补贴项目中。此时如果非补贴项目的收益率(r_m)越高,企业也就有更大的动力提高挪用 R&D 补贴的比例(s_m),以便在该项目上赚取更多的利润。由此可以得到本文的第二个命题。

命题2：当企业有动力挪用 R&D 补贴时,在其他条件不变的前提下,企业自有资金越宽裕、挪用到的非补贴项目预期收益率越高以及政府的补贴比例越大,企业挪用 R&D 补贴的比例也会随之增大。反之,则减小。

六、政府监督行为决策分析

本研究假设政府在政策的实施以及和企业的博弈过程中,作为理性经济人的政府也以追求自身利益最大化为目标,政府需要决策是否对被补贴企业的资金使用行为进行监督,假设其监督行为需要支付一定的成本,同时政府的收益分别来自企业的创新活动和其他非补贴项目所带来的税收和其他引致收益等。本节首先考虑政府与企业之间进行单次短期博弈,考察此时政府在不同行为(监督或者不监督)决策下的收益函数,通过比较其收益函数的大小来分析其最优行为及其影响因素。当政府与企业之间只进行单次短期博弈时,政府的收益函数如下所示(见表1-1):

---

① 通过 $\frac{\partial \Delta U}{\partial s_m} = \frac{\left[r_m M - \left(\frac{1-e^{-rt}}{r}\right)V\right](1-s_n+s_m) - r_m s_m M}{(1-s_n+s_m)^2} = 0$,即可求得 s_m^*。

表 1-1　政府与企业短期博弈过程中的收益函数

行为主体及其行为		企　业	
		存在挪用动机 ($\Delta U = U_2 - U_1 > 0$)	不存在挪用动机 ($\Delta U = U_2 - U_1 < 0$)
政府	监督	$\chi_n I_n V \dfrac{1-e^{-rt}}{r} - s_n M - C$	$\chi_n I_n V \dfrac{1-e^{-rt}}{r} - s_n M - C$
	不监督	$\chi_n I_m V \dfrac{1-e^{-rt}}{r} - s_n M + \chi_m s_m r_m M$	$\chi_n I_n V \dfrac{1-e^{-rt}}{r} - s_n M$

资料来源：由作者自行推导整理所得。

在表 1-1 中，由于企业的创新活动具有静态和动态的溢出效应，因此无法具体衡量政府和社会从企业创新活动中的收益所得。为简化分析，本文采取线性形式，用 χ_n 代表政府的创新活动收益系数，该系数包含了政府对企业的创新活动收益进行征税（一般为优惠税率）以及其他隐性的正外部效应。χ_m 表示政府从企业将 R&D 补贴挪用到的非补贴项目上得到的收益，其中也包括了从非补贴项目当中获得的税收收入以及其他引致收益等。I_n 表示企业在获得 R&D 补贴且不挪用时的创新成功概率函数，I_m 则表示企业获得 R&D 补贴且挪用时的创新成功概率函数。C 为政府为获得企业的行为信息，从而能够监督企业的 R&D 补贴资金使用状况所要付出的成本。

根据表 1-1 的结果，当企业不具有挪用 R&D 补贴动机时（$\Delta U = U_2 - U_1 < 0$），政府的最优行为选择是不对其进行监督，从而比进行监督多获得收益 C（或者说节省成本 C）。当企业具有挪用 R&D 补贴动机时（$\Delta U = U_2 - U_1 > 0$），政府是否对企业进行监督，取决于政府两种行为的收益比较。用政府对企业进行监督时的收益减去不监督时的收益，可得：

$$\Delta U = \chi_n (I_n - I_m) V \frac{1-e^{-rt}}{r} - \chi_m s_m r_m M - C \qquad (1-19)$$

当 $\Delta U > 0$ 时，政府具有动力对企业行为进行监督，此时可得：

$$C < \chi_n (I_n - I_m) V \frac{1-e^{-rt}}{r} - \chi_m s_m r_m M \qquad (1-20)$$

从式 1-20 可以得出，只有政府监督企业行为的成本 C 小于一定值时，政府才有动力对企业行为进行监督，否则，便容易形成政企合谋的现象。在式

1-20当中,由于政府对企业的创新活动及其收益施行较低的优惠税率(《中华人民共和国企业所得税法》第三十条第一项:"企业的下列支出,可以在计算应纳税所得额时加计扣除:(一)开发新技术、新产品、新工艺发生的研究开发费用。"),所以企业将R&D补贴挪用到的非补贴项目往往税率较前者要高。即在式1-19和式1-20中,$\chi_n < \chi_m$,在该情况下,两种税率的差距越大,$\chi_n(I_n - I_m)V\frac{1-e^{-rt}}{r} - \chi_m s_m r_m M$的值将越小,这意味着政府监督企业的可行成本会随着两种税率差距的拉大而降低,从而削弱政府的监督积极性,使政府对企业R&D补贴资金的使用情况倾向于不进行监督和管理,即更容易形成政企合谋的局面,从而为企业挪用R&D补贴,减少创新活动投入提供操作便利。由此可得本文第三个命题。

命题3:当R&D补贴政策与税收优惠政策同时实施时,税收优惠政策会削弱政府对企业的监督积极性,更容易形成政企合谋局面,从而增加企业挪用R&D补贴的可能性,削弱R&D补贴政策对企业创新活动的激励作用。

七、政府与企业在长期重复博弈背景下的行为决策分析

上文当中对企业与政府行为的分析均是在短期单次博弈的假设下进行的。接下来,本节将政府与企业之间的博弈扩展为两期,假设第一期的企业行为(挪用与不挪用)和政府行为(监督与不监督)的结果将对第二期企业能否获得R&D补贴、银行等金融机构的贷款成本以及直接融资市场(股票等证券市场)对企业价值预期产生影响。当企业在第一期不挪用R&D补贴时,不管政府监督与否,企业都将在第二期获得和第一期同样的R&D补贴以缓解自身融资约束,同时银行和证券市场等对企业的价值预期不变。当企业在第一期挪用R&D补贴时,如果政府不监督,则企业将在第二期保持第一期获得的R&D补贴以及挪用行为不变。当政府选择在第一期对其R&D补贴使用行为进行监督,假设政府在第一期结束时发现企业挪用R&D补贴的概率为P,则当企业挪用行为被发现时,根据《国家科技计划和专项经费监督管理暂行办法》第十七条之规定,企业在第二期将不再获得任何R&D补贴。同时,由于该事件的显示效应,会使与政府有紧密关联的银行等金融机构对该企业的授信收紧(贷款利率上升或者增加贷款难度),股票等证券市场对该企业的未来价值产生负面预期,从而使该企业的股价和市值下降。本研究将这部分影响

以货币形式量化,作为企业由于挪用 R&D 补贴资金被发现所需要承受的代价。

首先来分析企业行为,在长期重复博弈背景下,企业在第一期不挪用 R&D 补贴的总效用为:

$$U_1 = 2\left[I_n V \frac{1-e^{-rt}}{r}\right] - 2M \tag{1-21}$$

企业在第一期挪用 R&D 补贴时的总期望效用变为:

$$U_2 = I_m V \frac{1-e^{-rt}}{r} - M + r_m s_m \frac{M}{1-s_n+s_m} + \\ P\left[I_0(gV)\frac{1-e^{-rt}}{r} - M - r_B s_m M\right] + \\ (1-P)\left(I_m V \frac{1-e^{-rt}}{r} - M + r_m s_m \frac{M}{1-s_n+s_m}\right) \tag{1-22}$$

将企业在第一期挪用 R&D 补贴的期望效用 U_2 减掉不挪用 R&D 补贴的效用水平 U_1,得到两者的效用差额 ΔU,具体推导公式如下所示:

$$\Delta U = U_2 - U_1 = 2\left(r_m s_m \frac{M}{1-s_n+s_m} - \frac{1-e^{-rt}}{r} V \ln \frac{1-s_n+s_m}{1-s_n}\right) - \\ \left\{P(1-g)\left[\ln A \left(\frac{\alpha M}{w}\right)^\alpha \left(\frac{(1-\alpha)M}{w_h}\right)^{1-\alpha}\right] + P \ln \frac{1}{1-s_n+s_m}\right\} - \\ P\left(r_B s_m M + \frac{M}{1-s_n+s_m} r_m s_m\right) \tag{1-23}$$

在式 1-23 中,I_0 表示企业在没有 R&D 补贴时的创新成功概率函数,g 表示股票市场对企业挪用 R&D 补贴且行迹败露,从而导致创新活动成功率下降作出的价值预期变动,$0 < g < 1$,即当企业挪用 R&D 补贴且行迹败露时,股票市场对该企业的价值预期将降低。$r_B(r_B > 0)$ 表示银行等金融机构对企业挪用 R&D 补贴且行迹败露的反应。该系数表示银行等金融机构面对该类企业,将提高贷款成本或者增加对该企业的授信难度,即由于企业挪用 R&D 补贴且被发现,导致该企业在随后向银行贷款时,需要支付比原先更高水平的利息才能够获得贷款。

由式 1-23 可以看出,ΔU 中第一项括号内的表达式与之前在单次短期博弈条件下的 ΔU 表达式相同,后两项的符号均为负。因此,长期重复博弈条件下,考虑直接融资市场和间接融资市场对企业行为的反应时,企业挪用 R&D 补贴时的期望利润将低于单次博弈时挪用 R&D 补贴的利润水平,因此,企业挪用 R&D 补贴的动机将被削弱。由此可以得出命题 4。

命题 4:考虑直接融资市场和间接融资市场对企业行为结果的反应,且政府与企业之间保持长期重复博弈关系时,企业挪用 R&D 补贴的行为动机将被削弱。

第三节 计量模型、变量的设定及描述性统计

一、计量模型的设定

基于上述理论推导,本研究建立研发投入影响模型和挪用 R&D 补贴概率模型,以检验前文提出的研究假设。

研发投入影响模型的基本形式如下:

$$innov_i = \beta_0 + \beta_1 ss_i + \beta_2 scale_i + \beta_3 age_i + \beta_4 cap\_int_i + \beta_5 hum\_cap_i + \beta_6 profitlv1_i + \varepsilon_i \tag{1-24}$$

其中,下标 i 代表企业;ε_i 为随机扰动项;$innov_i$ 表示企业的研发投入;ss_i 为企业挪用 R&D 补贴的可能性的代理变量;age_i 为企业经营时间(单位:年);cap_int_i 为企业资本密集度;hum_cap_i 为企业人力资本投入;$profitlv1_i$ 为企业总利润率。这些变量的定义和具体构造方法见表 1-2。

表 1-2 主要变量及构造方法

变量含义	变量名	构造方法
被解释变量		
研发投入	innov	研究开发费用
企业挪用 R&D 补贴的可能性	ss	补贴收入占利润的比重

续 表

变量含义	变量名	构造方法
关键解释变量		
自有资金	liquid_a	流动资产年平均余额与总资产之比
非创新项目利润率	m_profitlv2	无研发投入企业的反事实利润率
税收优惠	support2006	政府补贴与2006年两个虚拟变量的交互项
融资市场作用	fina	筹资活动产生的现金流与主营业务成本之比
控制变量		
企业规模	scale	营业收入
资本密集度	cap_int	人均固定资产总额
人力资本	hum_cap	企业人均教育培训费
企业年龄	age	企业自开办到统计当年存活的年数
企业利润率	profitlv1	总利润率
倾向值匹配控制变量		
资产负债率	alr	负债合计/资产合计
企业经营成本	cost	主营业务成本
企业经营收入	income	主营业务收入
企业影响力	ad	广告费
市场势力	market_s	营业收入占比

资料来源：作者自行整理绘制。

$$ss_i = \alpha_0 + \alpha_1 liquid\_a_i + \alpha_2 profitlv1_{it}(m\_profitlv2_i) + \alpha_3 support2006_i + \alpha_4 fina_i + \varepsilon_i \quad (1-25)$$

其中，下标 i 代表企业；ε_i 为随机扰动项；$liquid\_a_i$ 为企业自有资产；

$profitlv2_i$ 和 $m\_profitlv2_i$ 为非创新项目的利润率的代理变量;$support2006_i$ 为税收优惠政策变量;$fina_i$ 为企业面对的融资市场。

二、数据来源与变量说明

(一) 数据来源

本研究的数据来自国家统计局的中国工业企业数据库。该数据库在 1998—2008 年和 2011—2013 年均统计了补贴收入数据,而仅在 2005—2007 年报告了企业层面的研究和开发费用。补贴收入和研发投入为实证检验的两个关键变量,因此,本研究选用 2005—2007 年工业企业数据。剔除变量的取值明显不合理和不符合基本逻辑的观测值;删除主要变量 1%～99% 分位点以外的离群值。在此基础上得到一个以企业为单元的混合截面数据集。

(二) 变量说明

企业的创新投入($innov$)由数据库中企业研究与开发费用来表示。在本研究中,刻画企业挪用 R&D 补贴的可能性是重点,同时也是需要克服的难点。正如前文所言,企业挪用 R&D 补贴的可能性是存在的,因为国家对于 R&D 补贴的使用有严格规范和惩戒措施,所以没有哪个公司会在其财务数据中留下挪用 R&D 补贴的"痕迹",这造成了数据获取的困难。本文的一个逻辑起点是企业挪用 R&D 补贴的动机主要来自非创新项目利润率高于创新项目。基于此,我们从补贴与利润的相对值入手来度量挪用补贴的可能性:补贴收入与总利润之比(s = support/main profit),如果补贴收入相对于总利润越大,那么企业挪用 R&D 补贴的概率就越高。

从补贴收入与总利润之比(s)的数据特征看,有正、有负、有零,如图 1-1 所示。然而,s 与挪用的概率(p)之间并不是线性关系,而是非线性的。从理论上分析,当 $s>0$ 时,s 越大,挪用的概率越高;$s=0$ 时,不存在挪用的行为;$s<0$ 时,表明企业亏损[1]。对于亏损的企业,亏损越大,挪用的可行性越大,即 $|s|$ 越大,$p(s)$ 越高。更直观地,s 与 $p(s)$ 可能的函数关系如图 1-2 所示。

---

[1] 因为在一开始的数据清理中,已经剔除了补贴收入为负数的不合理观测值,所以 s 出现负数只可能因为企业亏损。

显然，与盈利的企业相比，得到相同补贴的情况下，亏损的企业挪用R&D补贴的概率更大，也就是说$p(s)$在0的左右两侧是非对称的。

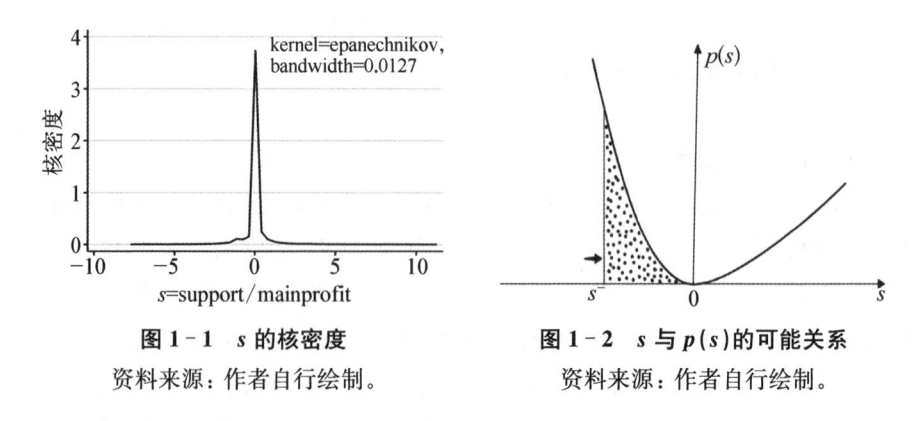

图1-1　s的核密度
资料来源：作者自行绘制。

图1-2　s与$p(s)$的可能关系
资料来源：作者自行绘制。

1. 关键解释变量

影响企业挪用R&D补贴概率的可能因素分为三类：一类是企业内部因素，如自有资金（$liquid\_a$）、非R&D补贴项目的利润率。前文的理论推导显示自有资金越充裕挪用的概率越高，但现实中也可能相反。$liquid\_a$用企业流动资产年平均值余额与总资产的比例来衡量。

非创新项目的利润率数据获取是本研究的又一个难点。在数据库中涉及利润的有两个数据，一个是总利润，一个是主营业务利润。对于大多数企业而言，创新项目并不是其主营业务，所以相对主营业务利润，总利润可能更能代表非创新项目利润。然而，对于创新企业来说，总利润是包含了创新项目利润的。如何把创新的利润所得从总利润里扣除是问题的关键。没有创新投入的企业，总利润里是不包含创新利润的，如果这些企业除了没有创新投入在其他方面与有创新投入企业是相似的，那么我们就可以找到创新企业的反事实利润率。具体来说，采用倾向得分方法，以研发投入虚拟变量（dum_innov）为处理变量（$innov>0$时$dum\_innov=1$），总利润率为结果变量，对企业特征变量：资产负债率（alr）、企业经营成本（$cost$）、企业经营收入（$income$）、企业影响力（ad）、市场势力（$market\_s$）进行有放回的一对一匹配。图1-2的检验结果可以直观地看到各变量匹配前后标准化偏差的变化，除了alr，所有变量在匹配后（Matched）的标准化偏差小于5%，表明匹配较好地衡量了数据。后文的实证中非创新项目的利润率采用匹配的反事实利润率（$m\_profitlv2$）来度量。

第二类影响因素来自政策制定者,政府对创新型企业实施一定的税收减免政策以激励企业增加创新投入。前文的政企博弈分析表明,税收政策会弱化政府监督企业规范使用R&D补贴的动力,从而增加挪用的可能性,因此税收政策的实施可能与被解释变量负相关。中国在2006年2月出台的《国家中长期科学和技术发展规划纲要(2006—2020年)》中指明:"加大企业研究开发投入的税前扣除等激励政策的力度,实施促进高新技术企业发展的税收优惠政策。"可见税收优惠政策从2006年开始加强,尤其是对那些得到政府补贴的企业,税收优惠力度更大。所以,我们用2006年年份虚拟变量(dum_year)和补贴投入虚拟变量($dum\_support$)①的交互项作为税收优惠政策的代理变量。

第三类影响因素来自资本市场。直接融资和间接融资市场为企业舒缓资金约束的同时,也成为企业资金使用的监督方,企业与资本市场的资金往来越频繁,企业受到的监督越多,挪用补贴的可能性越低。本文采用企业筹资活动产生的现金流入与流出之和占主营业务成本的比重来衡量资本市场的监督作用。

2. 控制变量

研发投入影响方程中控制变量的选取基本上与已有文献保持一致。其中,企业规模($scale$)用营业收入来表示;资本密集度(cap_int)采用人均固定资产总值=固定资产净值年平均余额/年末从业人员合计;人力资本(hum_cap)采用企业人均教育培训费;企业年龄(age)使用企业自成立到统计当年存活的年数;企业利润率($profitlv1$)采用企业总利润率。

三、变量的统计性描述

从2005—2007年的数据来看,规模以上工业企业中有研发投入的企业占比呈现逐年增长的态势,其平均值约为10%。反过来讲,也就是说有90%企业是不进行研发活动的。有研发活动的企业中,研发投入的平均值每年约为430万元,但有一半的企业投入在26万元以下,有超过10%的企业研发超过493万元。即便消除企业规模因素考虑研发强度,其分布函数也呈现左偏特征,可见研发投入的分布很不平衡。从补贴收入历年数据(1998—2013年)来看,获得补贴收入的企业比例约为12%,2006年这一比例为11%,2013年达

---

① 当 $dum\_support > 0$ 时,$dum\_support = 1$,其他情形下,$dum\_support = 0$。当 $year > 2006$ 时,$dum\_year = 1$,其他情形下,$dum\_year = 0$。

到18%,可见国家出台各类创新优惠政策其惠及的企业越来越广,覆盖面越来越大。

从补贴相对利润的比值(ss)来看,均值为4.7%,有十分之一的企业其占比超过了10%,对于这部分企业来说补贴是相对较大的一块。企业的主营业务利润率(profitlv2)和总利润率(profitlv1)基本一致,均值为3.5%,但是约有16%的企业是亏损的。从匹配后的企业利润率来看 m_profitlv2 的均值略高,说明非创新项目的利润率总体上高于企业平均利润率。税收优惠政策的代理变量(support2006)均值约为10%,即有10%的企业受此政策影响。企业与资本市场往来的代理变量(fina)、企业规模(scale)、资本密集度(cap_int)、人力资本投资(hum_cap)的均值都远大于中位数,表明分布左偏严重,均值的代表性不足,所以要关注变量之间尾部的相关关系。

表1-3 主要变量的统计描述

变量	观测值	均值	标准差	q(0.1)	q(0.5)	q(0.9)
$innov$	74 194	4 342	53 530	15	260	4 936
ss	73 747	0.047	0.234	0	0	0.11
$liquid\_a$	74 194	0.562	0.224	0.271	0.564	0.849
$profitlv2$	74 165	0.035	1.613	−0.000 4	0.046	0.171
$profitlv1$	74 165	0.046	1.103	−0.000 9	0.045	0.168
$m\_profitlv2$	73 363	0.055	0.084	0	0.032	0.142
$support2006$	74 194	0.101	0.301	0	0	1
$fina$	74 165	0.487	12.878	0	0	0.953
$scale$	74 194	425 387	3 128 621	9 590	54 869	531 361
cap_int	74 189	186.565	6 802.00	11.233	60	259.075
hum_cap	74 194	205.938	1 912.0	0	20	296
age	74 182	11.207	13.074	2	7	26

注:为了后文匹配和实证分析的需要,这里统计的均为有研发投入企业的相关特征。q代表分位数。

资料来源:作者使用stata自行计算整理所得。

第四节　实证分析及稳健性检验

本文采用 2005—2007 年规模以上工业企业混合数据，对基础模型 1-24 和 1-25 以及变换模型进行估计，以检验前文中的研究假设。表 1-4 和表 1-5 报告了估计结果①。

一、挪用补贴可能性的影响因素分析

在样本区间内挪用可能性的代理变量 ss 有正有负，而取值为正代表的是盈利的企业，取负值表明亏损，后者挪用的可能性更大，而且即便是两类企业中 ss 绝对值相同的企业，亏损的企业挪用补贴资金的可能性更大。为了区分这种差异，我们在估计中分别对 ss>0 和 ss<0 的子样本进行回归，OLS 的回归结果见表 1-4 第 2、3 列。更为重要的是，ss=0 的企业占绝大多数，约 72%，因变量的概率分布变成了由一个离散点和一个连续分布组成的混合分布，在这种情况下，直接用 OLS 对全样本回归，或者去掉离散点分样本回归，都得不到一致估计，因此我们采用更合理的 Tobit 回归，估计结果见表 1-4 第 4、5 列。

表 1-4　影响挪用补贴可能性的实证结果

解释变量	OLS ss>0	OLS ss<0	Tobit 左删失	Tobit 右删失	Logit 1(ss≠0)
$liquid\_a$	0.031 4 (1.57)	0.008 9*** (4.84)	0.031 4 (1.62)	0.008 9*** (4.79)	−0.061 1*** (−5.73)
$(liquid\_a)^2$	0.023 3 (1.19)	−0.000 4*** (−2.65)	0.023 3* (1.85)	−0.000 3 (−1.03)	−0.142 4*** (−15.63)
$m\_profitlv2$	0.058 9*** (2.84)	0.066 4*** (16.13)	0.058 9*** (2.76)	0.066 4*** (32.91)	−0.100 6*** (−9.23)

① 回归前对所有变量均作标准化处理。

续 表

解释变量	OLS		Tobit		Logit
	$ss>0$	$ss<0$	左删失	右删失	$1(ss\neq 0)$
$(m\_profitlv2)^2$	−0.005 1*** (−4.33)	−0.002 9** (−2.20)	−0.005 0** (−2.28)	−0.002 9*** (−15.04)	0.003 4*** (3.24)
$support2006$	−0.043 5 (−1.24)	0.013 8*** (3.81)	−0.043 4 (−1.24)	0.013 8*** (3.66)	
$fina$	0.027 2 (0.41)	−0.000 5 (−0.82)	0.027 2 (0.33)	−0.000 5 (−0.30)	0.007 1 (0.94)
$scale$	−0.063 8** (−2.33)	0.000 1 (0.15)	−0.063 8*** (−2.73)	0.000 1 (0.07)	0.088 8*** (9.11)
观测数	10 368	62 535	10 368	62 535	65 938
R^2	0.002 0	0.018 0	0.000 6	0.014	0.007
F/X^2 统计量	4.53	66.39	23.16	1 135.96	467.36
$prob(F/X^2)$	0.000 0	0.000 0	0.001 6	0.000 0	0.000 0

注：括号内为 t 值，***、**、* 分别代表在 1%、5%、10% 水平上显著。
资料来源：作者使用 stata 自行计算所得。

作为理性而缺乏监管的企业，如果非创新项目的利润率更高，那么企业更倾向于挪用补贴，把资金配置到高利润的项目上。然而随着非创新项目利润率的提高，企业的整体利润率提高，资金约束放宽，企业挪用补贴的可能性也会下降。因此，非创新利润率对挪用可能性的影响不是线性的。同理，企业自有资金的影响也是如此。考虑到自有资金和非 R&D 补贴对挪用补贴可能性影响方向的不确定性，在回归中加入二次项。我们看到，对于盈利的企业，OLS 和 Tobit 回归的结果均显示，非创新项目利润率对挪用补贴可能性的影响是显著的，一次项系数为正，表明非创新项目利润率越高挪用的可能性越大，这与前文的研究假设一致。而且，二次项显著为负，还告诉我们随着非创新项目利润率的增加，挪用的可能性会下降。而对于亏损的企业，ss 为负数，值越大代表挪用的可能性越小，所以一次项系数显著为正，表明非创新项目利润率越大，挪用的可能性越小，但是随着非创新项目利润率的增加，挪用的可能性会增加。

关于自有资金对挪用可能性的影响,Tobit 和 OLS 结果显示,仅对亏损的企业有影响,而对盈利的企业没有影响。对于亏损的企业来说,自有资金越充裕,挪用的概率会增加,而随着自有资金的进一步增加,挪用的概率会下降。税收优惠政策对挪用概率的影响也主要反映在亏损的企业中:对亏损的企业实施税收优惠政策会增加挪用补贴的可能性。这与前文的研究假设一致。

二、企业挪用补贴对研发投入的影响

表 1-5 第 2、3 列报告了模型 1-24 的 OLS 估计结果。这里的关键解释变量为补贴收入在主营业务利润中的占比(ss),因变量为有研发的企业其研发投入额。在这里同样需要考虑盈利企业($ss>0$)和亏损企业($ss<0$)的情形下,挪用补贴对研发投入的影响。估计结果表明,在控制物质资本、人力资本、盈利能力、企业年龄、负债率等变量后,挪用可能性对研发投入的影响是显著的。而且无论是对于盈利的企业还是亏损的企业来说,挪用的可能性越大,越会抑制企业的研发投入行为[①];反之,挪用的可能性越小,企业越会增加研发投入。这与前文的研究假设是一致的。

表 1-5 挪用补贴对企业研发投入的影响

解释变量	OLS			$q(0.25)$	$q(0.5)$	$q(0.75)$
	$ss>0$	$ss<0$	$1(ss\neq 0)$			
ss	−0.011 2* (1.94)	0.014 1*** (3.06)				
dum_ss_p			5.554 9*** (4.31)	0.003 2*** (13.09)	0.011 0*** (9.04)	0.023 0*** (4.59)
cap_int	0.000 9 (0.59)	0.006 8 (0.42)	0.002 6 (1.51)	−0.000 02 (−0.10)	0.000 07 (0.12)	0.000 03 (0.01)

① 当 $ss<0$ 时,ss 的系数为正,与 $ss>0$,系数为负,此两者表达的含义是一致的,因为 ss 为负时,值越大代表挪用的可能性越小。

续　表

解释变量	OLS ss>0	OLS ss<0	OLS 1(ss≠0)	$q(0.25)$	$q(0.5)$	$q(0.75)$
hum_cap	0.1370*** (2.93)	0.0998 (1.44)	0.1306*** (2.68)	0.0234*** (8.84)	0.0960*** (6.42)	0.4047*** (10.05)
$profitlvl$	0.0469 (3.76)	0.0598** (2.00)	0.0068*** (2.63)	0.0004 (1.37)	0.0006* (1.92)	0.0004 (0.91)
age	0.0577*** (2.47)	0.0196** (2.01)	0.0119** (2.19)	0.0001*** (5.31)	0.0008*** (4.38)	0.0022*** (3.60)
alr	0.0064 (0.74)	−0.0038 (−0.93)	0.0035 (1.59)	−0.00003*** (−3.66)	−0.0002*** (−7.85)	−0.0009*** (−9.34)
观测数	18451	2104	65920	65920		
R^2	0.0588	0.0326	0.0630	0.0092	0.0343	0.1034
F 统计量	15.12	1.95	18.69			
$Prob(F)$	0.0000	0.0689	0.0000			

注：括号内为 t 值，***、**、* 分别代表在 1%、5%、10% 水平上显著。
资料来源：作者使用 stata 自行计算所得。

在控制变量中，人力资本、盈利能力、企业年龄对于研发投入的影响基本上都显著为正，表明人力资本要素在研发中起到了至关重要的因素，盈利能力越好、成立越久的企业越重视研发投入。这与大多数相关文献中的结论是一致的。物质资本和资产负债率的系数不显著。

三、稳健性检验

（一）利用离散化处理关键变量进行稳健性分析

在模型 1-24 中，为了同时避免上述 ss 正负数代表的含义和因变量取 0 两方面的影响，我们采用 Logit 回归。其中因变量在 ss 非零时取 1，其他情形时取 0，这样回归得到的是解释变量对不挪用补贴概率的影响，估计结果见表 1-4 第 6 列。需要指出的是，因为 Logit 回归中因变量正好和前面两种模型中设定相反,所以在系数的解释也是相反。与 Tobit 和 OLS 回归结果类似,Logit 回归的结果显示,非创新项目利润率对挪用补贴可能性的影响是显著的,一次项系数为负,二次项显著为正。对于自有资金对挪用可能性的影响,Logit 模型的结果也表明存在非线性特征。与 Tobit 和 OLS 回归相比,尽管 Logit 回归得到的系数值不同(因为模型代表的含义不同),但是系数的符号和显著性是一致的,表明前面的结果比较稳健①。

上述 Logit 回归的基础上,我们进一步预测因变量的概率值 $Prob(ss \neq 0)$,即企业不挪用补贴的概率(dum_ss_p),以此作为 ss 的替代变量对研发投入进行回归,估计结果见表1-5第4列。dum_ss_p 的系数显著为正,表明企业不挪用的概率越高,研发投入越大。其他控制变量与第2、3列基本一致。

(二) 使用分位数回归进行稳健性分析

上述关于不挪用概率对研发投入的估计结果都是建立均值回归基础上的,所反映的是不挪用可能性对研发投入的平均影响。然而研发分布是非对称的,这种平均影响不能全面地呈现自变量对因变量的影响。相比之下,分位数回归不受研发分布的影响,得到的估计结果更稳健。

分位数回归中我们采用自举法得到估计量的方差协方差矩阵估计值,表1-5第5—7列分别报告了下四分位数、中位数和上四分位数上的不挪用的概率对研发投入的影响。研究结果显示,在控制了其他变量后,各分位数上不挪用的概率对研发投入的影响均是显著为正的,而且随着研发投入的增加这种影响在逐步增加。需要注意的是,上四分位数上的影响系数远小于平均影响的系数,这也从另一个侧面说明了研发的分布左偏特征,以及进行分位数回归的必要性。

第五节 结论与政策建议

本研究表明,在政府与企业之间存在信息不对称时,在单次短期博弈条件下,当企业自有创新资金越宽裕、非补贴项目的收益率越高,企业挪用 R&D 补贴的动力越大,企业倾向于挪用 R&D 补贴的比例越高;当 R&D 补贴政策

---

① Logit 回归中因税收政策变量的变异性差,模型未报告估计结果。

与税收优惠政策同时实施时,税收优惠政策会削弱政府对企业的监督积极性,更容易形成政企合谋的局面,从而为企业挪用R&D补贴提供更为宽松的政策环境,增加企业挪用R&D补贴的可能性,最终削弱R&D补贴政策对企业创新活动的激励作用;当考虑直接融资市场和间接融资市场对企业行为的反应时,政府与企业之间保持长期重复博弈关系会削弱企业挪用R&D补贴的积极性。

根据前文的研究结果,有以下几点政策启示:

第一,政府对接受R&D补贴的企业进行监督时,要有的放矢地重点考察自有创新资金较宽裕且拥有较高利润率的非补贴项目的企业。根据资本边际收益递减原理可得,自有创新资金宽裕的企业将获得的R&D补贴资金用于创新活动的边际收益较低,若此时其他非补贴项目拥有较高利润率时,追求自身利润最大化的企业往往有动力对R&D补贴进行挪用。由于企业的融资约束和利润水平指标较为透明易得,因此对该类企业进行监督,一方面降低政府的监督成本,另一方面抓住了解决企业挪用R&D补贴问题的主要矛盾。

第二,加强对政府的税收审计监督,建立R&D补贴政策实施效果问责机制。研究表明,税收优惠政策与R&D补贴政策同时实施会降低政府对企业的监督积极性,有动力纵容企业将R&D补贴挪用至具有较高利润率的非补贴项目上,从而降低R&D补贴政策的激励效果。因此,建议建立R&D补贴政策实施效果问责机制,调动政府的监督积极性。

第三,努力实现R&D补贴政策实施过程的制度化和实施期限的长期化,建立企业创新的信用机制。与单次博弈相比,政府与企业之间的长期重复博弈关系能够在一定条件下减少企业挪用R&D补贴的行为,同时也有利于降低政府对企业的监督成本,从而增强政府对企业R&D补贴使用行为的监督积极性,压缩企业挪用R&D补贴的操作空间;企业创新信用机制的建立进一步增加了企业挪用R&D补贴行为的风险和机会成本,有利于规范企业的R&D补贴使用行为,从而提升R&D补贴政策的激励效果。

第四,规范直接融资市场和间接融资市场的信息传导机制,发挥其对企业创新行为的外部监督作用,这可以增加企业挪用R&D补贴行为被发现的风险和机会成本,有效降低企业挪用R&D补贴的积极性,从而有效规范企业的R&D补贴使用行为,提升R&D补贴政策对企业创新活动的激励效果。

第二章 重点产业支持政策对制造业创新资源配置效率的影响

第一节 问题的提出

就提升制造业企业的自主创新能力而言,仅从微观企业层面针对其研发投入影响因素进行研究还远远不够。根据前文理论分析,制造业企业的研发创新活动具有很强的正外部性,导致其研发投入水平往往低于其社会最优水平,所以需要政府部门采取一定措施解决这一外部性问题。然而政府对企业研发创新活动实施 R&D 补贴政策时,制造业企业在使用政府 R&D 补贴时又存在很强的策略性与投机性行为动机,使得政府的 R&D 补贴政策实施效果大打折扣,外部性问题的解决仍不够理想。由此我们不仅产生疑问:在现有经济社会环境背景下,在上述制造业微观企业主体研发创新投入分散策略与个体行为的基础上,中国制造业总体的创新资源配置效率究竟如何? 改善中国制造业行业创新资源在不同维度的结构性错配,对中国制造业的创新效率和制造业企业自主创新能力的改善与提升空间究竟多大? 本章将针对上述问题展开分析与研究。

广义上资源配置效率分为组织内部的资源配置效率和组织之间的资源配置效率。狭义上前者仅指利用效率,后者才是本文关注的概念,外在扭曲因素使得创新资源利用效率较高的部门或企业无法得到相应投入,如果实现创新资源从利用效率低的部门向利用效率高的部门流动,则会带来国家总创新能力的提高(Restuccia & Rogerson,2008;Hsieh & Klenow,2009)。

现有对组织内部创新资源利用效率及其影响因素的研究已然非常丰富(Jefferson et al.,2006;Liodakis,2008;Kanwar & Evenson,2009;白俊红,2010;Chowdhury,2012;成力为和孙玮,2012;余泳泽和刘大勇,2013,2014;李

勃昕等,2013;程时雄和柳剑平,2014;李后建等,2014;Guan & Zuo,2014;赵增耀等,2015;邹文杰,2015;王保林和张铭慎,2015;Savrul & Incekara,2015;Wei et al.,2015;戴魁早和刘友金,2016;张俊瑞等,2016;谢子远和吴丽娟,2017;刘军等,2017)。就狭义上的创新资源配置效率问题,焦翠红(2017)、焦翠红和陈钰芬(2018)做了比较深入的探讨。他们主要利用创新资源份额与全要素生产率之间的相关度描述创新资源错配问题,然而这一方法并不能告诉我们创新资源错配的程度,并且创新资源投入本是全要素生产率增长的原因,利用二者之间的相关性度量创新资源配置效率不免存在争议(使用创新资源利用效率而非全要素生产率将更合理)。

就结构性扭曲而言,所有制结构扭曲问题受到了更多关注,吴延兵(2012)、董晓庆等(2014)等的研究都表明,就创新资源的利用效率而言,国有企业明显逊色于民营企业,但是国家和政府部门的创新扶持政策往往向国有企业倾斜,这必然有损于不同所有制部门间的创新资源配置效率(Boeing,2016;Wei et al.,2017)。除所有制结构外,中国仍然存在其他方面的经济结构性扭曲问题,如区域结构(陆铭,2016;焦翠红和陈钰芬,2018)、产业结构等。此外,中国创新资源的使用结构也存在扭曲,如企业、高等学校和科研机构间的结构性扭曲(焦翠红和陈钰芬,2018)。然而前期研究更多描述了扭曲现象的存在性,一个自然而然的问题是,这些结构性扭曲导致了多大程度的创新产出或全要素生产率损失?

尽管围绕狭义上的创新资源配置效率展开的研究不多,但是围绕生产要素配置效率的研究已比较丰富。

在生产要素配置效率的度量方面,李玉红等(2008)、布兰特等(Brandt et al.,2012)、毛其淋和盛斌(2013)、杨汝岱(2015)、孙元元和张建清(2015)等利用不同全要素生产率分解法(Olley & Pakes,1996;Foster et al.,2001;Baldwin & Gu,2006;Melitz & Polanec,2015)的研究指出,中国资源配置优化对全要素生产率增长的贡献度相对较低。为了深入理解这一作用,必须全面地分析"有哪些因素在多大程度上引起了资源配置效率的损失",雷斯图西亚和罗格森(Restuccia & Rogerson,2013)、霍彭哈恩(Hopenhayn,2014)就该种思路下的资源错配问题进行了比较全面的综述。其中 HK 模型(Hsieh & Klenow,2009)以及青木昌彦模型(Aoki,2008,2009)可以说是这一思路下的开创性模型。自此以来,针对中国不同扭曲因素下资源错配程度的分析开始涌现,邵宜航等(2013)基于 HK 模型的测算甚至指出中国资源错配导致全要素生产率损失了 200% 以上。

影响生产要素配置效率的因素众多,其中产业结构失衡、所有制歧视(靳来群,2015)及区域间市场分割是导致中国要素配置扭曲的三大重要结构性因素。就行业间扭曲而言,袁志刚和解栋栋(2011)基于 Aoki 模型的分析指出农业部门与非农业部门间的扭曲配置导致全要素生产率损失了 2%—18%。陈永伟和胡伟民(2011)基于青木昌彦模型(Aoki,2008,2009)的分析指出中国制造业内部子行业间的扭曲导致产出损失了 15%。然而,韩剑和郑秋玲(2014)基于 HK 模型的分析却指出制造业内部子行业间的要素配置扭曲仅导致全要素生产率损失了 4.72%。就地区间的扭曲而言,布兰特等(Brandt et al.,2013)基于 HK 模型的分析指出省间要素配置扭曲导致全要素生产率损失了 8%。就所有制结构扭曲而言,陈诗一(2017)基于动态随机一般均衡模型的测算指出,国有部门与非国有部门间的要素配置扭曲导致全要素生产率损失了 19%。张天华和张少华(2016)基于 HK 模型的分析指出,所有制差异下的要素配置扭曲仅导致全要素生产率损失了 7.4%。

为比较不同结构性扭曲的相对严重性,需运用科学合理的数理模型直接测算出扭曲程度。部分研究利用比较全面的企业层面数据将企业更替、企业规模分布等问题嵌入测算框架(罗德明等,2012;Peters,2013;Midrigan & Xu,2014;盖庆恩等,2015;陈诗一,2017;李旭超等,2017),与之类似,HK 模型也需利用企业层面数据分析企业间的错配程度。然而,中国比较全面的企业数据较难获得,尤其是企业创新投入的数据,数据的缺失必然限制了模型的使用。在测算部门间配置效率方面,以行业间配置效率的 Aoki 模型为基础,陈永伟(2011)通过进一步扩展,将行业间的资源错配程度用以下表达式进行阐释:

$$(Y/Y_{efficient}) = \prod_{i=1} \left(\frac{\left(\frac{s_{it}\beta_{Ki}}{\beta_K}\gamma_{Kit}K_t\right)^{\beta_{Ki}} \left(\frac{s_{it}\beta_{Li}}{\beta_L}\gamma_{Lit}L_t\right)^{\beta_{Li}} \left(\frac{s_{it}\beta_{Mi}}{\beta_M}\gamma_{Mit}M_t\right)^{\beta_{Mi}}}{\left(\frac{s_{it}\beta_{Ki}}{\beta_K}K_t\right)^{\beta_{Ki}} \left(\frac{s_{it}\beta_{Li}}{\beta_L}L_t\right)^{\beta_{Li}} \left(\frac{s_{it}\beta_{Mi}}{\beta_M}M_t\right)^{\beta_{Mi}}} \right)^{s_{it}}$$

$$= \prod_{i=1} \left((\gamma_{Kit})^{\beta_{Ki}} (\gamma_{Lit})^{\beta_{Li}} (\gamma_{Mit})^{\beta_{Mi}} \right)^{s_{it}}$$

其中,s_i 代表 i 行业份额,γ 表示要素相对扭曲系数。张雄等(2017)利用该方法分析了行业间土地资源配置效率。然而,该式分子中 i 行业产出份额 s_i 是在错配情况下得到,分母中的 s_i 是有效状态下的份额,二者代表的涵义及数值并不相同,因此也就无法相互约掉而得到第二步的表达式。有效状态下的产出份额 s_i^* 也无法通过模型内在一致地得到可计算的公式。因此如何构建更适合中国数据特征的模型以测算结构性扭曲问题变得非常重要。基于上述研究现状,本章将通过借鉴布兰特(Brandt,2013)和靳来群(2018)所构建的理论模型基础上测算中国创新资源的结构性扭曲配置问题。

第二节 创新资源错配测算方法与数据来源

一、创新资源配置效率评价模型

中国的资源错配问题十分严重,而这样的错配主要体现在结构性方面,如所有制结构、产业结构、区域结构等,为此下文主要针对结构性错配程度问题展开了分析。而为了分析的方便,本研究利用部门概念来代替结构,如所有制结构性错配即不同所有制部门之间的错配,产业结构与区域结构也如此。本文主要参考青木昌彦模型(Aoki,2008,2009)的二层架构安排,陈永伟和胡伟民(2011)曾参考青木昌彦模型提出了行业间错配所致总体生产效率及产出损失程度的测算方法(如果假设整个经济体投入要素总量不变,那么总体产出损失程度即生产效率损失程度),张雄等(2017)利用该方法分析了行业间土地资源配置效率,其最终测算公式为:

$$(Y/Y_{efficient}) = \prod_{i=1} \left(\frac{\left(\frac{s_{it}\beta_{Ki}}{\beta_K}\gamma_{Kit}K_t\right)^{\beta_{Ki}} \left(\frac{s_{it}\beta_{Li}}{\beta_L}\gamma_{Lit}L_t\right)^{\beta_{Li}} \left(\frac{s_{it}\beta_{Mi}}{\beta_M}\gamma_{Mit}M_t\right)^{\beta_{Mi}}}{\left(\frac{s_{it}\beta_{Ki}}{\beta_K}K_t\right)^{\beta_{Ki}} \left(\frac{s_{it}\beta_{Li}}{\beta_L}L_t\right)^{\beta_{Li}} \left(\frac{s_{it}\beta_{Mi}}{\beta_M}M_t\right)^{\beta_{Mi}}} \right)^{s_{it}}$$

$$= \prod_{i=1} \left((\gamma_{Kit})^{\beta_{Ki}} (\gamma_{Lit})^{\beta_{Li}} (\gamma_{Mit})^{\beta_{Mi}} \right)^{s_{it}} \quad (2-1)$$

其中,i 代表行业,s_i 代表行业份额,K、L、M、Y 分别代表资本、劳动、中间投入与产出。γ 表示要素相对扭曲系数,分别为 $\gamma_{Ki} = \left(\frac{K_i}{K}\right) \Big/ \left(\frac{s_i\beta_{Ki}}{\beta_K}\right)$,$\gamma_{Li} = \left(\frac{L_i}{L}\right) \Big/ \left(\frac{s_i\beta_{Li}}{\beta_L}\right)$,$\gamma_{Mi} = \left(\frac{K_M}{K}\right) \Big/ \left(\frac{s_i\beta_{Mi}}{\beta_K}\right)$。

然而,我们看到式 6-1 第一步的分子中 i 行业产出份额 s_i 是在错配情况下得到的,而分母中的 s_i 是有效状态下的份额,二者代表的涵义及数值并不相同,因此无法相互约掉而得到第二步的表达式。有效状态下的产出份额 s_i^*

第二章 重点产业支持政策对制造业创新资源配置效率的影响 / 31

也无法通过模型内在一致地得到可计算的公式。

鉴于这一问题,本研究参考布兰特等(Brandt et al.,2013)模型中测算扭曲状态与有效状态下要素投入比例的思路,对二层架构模型求解过程进行修正,在此以创新资源结构性错配测算模型的构建过程为例,传统生产性要素结构性错配的构建逻辑其相一致,在此不赘述。

首先假设整个经济的创新产出总量由各个部门决定,$Y=F(Y_1, Y_2, \cdots, Y_N)$,在规模报酬不变的假定下,可得 $PY = \sum_{i=1}^{N} P_i Y_i$,而为下文分析方便,假定 $F(\cdot)$ 为 CES 形式 $Y=(\sum_{i=1}^{N} Y_i^\sigma)^{\frac{1}{\sigma}}$。参考杰佛森等(Jefferson et al.,2006)、戴魁早和刘友金(2016)的创新产出函数设置方法,假定创新产出总量 Y 以及部门创新产出量 Y_i 是物质资本 RK、RK_i 与人力资本 RL、RL_i 的规模报酬不变的 CD 函数,$Y = TFP \cdot RK^\alpha RL^{1-\alpha}$、$Y_i = TFP_i \cdot RK_i^\alpha RL_i^{1-\alpha}$。在如此假设下得到经济总体的创新效率为:

$$TFP = \left(\sum_{i=1}^{N} \theta_i Y_i^\sigma\right)^{\frac{1}{\sigma}} / RK^\alpha RL^{1-\alpha} = \left[\sum_{i=1}^{N} \theta_i (TFP_i \cdot rk_i^\alpha rl_i^{1-\alpha})^\sigma\right]^{\frac{1}{\sigma}} \quad (2-2)$$

其中 $rk_i = RK_i / RK$,$rl_i = RL_i / RL$。

参考前期研究做法,为测算错配程度,分为两种状态——实际状态和有效状态,为拟合出有效状态,假设实际状态下对创新资源价格征收了扭曲税 τ_i^{rk}、τ_i^{rl},那么有效状态可通过将扭曲税假设为1得到。基于式2-2可以看到模型计算重点在于得到创新资源投入比例 rk_i、rl_i。

由总体创新产出以及部门创新产出的利润最大化问题,$\max_{Y_i} \left\{ P\left(\sum_{i=1}^{N} Y_i^\sigma\right)^{\frac{1}{\sigma}} - \sum_{i=1}^{N} P_i Y_i \right\}$ 和 $\max_{RK_i, RL_i} \{ P_i Y_i - \tau_i^l w RL_i - \tau_i^k r RK_i \}$,可以得到扭曲状态及有效状态下部门创新资源投入比例为:

$$rl_i = \frac{\overline{TFP_i^{\frac{\sigma}{1-\sigma}}} \tau_i^{rl-1}}{\sum_{i=1}^{N} \overline{TFP_i^{\frac{\sigma}{1-\sigma}}} \tau_i^{rl-1}}, \quad rk_i = \frac{\overline{TFP_i^{\frac{\sigma}{1-\sigma}}} \tau_i^{rk-1}}{\sum_{i=1}^{N} \overline{TFP_i^{\frac{\sigma}{1-\sigma}}} \tau_i^{rk-1}} \quad (2-3)$$

$$rl_i^* = \frac{TFP_i^{\frac{\sigma}{1-\sigma}}}{\sum_{i=1}^{N} TFP_i^{\frac{\sigma}{1-\sigma}}}, \quad rk_i^* = \frac{TFP_i^{\frac{\sigma}{1-\sigma}}}{\sum_{i=1}^{N} TFP_i^{\frac{\sigma}{1-\sigma}}} \quad (2-4)$$

其中,$\overline{TFP}_i = TFP_i \tau_i^{rk-\alpha} \tau_i^{rl\alpha-1}$。可以看到,有效状态下的创新资源投入比例仅由自身创新效率决定,自身创新效率越高,该部门的要素投入比例理应越多,这与前期文献在分析资源配置效率时常用的 OP 协方差表达了同样的含义。但扭曲状态下的要素投入比例不仅由自身创新效率决定还受扭曲税的影响。

将两种状态下的要素投入比例代入到式 2-2 中可得,扭曲状态下总体实际创新效率 TFP 以及有效状态下总体潜在创新效率 TFP^*。由此,部门间总创新资源错配所致创新效率损失程度为 $d = TFP^*/TFP - 1$。就不同创新资源错配程度测算,部门间创新物质资本错配程度为,物质资本扭曲不存在($\tau_i^{rk}=1$)而人力资本扭曲存在时的总体创新效率 TFP^{rk*} 与两种资源扭曲都存在时的实际创新效率的比值 $d^k = TFP^{rk*}/TFP - 1$;人力资本错配程度的计算思路也如此,$d^l = TFP^{rl*}/TFP - 1$,其中 TFP^{rl*} 为人力资本扭曲不存在($\tau_i^{rl}=1$)而物质资本扭曲存在时的总体创新效率。

为了进一步判断,哪些部门的哪类创新要素存在投入扭曲及其扭曲程度,本研究构造了创新投入扭曲程度指标,$p_i^l = rl_i/rl_i^*$、$p_i^k = rk_i/rk_i^*$。如果 p_i^l、p_i^k 大于 1,则表示该类创新要素在 i 部门的投入是过度的,如果其小于 1,则表示该类创新要素在 i 部门的投入是不足的。

由代表性企业利润最大化的一阶条件可得,$\tau_i^{rk} \propto \frac{Y_i}{K_i}$,$\tau_i^{rl} \propto \frac{Y_i}{L_i}$。参考布兰特等(Brandt et al.,2013)令 σ 取值为 1/3。下文对物质资本投入与人力资本投入的产出弹性进行了估计,经分析利用随机前沿模型 SFA2 的回归结果更为准确,估计结果表明创新产出函数一定程度上符合规模报酬不变的假设,因此,本研究取 α 为 2/3。

二、创新生产函数估计方法

在创新产出函数为 CD 形式假设下,对数化后的计量模型为:

$$y'_{it} = c + \alpha rk'_{it} + \beta rl'_{it} + \varepsilon_{it} \qquad (2-5)$$

其中 y'、rk'、rl' 分别代表创新产出、物质资本与人力资本的对数。

若假设样本中每个个体都拥有完全相同的回归方程,采用混合回归模型把所有数据放在一起,进行 OLS 回归,如此必然忽略了横截面个体间不可观测或被遗漏的异质性。而该异质性可能与解释变量相关而导致估计不一致。

因此,为了捕捉异质性通常假定个体的回归方程拥有相同的斜率,但拥有不同的截距项,在式 2-5 中引入不可观测且不随时间变化的随机变量即可得到个体效应模型:

$$y'_{it}=c+\alpha rk'_{it}+\beta rl'_{it}+u_i+\varepsilon_{it} \qquad (2-6)$$

其中,u_i 是代表个体异质性的截距项,ε_{it} 为随个体与时间而改变的扰动项,且与 u_i 不相关。当 u_i 与某个解释变量相关称为"固定效应模型"(FE),当 u_i 与所有解释变量都不相关,称为"随机效应模型"(RE)。在面板随机前沿模型框架下,可将式 2-6 写为如下形式:

$$y'_{it}=c+\alpha rk'_{it}+\beta rl'_{it}+v_{it}-u_i \qquad (2-7)$$

其中,$u_i \geqslant 0$ 为不随时间变化的无效率项。若 u_i 与解释变量相关,可利用 LSDV 法对式 2-6 和式 2-7 进行估计,此时与标准的线性面板模型下的 FE 类似不再赘述。若 u_i 与解释变量不相关,可对 u_i 与 v_{it} 的分布做出具体假定,然后进行极大似然估计(MLE)。

(1) SFA1:假设 $v_{it} \sim N(0, \sigma_v^2)$,$u_i \sim N^+(\mu, \sigma_u^2)$,且 u_i 与 v_{it} 相互独立,并独立于解释变量。该模型为技术效率不随时间变化的随机效应模型。

(2) SFA2:假设 $u_{it}=e^{-\eta(t-T_i)}u_t$,$u_i \sim N^+(\mu, \sigma_u^2)$,$\mu>0$,$T_i$ 为个体 i 的时间维度,该模型为技术效率随时间变化的时变衰减模型。

考虑到研发投入和产出有一定的连续性,尽管 FE 模型能够缓解一定的内生性问题,但由于该模型依赖解释变量严格外生的假定,此时采用 FE 模型进行估计难免导致估计的不一致。由于动态广义矩(GMM)估计可以使用工具变量或者进行差分来控制未观察到的个体效应和时间效应,并且能够使用前期的解释变量和滞后的被解释变量作为工具变量来克服内生性问题,因此考虑如下动态面板模型:

$$y'_{it}=\rho y'_{it-1}+c+\alpha rk'_{it}+\beta rl'_{it}+u_i+\varepsilon_{it} \qquad (2-8)$$

若假定式 2-8 中扰动项 ε_{it} 不存在自相关,可进行一阶差分消除个体效应 u_i,可得:

$$\Delta y'_{it}=\rho \Delta y'_{it-1}+\alpha \Delta rk'_{it}+\beta \Delta rl'_{it}+\Delta \varepsilon_{it} \qquad (2-9)$$

用 $\{y'_{it-2}, y'_{it-3}, \cdots\}$ 作为 $\Delta y'_{it-1}$ 的工具变量对式 2-5 进行估计称为差分 GMM,记为 DGMM。

若在假定扰动项 ε_{it} 不存在自相关的基础上,额外假定 $\{\Delta y'_{it-1}, \Delta y'_{it-2}, \cdots\}$ 与个体效应 u_i 不相关,将水平方程 2-8 和差分方程 2-9 结合在一起作为一个方程系统进行 GMM 估计,称为系统 GMM,记为 SGMM。

接下来本文采用上述方法对式 2-5 的投入产出弹性进行估计①。虽然固定效应模型在一定程度上能够缓解由于个体异质性导致的内生性问题,但是经济理论和现实经济表明创新产出和投入往往存在惯性,固定效应模型中解释变量严格外生的条件就不再成立,进而会导致模型参数估计的不一致。此时便需要采用动态面板模型下的广义矩估计方法。表 2-1 报告了各参数模型的回归结果,不难发现除 SGMM 模型外,各模型的资本产出弹性十分接近,且在 1% 的显著性水平下显著,而劳动产出弹性只有在 DGMM、SGMM 和 SFA2 模型下显著且相近。DGMM 和 SGMM 方法尽管通过了过度识别检验(如 *sargan* 检验所示),但二阶自相关检验表明误差项存在自相关问题[如 $AR(1)$ 与 $AR(2)$ 检验所示],因此,DGMM 和 SGMM 可能并不适用。面板随机前沿框架下,根据无效率项是否随时间改变,分为 SFA1 和 SFA2。由于本文时间跨度较长,SFA1 中假设技术效率不随时间改变并不一定符合实际情况,而且 *eta* 项的回归系数为 0.049,在 0.5% 的显著性水平下显著,因此可以认为技术效率随时间改变。最终,本研究创新生产函数中的参数采用 SFA2 方法得到。可以看到,物质资本投入产出弹性与人力资本投入产出弹性的和为 0.982,非常接近于规模报酬不变情况。为此在测算创新资源配置效率时,物质资本投入产出弹性设置为 2/3,人力资本投入产出弹性设置为 1/3,与表 2-1 估计结果十分接近(靳来群等,2019)。

表 2-1 创新生产函数的估计结果

	(1)	(2)	(3)	(4)	(5)	(6)
lnrd	0.588*** (0.091)	0.754*** (0.083)	0.646*** (0.031)	0.102*** (0.034)	0.723*** (0.086)	0.668*** (0.098)
lnl	−0.042 (0.078)	0.037 (0.079)	0.163*** (0.014)	0.262*** (0.019)	0.015 (0.077)	0.314*** (0.090)

① 除了本书介绍的这几种方法外,估计生产率或创新效率的方法还包括常用的 DEA 方法,然而本书需要估计出投入的产出弹性,DEA 方法并不适用。

续 表

	(1)	(2)	(3)	(4)	(5)	(6)
_cons	−0.823 (0.861)	−3.742*** (0.634)	−5.410*** (0.197)	−1.502*** (0.276)	−1.855* (0.948)	−3.443** (1.597)
mu					1.247*** (0.254)	1.096 (0.703)
eta						0.049*** (0.019)
R^2	0.926					
AR(1)			0.008 9	0.003 4		
AR(2)			0.021 4	0.031 2		
Sargan			0.673 8	0.999 8		
样本数	330	330	330	330	330	330
方法	FE	RE	DGMM	SGMM	SFA1	SFA2

注：括号内为标准误；AR(1)、AR(2)、Sargan 为统计量的 P 值；***、**、* 分别表示在 1%、5% 和 10% 水平上显著；SFA1 技术效率不随时间而变，SFA2 技术效率随时间而变。

三、创新资源错配测算所需数据来源与变量说明

比较常用的反映创新产出（Y）的指标有专利数量和新产品销售额。然而 Cheung 和 Lin（2004）指出，中国官方统计的新产品销售额存在着较大的扭曲，中国企业往往谎报有关新产品的信息以骗取政府对新产品销售的税收优惠，比如稍微修改现有的产品，却声称拥有发明的"新产品"。另外使用新产品销售来衡量研发产出并不包括过程的创新，比如改进现有产品生产技术的革新，而专利数量包括产品和过程创新。因此本研究用专利数量衡量创新产出。专利数量既可用专利申请量衡量又可用专利授权量衡量，而考虑到从申请量变成授予量还有一个过程，容易受到官僚等因素的影响（Tan et al.，2014），同时专利授予需要检测和花费一定成本，存在更多的不稳定和不确定因素（周煊

等,2012),为此本研究使用专利申请量指标。

研发物质资本投入(RK)用永续盘存法估算,即 $RK_{it} = (1-\eta)RK_{it-1} + RD_{it}$。其中,$\eta$ 为研发物质资本折旧率,设定为15%;RD_{it} 为研发经费内部支出。基期研发物质资本存量由公式 $RK_{ib} = RD_{ib}/(g_i+\eta)$ 确定,g_i 表示 i 部门样本时期内研发经费内部支出的平均增长率。

考虑到研发人员全时当量是全时人员与非全时人员依据实际工时折算成全时人员之后的和,比单纯用研发人员数量更具客观性,因此用研发人员全时当量来度量研发人力资本投入(RL)。

本研究所用数据主要来自 2006—2016 年的《制造业企业科技活动统计年鉴》。该年鉴对高技术产业相关数据只统计到 2010 年,为此本研究利用《中国高技术产业统计年鉴》中各省相关数据加总得到 2011—2015 年的高技术产业相关数据。同时,本研究也用如此得到的高技术产业相关数据与 2005—2010 年《制造业企业科技活动统计年鉴》披露的高技术产业数据进行比较,发现二者是一致的。非国有部门的数据利用规模以上工业企业数据扣除国有控股工业企业的数据得到。

不同省份的数据以及不同所有制的数据划分是清楚的,然而不同行业的数据划分却相对模糊。国家统计局对 2011 年的行业分类标准(GB/T 4754—2011)相比 2002 年(GB/T 4754—2002)作了部分变动,为此,本研究对此调整以使得行业分类标准前后口径一致。主要体现在:(1) 2002 年标准中的"18"(行业代码)行业中的"制鞋业"调整到了 2011 年的"19"行业中,并且 2002 年的"17"行业中的"针织或钩针编织服装制造"调整到 2011 年的"18"行业中,为此本研究将"17"、"18"和"19"行业综合为一总行业,简称"大纺织业"。(2) 2002 年标准的"42"行业中的"工艺品制造业"调整到了 2011 年标准中的"24"行业,为此本文将 2002 年的"24"与"42"行业,以及 2011 年标准中的"24"与"41"行业综合一起。(3) 2011 标准中的"29"行业将 2002 年标准中的"29"与"30"行业综合一起,为此本研究也采用了这一方法。(4) 2002 年标准中"41"行业中的"文化办公用机械制造业"调整到了 2011 年标准中的"34"通用设备制造业中,为此将 2002 年标准中的"35"与"41"合并一个行业,并将 2011 年标准中的"34"与"40"合并为一个。(5) 删掉了废弃资源回收加工业及设备修理业。(6) 调整后对行业代码进行了重新编码。行业调整后的结果可见表 2-2。

表2-2 行业分类标准整理与校对结果

| 笔者整理 || GB/T 4754—2002 || GB/T 4754—2011 ||
代码	具体名称	代码	具体名称	代码	具体名称
13	农副食品加工业	13	农副食品加工业	13	农副食品加工业
14	食品制造业	14	食品制造业	14	食品制造业
15	酒、饮料和精制茶制造业	15	饮料制造业	15	酒、饮料和精制茶制造业
16	烟草制品业	16	烟草制品业	16	烟草制品业
17	大纺织业	17	纺织业	17	纺织业
		18	纺织服装、鞋、帽制造业	18	纺织服装、服饰业
		19	皮革、毛皮、羽毛(绒)及其制品业	19	皮革、毛皮、羽毛及其制品和制鞋业
20	木材加工和木、竹、藤、棕、草制品业	20	木材加工及木、竹、藤、棕、草制品业	20	木材加工和木、竹、藤、棕、草制品业
21	家具制造业	21	家具制造业	21	家具制造业
22	造纸和纸制品业	22	造纸及纸制品业	22	造纸和纸制品业
23	印刷和记录媒介复制业	23	印刷业和记录媒介的复制	23	印刷和记录媒介复制业
24	文教、工美、体育、娱乐用品及其他制造业	24	文教体育用品制造业	24	文教、工美、体育和娱乐用品制造业
		42	工艺品及其他制造业	41	其他制造业
25	石油加工、炼焦和核燃料加工业	25	石油加工、炼焦及核燃料加工业	25	石油加工、炼焦和核燃料加工业
26	化学原料和化学制品制造业	26	化学原料及化学制品制造业	26	化学原料和化学制品制造业
27	医药制造业	27	医药制造业	27	医药制造业

续 表

| 笔者整理 || GB/T 4754—2002 || GB/T 4754—2011 ||
代码	具体名称	代码	具体名称	代码	具体名称
28	化学纤维制造业	28	化学纤维制造业	28	化学纤维制造业
29	橡胶和塑料制品业	29	橡胶制品业	29	橡胶和塑料制品业
		30	塑料制品业		
30	非金属矿物制品业	31	非金属矿物制品业	30	非金属矿物制品业
31	黑色金属冶炼和压延加工业	32	黑色金属冶炼及压延加工业	31	黑色金属冶炼和压延加工业
32	有色金属冶炼和压延加工业	33	有色金属冶炼及压延加工业	32	有色金属冶炼和压延加工业
33	金属制品业	34	金属制品业	33	金属制品业
34	通用设备、仪器制造业	35	通用设备制造业	34	通用设备制造业
		41	仪器仪表及文化、办公用机械制造业	40	仪器仪表制造业
35	专用设备制造业	36	专用设备制造业	35	专用设备制造业
37	交通运输设备制造业	37	交通运输设备制造业	36	汽车制造业
				37	铁路、船舶、航空航天和其他运输设备制造业
38	电气机械和器材制造业	39	电气机械及器材制造业	38	电气机械和器材制造业
39	计算机、通信和其他电子设备制造业	40	通信设备、计算机及其他电子设备制造业	39	计算机、通信和其他电子设备制造业

资料来源：作者根据行业分类标准整理绘制所得。

第三节 创新资源结构性错配测算结果及其分析

一、所有制部门间的创新资源配置效率评价

本研究首先依据上文所述方法测算了国有部门与非国有部门的创新效率 TFP_p、TFP_n，以及国家总体实际创新效率 TFP 和有效创新效率 TFP^*，据此得到创新资源错配导致的国家总体创新效率损失程度 d，如表 2-3 所示。可以看到，国有部门的创新效率一直处于提高过程中，而非国有部门创新效率却一直处于波动过程中，甚至是有轻微下降。由于非国有部门创新效率较差的表现，以及非国有部门在经济中扮演着越来越重要的角色，模型拟合得到的国家总体实际创新效率在 2012 年后止步不前。

表 2-3 不同所有制部门间创新资源错配程度及相关指标

$year$	TFP_p	TFP_n	TFP	TFP^*	d
2005	0.003 0	0.015 1	0.019 8	0.031 5	0.588 1
2006	0.003 0	0.013 5	0.019 7	0.029 3	0.485 8
2007	0.003 4	0.014 3	0.022 1	0.031 8	0.440 6
2008	0.004 0	0.011 8	0.024 0	0.029 6	0.235 3
2009	0.004 8	0.011 7	0.027 3	0.031 6	0.156 4
2010	0.004 8	0.010 5	0.026 4	0.029 6	0.122 9
2011	0.005 8	0.016 1	0.034 0	0.041 3	0.216 6
2012	0.006 4	0.015 7	0.036 0	0.042 1	0.168 7
2013	0.006 3	0.014 3	0.034 6	0.039 4	0.138 1
2014	0.006 4	0.013 4	0.034 6	0.038 4	0.108 7
2015	0.006 6	0.011 6	0.033 4	0.035 6	0.065 6

注：用下标 p 表示国有部门，用 n 表示非国有部门。

比较国有部门与非国有部门创新效率的差距可以发现,尽管国有部门的创新效率仍远低于非国有部门[与吴延兵(2012)、董晓庆(2014)的结论一致],然而二者差距在逐渐缩小,国有部门有迎头赶上之势,这也使得创新资源在这两个部门间的错配程度在逐渐减小。截至2015年总创新资源错配导致创新效率损失了6.56%,虽然相对于2005年58.81%的效率损失而言已有了非常明显的缓解,但是仅实现创新资源在国有部门与非国有部门间的优化配置,就可使得国家总体创新效率在原来的基础上提高6.56%。近年来不同所有制结构下拟合得到的国家创新效率的提高幅度几乎接近于0,可见创新资源错配程度已然非常严重。这也进一步表明,即使国家总体创新资源投入保持不变,也可以通过优化不同所有制部门间的创新资源配置,而带来专利产出在原来的基础上提高6.56%。

为了进一步得到各部门的创新资源投入过度或不足程度,本研究利用上文公式计算得到国有部门的创新投入扭曲程度 p_p^l、p_p^k,以及非国有部门的创新投入扭曲程度 p_n^l、p_n^k。同时,也进一步分别测算了各类创新资源(研发人力资本投入与研发物质资本投入)错配导致的创新效率损失程度 d^l、d^k,如表2-4所示。可以看到,截至2015年,所有制部门间的物质资本错配导致创新效率及产出损失了5.6%,远高于人力资本0.38%的错配程度。进一步从表2-3可以看到,国有部门投入了过多的人力与财力,而相应的非国有部门的投入则比较缺乏,就2015年的情况来看,国有部门比非国有部门多投入了32.46%,多投入了55.52%的物质资本[①]。因此,科研经费以及政府提供的创新补贴或税收优惠政策仍需进一步向非国有部门倾斜。

表2-4 各部门各类创新资源的投入比例及投入错配程度

年 份	p_p^l	p_p^k	p_n^l	p_n^k	d^l	d^k
2005	2.5506	2.7843	0.3112	0.2074	0.0801	0.3964
2006	2.3734	2.6086	0.3488	0.2373	0.0657	0.3335
2007	2.3120	2.5204	0.3584	0.2565	0.0634	0.2990

---

① 可以看到,国有部门人力资本与物质资本投入过度程度都较为严重,然而错配程度却显示物质资本要远高于人力资本。其一重要原因在于,物质资本在创新生产过程的贡献度要大于人力资本。

续 表

年 份	p_p^l	p_p^k	p_n^l	p_n^k	d^l	d^k
2008	1.882 9	2.079 8	0.483 5	0.368 3	0.032 5	0.167 3
2009	1.694 7	1.861 4	0.553 5	0.446 4	0.022 0	0.112 2
2010	1.595 7	1.756 3	0.598 0	0.489 6	0.016 6	0.089 7
2011	1.744 6	2.051 3	0.552 8	0.368 6	0.019 5	0.170 4
2012	1.642 1	1.916 6	0.591 7	0.417 2	0.015 4	0.133 2
2013	1.581 2	1.819 3	0.615 1	0.457 5	0.013 5	0.108 0
2014	1.490 7	1.721 4	0.659 7	0.499 7	0.009 7	0.086 9
2015	1.324 6	1.555 2	0.755 1	0.581 1	0.003 8	0.056 0

注：用下标 p 表示国有部门，用 n 表示非国有部门。

为了进一步分析创新资源错配程度的演变趋势，本研究在图 2-1 中列示了总错配程度 d、创新物质资本错配程度 d^k 及人力资本错配程度 d^l。可以看到，三者都表现出了明显的缓解趋势，尤其是在 2010 年前，缓解速度非常快。为了应对金融危机带来的经济下滑问题，政府加大了干预程度，这样的干预更

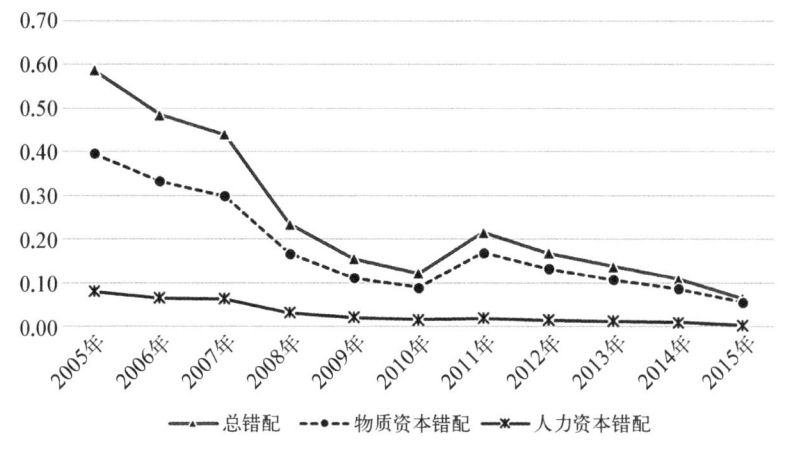

图 2-1 所有制部门间创新资源错配程度演变趋势

资料来源：作者根据表 2-2 和表 2-3 数据自行整理绘制所得。

多是通过国企完成,"国进民退"问题严重。此外,金融危机使得外部经济环境恶化,民营企业降低了投资与研发投入,再加上企业利润减少带来的自有资金减少,研发物质资本约束加重,这些因素导致2011年总体上创新资源配置效率在国有部门与非国有部门间有所恶化。然而这样的恶化并没有持续较长时间,随着改革的持续,2012年至今中国创新资源错配程度又进一步表现出逐年缓解的趋势[①]。

二、行业间的创新资源配置效率评价

(一)高技术行业与非高技术行业间创新资源配置效率分析

高技术产业作为中国经济社会发展"助推器"的作用日益明显,对中国产业结构调整和优化升级、转变中国经济发展方式有着重要作用,国家也相继出台了较多支持高技术产业发展的政策。因此在分析行业间创新资源配置效率时,本研究主要考察了高技术产业与非高技术产业间,以及高技术产业内部细分行业间的创新资源错配情况,如表2-5和表2-6[②]。考虑到高技术产业中航空、航天器制造业的特殊性国家安全战略意义,本研究将其剔除,因此本研究中的高技术产业主要包括医药制造业、电子及通信设备制造业、电子计算机及办公设备制造业、医疗设备及仪器仪表制造业。

表2-5表明,2015年高技术与非高技术产业之间创新资源错配仅导致创新效率及产出损失了0.52%(如指标d所示),程度较轻,二者之间的错配问题主要体现在研发物质资本投入方面,其导致创新效率及产出损失了0.53%(如指标d^k所示),而研发人力投入的错配基本可以忽略不计(如指标d^l所示)。进一步分析可以发现,这样的错配主要体现为高技术产业的研发物质资本投入不足,相对于有效状态少13.28%(如指标p_h^k所示),而非高技术产业的研发物质资本投入却相对于有效状态多14.03%(如指标p_f^k所示),研发人力资本投入过度或不足程度较轻(如指标p_h^l、p_f^l所示)。

---

① 资料来源:靳来群,胡善成,张伯超.中国创新资源结构性错配程度研究[J].科学学研究,2019(03):222-232.
② 本书同时测算了高技术产业与非高技术产业各自的创新效率,结果表明,大部分年份中高技术产业创新效率都高于非高技术产业,并且呈缓慢增长的趋势。同样下文中也测算各省的创新效率,而由于本书研究目的在于部门间的创新资源配置效率,因此在此不再赘述。

表 2-5　高技术与非高技术产业间的创新资源错配程度及投入扭曲程度

年份	p_f^l	p_f^k	p_h^l	p_h^k	D	d^l	d^k
2005	1.074 4	0.971 1	0.925 9	1.028 8	0.001 2	0.001 0	0.000 4
2006	1.286 8	1.200 6	0.751 3	0.826 1	0.016 1	0.007 5	0.006 0
2007	1.257 6	1.276 2	0.781 8	0.766 1	0.020 9	0.004 6	0.013 3
2008	1.153 4	1.212 4	0.864 1	0.811 9	0.011 4	0.001 3	0.008 8
2009	1.408 8	1.638 2	0.704 5	0.538 7	0.085 9	0.006 5	0.070 7
2010	0.949 8	1.060 2	1.049 4	0.940 7	0.001 5	0.000 6	0.001 2
2011	1.024 2	1.118 1	0.977 2	0.888 4	0.003 3	0.000 0	0.003 4
2012	1.007 2	1.162 9	0.993 3	0.848 4	0.006 4	0.000 2	0.006 6
2013	1.023 5	1.173 8	0.978 0	0.839 5	0.007 1	0.000 1	0.007 3
2014	1.070 9	1.233 2	0.936 8	0.791 9	0.012 4	0.000 0	0.012 2
2015	0.973 3	1.140 3	1.025 3	0.867 2	0.005 2	0.000 6	0.005 3

注：用下标 f 表示非高技术产业，h 表示高技术产业。

这些数据表明，尽管中国出台了较多支持高技术产业发展的政策，但是高技术产业的研发投入却依然相对不足，因此创新补贴或税收优惠政策需进一步向高技术产业倾斜。

高技术产业包括四个行业（去除航空航天器制造业），创新补贴或税收优惠具体应向哪些行业倾斜？为回答这一问题，本研究进一步分析了高技术产业内部细分行业之间的错配情况，如图 2-2。可以看到，尽管高技术产业与非高技术产业之间的错配程度较轻，但是高技术产业自身内部的错配程度却非常严重。2015 年其导致高技术产业自身的创新效率及产出损失了 12.03%，其中由研发物质资本错配所致为 8.60%，由研发人力资本错配所致为 2.01%，而且长期内呈现出加重的趋势。由表 2-6 可以看到，这样的错配主要表现为：医疗设备及医疗仪器仪表制造业的研发投入相对不足，医药制造业、电子计算机及办公设备制造业研发投入相对过度，电子及通信设备制造业的研发投入基本处在有效状态。因此，在产业支持政策向高技术产业倾斜的过程中,应着重加大对医疗设备及医疗仪器仪表制造业的支持力度(靳来群等,2019)。

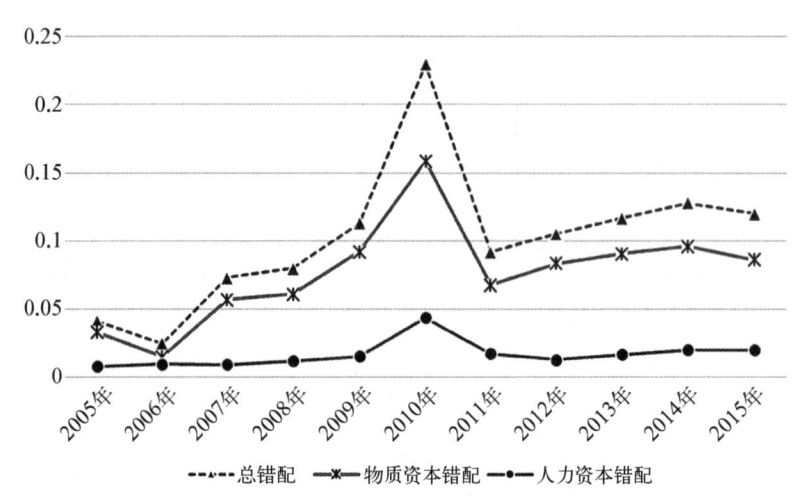

图 2-2 高技术产业内部创新资源错配程度演变趋势
资料来源:作者自行整理绘制所得。

表 2-6 历年高技术产业内部各细分行业的创新资源投入扭曲情况

年份	p^l				p^k			
	医药制造	电子通信	计算机	医疗设备	医药制造	电子通信	计算机	医疗设备
2005	0.663 7	0.957 5	1.133 8	1.312 7	0.593 7	1.161 0	1.562 1	0.821 7
2006	1.398 3	0.663 9	0.954 8	1.032 0	1.245 8	0.934 9	1.211 6	0.669 5
2007	1.434 5	0.666 1	1.371 2	0.724 4	1.319 8	0.751 8	1.738 7	0.474 7
2008	1.662 0	0.941 2	1.056 3	0.564 5	1.421 6	1.029 7	1.435 7	0.392 2
2009	1.764 2	1.074 0	0.859 8	0.561 8	1.327 8	1.398 9	1.320 3	0.306 5
2010	2.149 5	1.150 6	1.107 3	0.292 2	2.113 2	1.480 7	0.954 7	0.219 4
2011	1.916 1	0.892 1	0.810 0	0.628 7	1.498 5	1.159 9	1.260 9	0.366 5
2012	1.587 3	0.845 2	1.304 0	0.538 2	1.313 4	0.994 7	1.724 2	0.340 7
2013	1.805 6	0.955 0	1.047 4	0.506 7	1.477 4	1.180 8	1.420 0	0.307 3

续　表

年份	p^l				p^k			
	医药制造	电子通信	计算机	医疗设备	医药制造	电子通信	计算机	医疗设备
2014	1.908 0	0.912 7	1.072 2	0.477 0	1.582 2	1.139 9	1.406 0	0.297 1
2015	2.023 1	0.822 0	1.025 5	0.511 6	1.784 2	0.988 0	1.318 7	0.329 8

资料来源：作者自行整理绘制所得。

(二) 制造业细分行业间创新资源配置效率分析

前文部分重点针对高技术行业与非高技术行业间、高技术与非高技术行业内部的细分行业间的创新资源配置效率问题展开分析。接下来将继续分析整个制造业细分行业间的创新资源配置效率。

图 2-3 显示，在 2006—2015 年间，中国制造业细分行业间创新资源错配程度呈逐渐下降趋势，但是自 2011 年以来，这一下降趋势有所放缓，且在 2014—2015 年间，其错配程度不降反升，截至 2015 年，中国制造业行业间创新要素错配程度达到 19.19%，即通过纠正制造业行业间创新要素错配，可以使中国制造业的创新专利产出提升 19.19%。从分要素的错配情况来看，创新要素当中的物质资本错配程度与总错配程度变动趋势保持高度一致，且其

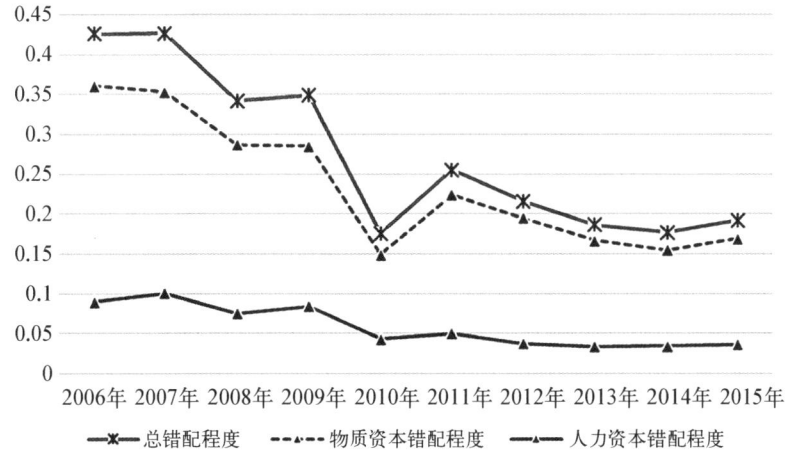

图 2-3 制造业细分行业间创新资源错配程度演变趋势

资料来源：作者自行整理绘制所得。

错配程度明显高于创新要素当中的劳动力(即人力资本)的错配程度,由此可见,中国制造业行业间资源错配主要由物质资本错配造成。

与此同时,本研究为了进行比较分析,还通过搜集中国2006—2015年的制造业行业传统投入与产出数据(即其各细分行业的增加值、固定资产净值年平均余额以及行业劳动力数据),测算了中国2006—2015年传统生产要素的行业间资源错配情况,由图2-4结果显示。在最近的2015年,行业间生产要素错配导致制造业总体的生产效率和产出损失了6.38%,明显低于前文测算的研发要素错配程度(19.19%)。研发要素错配问题要明显严重于生产要素,这也说明了在分析中国的资源配置效率问题时,不仅要从传统上生产要素层面进行分析,从研发创新资源要素的角度进行分析显得更为必要。进一步细分要素来看,行业间的生产资本和生产劳动错配分别导致生产效率和产出损失了4.24%和1.35%(张伯超等,2019);行业间的研发资本和研发劳动错配分别导致创新效率和产出损失了16.94%和3.64%。可以看到,分要素而言,仍是研发要素错配问题更为严重。因此,从要素配置优化对经济增长的潜力程度视角来看,从研发要素投入方面进行分析显得更为紧迫。

通过对比图2-3和图2-4发现,长期来看,两类要素的行业间错配问题都呈现缓解的趋势,比较而言,研发要素错配程度的缓解趋势要明显快于生产要素。分段看,"十二五"规划期(2011—2015年)的要素错配缓解趋势相对前

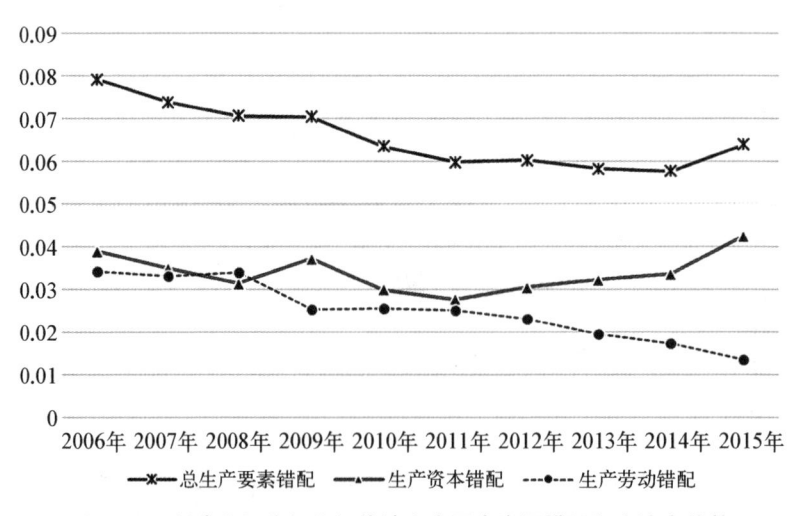

图2-4 制造业细分行业间传统生产要素资源错配程度演变趋势

资料来源:作者自行整理绘制所得。

五年有所变缓,但在近年来有所加重。其中就生产要素而言,2015 年的错配程度却要严重于 2010 年;研发要素 2015 年也有所加重,但程度较小。进一步细分生产要素后发现,生产资本错配问题在 2011 年后的逐年快速加重是重要原因(生产劳动仍呈现出快速逐年缓解的趋势)。因此,从错配问题是否得到缓解的角度来看,从生产要素投入方面展开分析也显得较为重要[①]。

接下来继续分析中国制造业各细分行业的创新要素投入效率问题。表 2-7 数据显示,从各行业用于研发创新活动的劳动投入效率来看,截至 2015 年,农副食品加工业、酒、饮料和精制茶制造业、造纸和纸制品业、化学原料和化学制品制造业、医药制造业、化学纤维制造业、黑色金属冶炼和压延加工业、有色金属冶炼和压延加工业用于研发创新活动的资本和劳动处于过度状态,且黑色金属冶炼和压延加工业用于研发创新活动的资本投入过度程度最为严重。大纺织业类,木材加工和木、竹、藤、棕、草制品业,印刷和记录媒介复制业,文教、工美、体育、娱乐用品及其他制造业,橡胶和塑料制品业,非金属矿物制品业,金属制品业,通用设备、仪器仪表制造业,专用设备制造业,电气机械和器材制造业,计算机、通信和其他电子设备制造业用于研发创新活动的资本和劳动基本处于投入不足状态。

表 2-7 制造业细分行业研发创新劳动投入效率情况表

行　　业	行业代码	$rdpli2015$	$rdpki2015$
农副食品加工业	13	1.065 3	1.112 8
食品制造业	14	1.013 5	0.913 0
酒、饮料和精制茶制造业	15	1.475 4	1.713 7
大纺织业类♯*	17	0.600 6	0.427 0
木材加工和木、竹、藤、棕、草制品业	20	0.802 3	0.505 5
造纸和纸制品业	22	1.302 3	1.385 6
印刷和记录媒介复制业	23	0.663 8	0.431 3

---

① 基于这一现象,本书在下面分析中国重点产业支持政策对制造业行业要素投入效率的影响时,会从传统生产要素和创新要素两个层面进行比较分析,以求更为全面地探究中国重点产业政策的政策效果。

续　表

行　业	行业代码	$rdpli$2015	$rdpki$2015
文教、工美、体育、娱乐用品及其他制造业	24	0.301 6	0.160 2
化学原料和化学制品制造业	26	1.659 7	1.692 7
医药制造业 ♯ *	27	2.197 3	1.625 3
化学纤维制造业	28	2.185 5	2.603 3
橡胶和塑料制品业	29	0.765 5	0.652 3
非金属矿物制品业 ♯	30	0.976 1	0.767 2
黑色金属冶炼和压延加工业 ♯ *	31	2.350 8	4.725 8
有色金属冶炼和压延加工业 ♯ *	32	1.823 3	2.574 4
金属制品业	33	0.746 4	0.528 1
通用设备、仪器仪表制造业	34	0.698 0	0.509 0
专用设备制造业 ♯ *	35	0.595 6	0.512 3
电气机械和器材制造业	38	0.481 7	0.441 7
计算机、通信和其他电子设备制造业 ♯ *	39	0.846 7	0.773 1

注：♯表示该行业为"十一五"规划时期国家重点支持行业，*表示"十二五"时期国家重点支持行业，下同。限于文章篇幅，本研究在此仅列示出上述年份的各细分行业要素投入效率情况。

继续考察分所有制部门的制造业行业间传统生产要素与创新要素配置效率情况。根据图2-5至图2-8的数据结果，从不同要素配置效率情况来看，研发创新要素错配程度高于生产要素错配程度，与全国情况一致，因此如何调整研发创新要素错配问题至关重要。就不同所有制部门内部行业间错配程度的比较来看，在大部分年份中，国有部门内部要素错配高于非国有部门。以2015年为例，国有部门的总研发要素错配导致创新效率和产出损失了27.29%，其中研发资本错配所致为22.08%，研发劳动错配所致为6.91%；非国有部门内部的总研发错配仅导致创新效率和产出损失了18.19%，其中研发资本错配所致为15.79%，研发劳动错配所致为3.72%。对于生产要素而言，这一结果更为明显。国有部门的总生产要素错配导致生产效率和产出损失了13.22%,其中生产资本错配所致为9.68%,生产劳动错配所致为3.28%;非国有部门内部的总生产要素错配仅导致生产效率和产出损失了4.89%,其中生产资本错配所致为2.39%,生产劳动错配所致为2.03%。

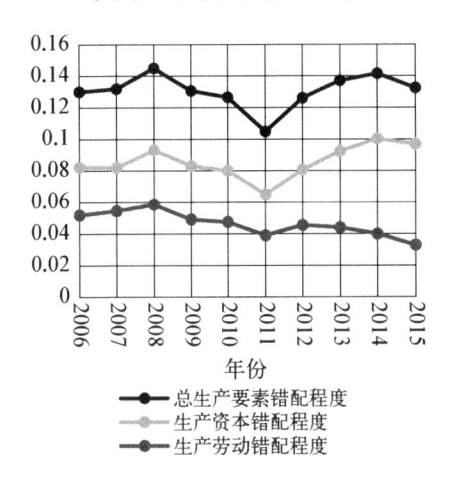

图2-5 国有部门内部行业间生产要素错配程度

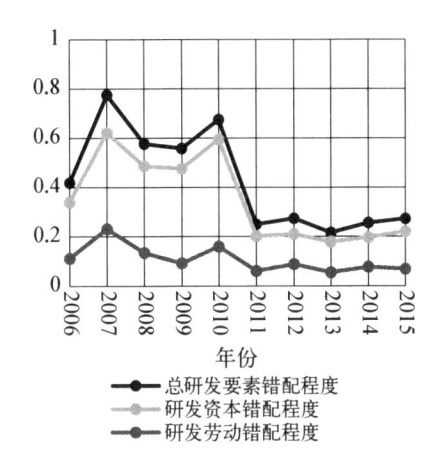

图2-6 国有部门内部行业间研发要素错配程度

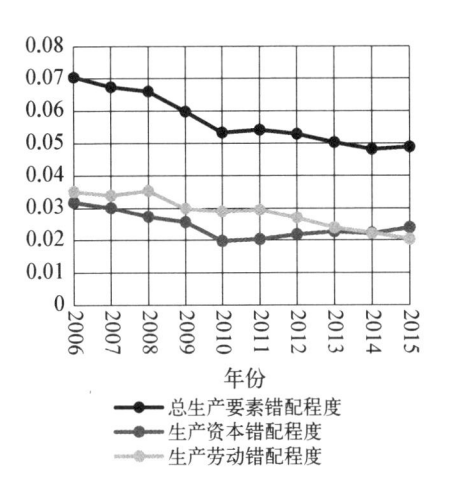

图2-7 非国有部门内部行业间生产要素错配程度

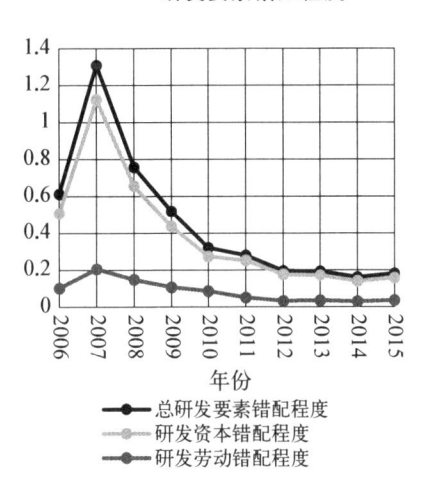

图2-8 非国有部门内部行业间研发要素错配程度

从趋势上来看,国有部门内部行业间的生产要素错配问题在2011年前有轻微的缓解趋势,然而从2011年开始("十二五"规划开局之年),呈现出明显的加重趋势,尤其是在生产资本错配方面。2008年金融危机后,中国加大了投资力度,这样的投资以牺牲资本配置效率为代价,尽管2009年和2010年生产资本错配仍然呈现缓解趋势,但这主要是因为投资转换为资本需要一定的时间,其次是因为"十二五"规划使得较多的无效投资都有了"合规"的保障。比较国有部门和非国有部门的情况来看,无效的投资主要是发生在国有部门内部,而非国有部门内部的行业间错配问题仍然保持着一定缓解趋势。从研发要素配置效率的演化趋势来看,国有部门主要分为两个阶段,"十一五"规划阶段在高位徘徊,而"十二五"规划阶段则相对在低位徘徊;非国有部门一直保持着明显且快速的缓解趋势。

三、地区间的创新资源配置效率评价

尽管前期研究就中国分地区创新效率问题进行了分析并指出,中国创新效率还处在较低的水平,并且存在显著的区域差异(白俊红和蒋伏心,2011;颜莉,2012),但鲜有研究就地区间创新资源配置效率进行测算。因此,测算地区间创新资源配置状况,对于优化创新资源配置和促进资源合理流动,进而提高国家总体创新能力具有重要意义。

迫于数据限制,本研究在此仅以省份为界。省份间创新资源错配的程度及演变趋势如图 2-9 所示。可以看到,随着改革的深入,省份间创新资源错

图 2-9 省份间创新资源错配程度演变趋势

资料来源:作者自行整理绘制所得。

配程度总体上呈现出缓解趋势。然而,截至2015年,省份间错配导致总体创新效率损失了17.4%,比上文分析的所有制间及行业间的错配程度更为严重。进一步分析可以看到,省份间的错配问题也主要体现在研发物质资本方面,其中物质资本错配导致创新效率损失了11.1%,人力资本错配导致创新效率损失了3.6%。因此,进一步消除地区间市场分割以实现全国总体市场一体化,加强中央政府对全国整体创新资源的统筹能力,由关注资源分布均匀向资源配置效率转变,并打破地方政府各自为政的局面,乃提高创新资源配置效率的重中之重。

表2-8 2015年各省份创新资源投入扭曲情况

地区	省份	p^l	p^k	地区	省份	p^l	p^k
东北	辽宁	1.3827	2.5573	西北	甘肃	1.2056	1.1617
东北	吉林	3.5563	3.2174	西北	青海	0.9836	1.9061
东北	黑龙江	2.0579	1.8931	西北	宁夏	0.6587	0.5926
东南	上海	0.9208	1.2420	西北	新疆	0.5329	0.6824
东南	江苏	0.6018	0.4933	西南	广西	0.7927	0.8928
东南	浙江	0.6070	0.3790	西南	海南	1.7009	1.2484
东南	福建	0.6730	0.5418	西南	重庆	0.2987	0.2849
东南	广东	0.6692	0.5966	西南	四川	0.3686	0.3347
环渤海	北京	0.3960	0.4933	西南	贵州	0.6488	0.4879
环渤海	天津	1.0346	1.0441	西南	云南	0.7761	0.6315
环渤海	河北	1.8257	1.5580	中部	安徽	0.2545	0.1876
环渤海	山东	1.3497	1.7269	中部	江西	0.6571	0.7200
西北	山西	2.1982	2.5098	中部	河南	1.7774	1.1843
西北	内蒙古	3.4171	3.2986	中部	湖北	1.0389	1.0878
西北	陕西	1.2983	1.1921	中部	湖南	0.8790	0.8124

注:作者根据上述模型计算整理所得。

为了更为清楚地看到哪些省份的哪类创新资源投入过度,哪些省份又相对不足,本研究分省份测算了各自投入扭曲情况(见表2-8)。同时,本研究将全国分为六大地区——东北、东南、环渤海、西北、西南、中部地区。可以看到:东北三省,西北地区的山西、内蒙古、陕西、甘肃,西南地区的海南,环渤海地区的河北、山东,创新资源投入相对过度。尤其是东北三省及山西和内蒙古,其创新资源投入冗余高达100%以上。东南沿海省份及西南地区的重庆和四川、环渤海地区的北京、中部地区的安徽都存在创新资源投入严重不足问题。总体上来讲,进一步实现东北地区及西北部分省份的创新资源向东南沿海及西南地区的优化配置,对实现中国总体创新资源配置效率具有重要意义(靳来群等,2019)。

第四节　中国重点支持产业政策对制造业行业间双重要素配置效率的影响

中国自20世纪80年代末期开始实施产业政策,目前已经成为全球实施产业政策最多的国家之一。进入21世纪以来,中国产业政策更为细化、全面和系统。国家和地方的重点产业政策制定往往是由中央政府率先制定出国家层面的五年规划并确定优先扶持与发展的重点产业,而后各级地方政府以其为纲,再结合本地区经济社会发展的具体情况,制定出台地方性五年规划和地区性重点产业政策。总体来看,中国的重点产业政策属于选择性产业政策,是政府鼓励向一些产业或部门进行投资,从而促进产业差异发展的产业政策。以政府行政干预为主要特征的选择性产业政策,可以较快调整资源配置状况,不仅对受政策支持行业的资源投入规模产生影响,而且也会对经济整体的资源利用效率产生重要影响。

一个自然的问题是:这样的选择型产业政策有效吗?或者说这样的产业政策带来了资源利用效率的提高吗?从生产的角度,宋凌云和王贤彬(2013)研究发现,重点产业政策可以通过提高重点支持产业内部企业间的资源配置效率来提升产业的生产率;阿吉翁(Aghion et al.,2015)指出政府补贴和关税形式下的产业政策可以提升企业自身生产率;韩永辉等(2017)通过利用地方性法规和政府规章数量测度产业政策,实证经验发现产业政策能够优化产业结构,提高行业生产率。与之不同,部分研究指出重点产业政策或过度的补贴在一定程度上并不会提高甚至降低受支持行业内部企业的生产率。如蒋为和张龙鹏(2015)基于 HK 资源错配模型的实证分析也指出选择性重点产业政策实施过程中的差异化补贴措施会提升制造业生产率离散程度,进而加重制造业行业内部的资源错配程度。余壮雄等(2019)分析了政府补贴对受补贴企业和不补贴企业,以及受补贴前和受补贴后的企业生产率的作用差异性。

然而,广义经济整体资源利用效率可细分为组织之间的资源利用效率和组织内部的资源利用效率,前者即雷斯图西亚和罗格森(Restuccia & Rogerson,2013)、霍彭哈恩(Hopenhayn,2014)定义下的资源配置效率(本研究使用的定义)。如果参考谢长泰和可莱诺(Hsieh & Klenow,2009)、王文和牛泽东(2019)等研究的做法,把经济整体分为三层——国家总体、部门(如行业、所有制、地区等)、企业,那么国家总体资源利用效率可细分为部门之间资源的配置效率和部门内部的利用效率。部门内部的利用效率的提高可来自部门内部企业之间配置效率的提高和企业自身利用效率的提高。可以看到,前期从生产角度对产业政策有效性展开评估的相关研究多是聚焦于企业自身资源利用效率(企业生产率)或行业内部企业之间的资源配置效率,而缺少对行业之间资源配置效率的分析。中国选择性产业政策的特征,主要表现为选择性地挑选部分行业作为重点支持行业而给以相应政策支持,这可能带来的一个结果是增加相应政策支持行业的投入,减少政策不支持行业的投入。这也正是相应投入在不同行业间的再配置过程。直观而言,其要素配置存在两种可能性:一是过度状态的加剧。比如产业政策支持前某一行业的要素投入是过度的,但是如果产业政策继续支持该行业,那必然带来过度状态的加剧问题,也就意味着这样的产业政策是要素投入配置效率恶化型的。二是不足状态的缓解。比如产业政策支持前某一行业的要素投入不足,而产业政策恰好支持该行业的发展,那必然将缓解该行业的要素投入不足问题,显然这样的产业政策是要素投入配置优化型的。一个必然的问题是:中国选择型产业政策是行业间要素投入配置优化型的还是恶化型的?

不仅如此,除生产要素的配置效率外,创新下的技术进步,也是国家全要素生产率提高的重要方面。但是,受企业研发创新活动成果的非排他性、非可分割性以及高度不确定性的影响,企业很难将研发创新的成果完全内部化,导致企业的创新投入激励受限,有关创新的私人部门投资均衡水平趋向于社会次优水平。依据上述理论,政府往往倾向于采用行政手段通过财政补贴或者税收减免等措施以推动企业创新发展。然而,关于以政府补贴或税收减免为主要方面的产业支持政策是否真的推动了企业的研发投入,却并未得到一致的结论。部分研究认为府财政补贴对企业R&D投入或成果有正向激励作用,部分研究指出政府补贴对企业R&D投入的影响是中性甚至是挤出效应。黎文靖和郑曼妮(2016)指出,中国产业政策仅是激励了"低质量"的非发明专利数量的增加。

综上所述,现有对重点产业政策对资源配置效率的影响研究,大多仅从传统生产要素(生产资本和劳动)的配置效率(行业内部企业之间)角度进行。但是,从上述研究文献以及中国产业政策的内容(比如中国五年规划的内容)来看,中国重点产业政策不仅影响企业的传统生产经营活动,还会通过鼓励企业的研发创新活动进而对企业的研发要素投入规模和配置效率产生重要影响。部分研究表明,除研发要素投入规模外,研发要素的配置效率对中国创新能力的提高也至关重要(Boeing,2016;Wei et al.,2017;靳来群等,2019)。因此,选择型的产业政策也必然通过影响研发要素(专用性人力资本与研发创新资本投入)在行业间的配置效率,进一步影响中国创新能力和全要素生产率。但现有文献对中国研发要素的配置效率以及重点产业政策对研发要素配置效率的影响的研究却相对较少。

因此,本研究的重点是:产业政策是否带来了制造业行业间要素配置效率的提高?若某行业的生产或研发要素投入已经过度(不足),重点产业政策选取其作为重点支持行业是否会提升(降低)该行业的要素投入进而使该行业要素投入向有效状态靠拢?欲评估产业政策的作用,需将要素投入细分为生产和研发两方面以展开综合分析。

一、中国制造业创新资源结构性错配程度比较分析

如前文所述,中国的研发创新资源存在十分严重的多维度结构性错配问题。本节将从国家政策干预视角来分析造成上述结构性创新资源错配的原因与影响机理。同时,根据前文分析,由于传统生产要素的结构性错配程度在近年来有上升势头,有必要从传统生产要素角度考察中国重点产业政策的资源配置效应。因此,本节还选取传统的生产要素资源结构性错配作为考察对象,分析中国重点产业政策对其配置效率的影响。

由表2-9可以看到,中国制造业行业间资源错配程度,无论是总的资源错配程度,还是分要素的资源错配程度,都要显著高于省份间资源错配与所有

制之间的资源错配。由2015年数据可知,中国制造业行业间创新资源错配达到19.19%,省份间创新资源错配达到17.41%,所有制之间的创新资源错配仅为6.56%。从分要素的创新资源错配情况来看,无论是物质资本还是劳动力,其错配程度均数行业间创新资源错配最高。因此,本节将以中国制造业行业间的创新资源错配为研究对象,着重研究中国重点产业支持政策对中国制造业行业间创新资源配置的影响。此外,如前文所述,本节还将考察中国重点产业政策对传统资源在制造业行业间的配置效率的影响,并用其与创新资源配置效率进行对比分析。

表2-9 中国创新资源不同结构性错配程度比较分析

错配类型	错配结构	2007年	2009年	2011年	2013年	2015年
总错配	省份间	0.3448	0.2189	0.1793	0.1327	0.1741
	行业间	0.4262	0.3489	0.2547	0.1861	0.1919
	所有制间	0.4406	0.1564	0.2166	0.1381	0.0656
物质资本错配	省份间	0.1942	0.1295	0.1157	0.0852	0.1113
	行业间	0.3531	0.2852	0.2239	0.1663	0.1693
	所有制间	0.2990	0.1122	0.1704	0.1080	0.0560
劳动力错配	省份间	0.1094	0.0531	0.0357	0.0266	0.0365
	行业间	0.1002	0.0839	0.0499	0.0334	0.0364
	所有制间	0.0634	0.0220	0.0195	0.0135	0.0038

注:作者根据前文模型计算整理所得。

二、国家重点支持行业筛选

参考前期研究常用做法,利用"十一五"规划和"十二五"规划整理出其中提交的重点产业,具体将出现"重点发展""大力发展""优先发展""重点扶持""做大做强""着力培养""支柱"等字眼的产业视为重点产业,否则视为非重点产业。由于"十一五"规划和"十二五"规划分别在2006年和2011年颁布,而此时行业分类方法都是采用2002年的标准,因此无需调整。"十一五"规划和"十二五"规划重点支持的行业分别为:17、27、31、32、33、36、37、40,以及17、18、25、27、32、33、36、37、40①。对应到本研究整理的行业分类标准即:"十一五"规划支持行业为17、27、30、31、32、35、37、39,以及"十二五"规划支持行业为17、18、25、27、31、32、35、37、39,具体如表2-10所示。整理数据时,发现行业21、25、37的国有及国有控股企业的专利数量或者研发经费内部支出大于内资企业。内资企业既包括了国有及国有控股企业又包括民营企业,所以这是不可能的。同时,考虑到烟草制品业16多由地方财政控制,因此在实证分析研发要素的错配时剔除了这四个行业,而在分析生产要素错配时仅剔除了烟草制品业16。

表2-10 "十一五"和"十二五"支持行业情况

行业代码	"十一五"支持	"十二五"支持	行业代码	"十一五"支持	"十二五"支持
13	0	0	27	1	1
14	0	0	28	0	0
15	0	0	29	0	0
16	0	0	30	1	0
17	1	1	31	1	1
20	0	0	32	1	1
21	0	0	33	0	0
22	0	0	34	0	0
23	0	0	35	1	1
24	0	0	37	1	1
25	0	1	38	0	0
26	0	0	39	1	1

注:支持取1,不支持取0。

---

① 采用2002年行业分类标准。

三、计量方法介绍

本研究采用双重差分方法进行实证分析。本研究将有规划支持的行业归为实验组,虚拟变量 G 赋值 1,无规划支持的行业归为控制组,G 赋值 0,以此刻画实验组和控制组本身的差异(即使不进行实验也存在的差异)。"十一五"规划时期虚拟变量 T 赋值 0,"十二五"规划时期 T 赋值 1,以此刻画实验前后两期本身的差异(即使不进行实验也存在的时间趋势)。那么交互项 $G \times T$ 的回归系数 γ 即为真正度量的实验组的产业政策效应。

$$Y_{it} = \beta_0 + \beta_1 G + \beta_2 T + \gamma(G \times T) + \theta X_{it} + \varepsilon_{it} \quad (2-10)$$

其中,被解释变量为 i 行业在 t 时期时的要素投入力度,包括了传统生产要素和研发创新要素的要素投入力度。根据前文理论模型推导,各行业的要素投入力度可利用 $p_i^l = l_i/l_i^*$、$p_i^k = k_i/k_i^*$ 得到。如果 p_i^l、p_i^k 越大,表示 i 行业的要素投入力度越高。p_i^l、p_i^k 又存在两种状态:当二者的值大于 1 时,表示投入过度;小于 1 表示投入不足。在 p_i^l、p_i^k 大于 1 的情况下,如果 p_i^l、p_i^k 越大,表示过度程度越严重;在 p_i^l、p_i^k 小于 1 的情况下,其值越大,代表不足程度越得以缓解。为了下文中分析的方便,本研究用 p_i^l、p_i^k 表示生产要素投入力度,用 rdp_i^l、rdp_i^k 表示研发要素投入力度。

控制变量 X 具体包括:(1)反映政府干预的变量 int,用国有企业总产值占比衡量;(2)行业资本密集度变量 $rcap$,用行业固定资产净值占总产值的比重衡量。(3)行业研发密度变量 rd,用行业新产品产值占总产值的比重衡量。(4)行业价格加成率 mup,用行业主营业务收入与主营业务成本的比值衡量。

四、实证结果及其分析

(一)产业政策对行业要素投入力度的影响

利用双重差分方法,对产业政策对要素投入力度的回归结果如表 2-11 所示。根据 gT 项的回归系数及其显著性可以发现,产业政策支持的行业将带来投入力度的加强,而主要体现在生产要素中的生产资本,以及所有研发要素。从回归结果的系数来看,产业政策支持主要体现在研发要素方面,尤其是研发资本上(对研发资本的回归系数为 0.7617,高于研发劳动的 0.5618 和生产资本的 0.108 1。由于本研究的因变量用实际要素投入比例与有效要素投入比例的比值衡量,因此这些回归系数之间是可比的)。

表 2-11 产业政策对行业要素投入力度的影响

	(1) p_i^l	(2) p_i^k	(3) rdp_i^l	(4) rdp_i^k
gT	0.130 1 (1.40)	0.108 1** (1.99)	0.561 8*** (3.43)	0.761 7** (2.50)
g	0.056 4 (0.78)	−0.156 8*** (−3.60)	−0.422 0*** (−3.29)	−0.517 8*** (−2.63)
T	−0.103 4* (−1.77)	0.052 1 (1.53)	−0.099 8 (−0.91)	−0.046 6 (−0.29)
$interven1$	−1.740 5*** (−14.37)	0.373 5** (2.37)	3.943 4*** (6.05)	8.576 8*** (6.15)
$rcap$	−0.418 9 (−1.31)	4.962 2*** (21.42)	5.433 5*** (5.91)	7.501 0*** (6.19)
rd	−0.000 2*** (−3.27)	0.000 1* (1.77)	0.000 2* (1.78)	0.000 4* (1.70)
mup	−0.819 6*** (−4.41)	−1.945 0*** (−9.63)	−1.891 8*** (−3.14)	−5.821 6*** (−7.08)
$\_cons$	2.469 5*** (9.15)	2.070 5*** (9.81)	1.620 8** (2.35)	5.253 9*** (5.81)
N	230	230	200	200
R^2	0.438 6	0.768 8	0.570 2	0.648 0
F	35.771 5	95.218 8	35.460 8	23.030 5

注:括号内为 t 值。* $p<0.1$, ** $p<0.05$, *** $p<0.01$。

正如前文分析指出的,国有部门内部的要素配置效率低于非国有部门内部,产业政策更可能是由国有企业完成的,因此,本研究进一步划分所有制部门,分析了产业政策对要素投入力度的影响。从表 2-12 可以明显看到,gT

第二章　重点产业支持政策对制造业创新资源配置效率的影响 / 59

表 2-12　产业政策对不同所有制部门内部行业要素投入力度的影响

	国有部门				非国有部门			
	(1) p_i^l	(2) p_i^k	(3) rdp_i^l	(4) rdp_i^k	(1) p_i^l	(2) p_i^k	(3) rdp_i^l	(4) rdp_i^k
gT	0.0640 (0.36)	0.0348 (0.33)	0.8986** (2.03)	1.4048** (1.99)	0.1214 (1.20)	0.0708 (1.16)	−0.3715 (−0.80)	−0.4255 (−0.57)
g	0.3027* (1.79)	−0.1051 (−1.39)	−0.8892*** (−2.93)	−1.4500*** (−3.03)	0.0525 (0.69)	−0.1813*** (−3.70)	0.2038 (0.77)	0.3272 (0.77)
T	−0.1030 (−1.32)	0.0819 (1.25)	−0.6289 (−1.53)	−1.0835 (−1.62)	−0.1058* (−1.70)	0.0121 (0.32)	0.0950 (0.68)	0.1506 (0.72)
控制变量	Y	Y	Y	Y	Y	Y	Y	Y
常数项	Y	Y	Y	Y	Y	Y	Y	Y
N	230	230	200	200	230	230	196	196
R^2	0.3661	0.6742	0.1166	0.0896	0.4032	0.6588	0.4166	0.4612
F	21.9387	44.5580	5.5871	8.0397	30.7164	45.5085	8.8287	9.4896

注：括号内为 t 值。* $p<0.1$，** $p<0.05$，*** $p<0.01$。

项仅对国有部门的研发要素投入力度存在正向影响,而对非国有部门的所有要素投入并没有任何作用。这进一步证明了本研究前期的判断,产业政策主要是通过国有部门完成,进而导致了国有部门内部受支持的行业投入力度增大,不受支持的行业投入力度减小。从表2-12可以看到,产业政策更多地支持了行业研发力度,对生产力度的支持却有限。

正如前文所述,要素投入的力度又可分为过度状态和不足状态。尽管笔者的分析进一步证明了产业政策会加强受支持行业的要素投入力度,但是仍然无法判断这样的支持是带来了要素投入效率的恶化还是优化,因此加大要素投入力度可以分为过度状态下的加强和不足状态下的缓解。为此,本研究将继续分析产业政策到底是加重了过度还是缓解了不足。

(二) 产业政策是增重了过度还是缓解了不足

首先仅保留要素投入过度的样本,如表2-13中列(1)仅保留了 $p_i^l>1$ 的样本,列(2)仅保留了 $p_i^k>1$ 的样本,列(3)仅保留了 $rdp_i^l>1$ 的样本,列(4)仅保留了 $rdp_i^k>1$ 的样本。对保留下的样本数据分别利用DID方法实证分析,结果如表2-13所示。可以看到,其结果与表2-11所示结果基本一致,产业政策仅增加了生产资本、研发资本和研发劳动的投入力度。由于仅保留了投入力度是过度的数据,表6-13的实证结果也就意味着,产业政策将加重生产资本、研发资本和研发劳动的过度程度。

从列(2)—列(4)中 gT 项回归系数的大小,可以判断,产业政策更多加重了研发要素投入的过度程度,对生产要素投入的过度程度相对影响较小。

表2-13 产业政策对过度型投入力度的影响

	(1) p_i^l	(2) p_i^k	(3) rdp_i^l	(4) rdp_i^k
gT	0.2031 (1.41)	0.1993* (1.87)	1.4517* (1.99)	1.1885*** (4.98)
g	−0.3933*** (−4.14)	0.1037 (1.04)	−1.1284 (−1.53)	−0.9522*** (−3.88)
T	−0.0158 (−0.19)	−0.1272 (−1.55)	−0.6794* (−1.94)	−0.6262*** (−3.11)

续 表

	(1) p_i^l	(2) p_i^k	(3) rdp_i^l	(4) rdp_i^k
控制变量	Y	Y	Y	Y
常数项	Y	Y	Y	Y
N	84	98	72	90
R^2	0.497 9	0.407 8	0.662 3	0.539 0
F	12.703 8	30.512 1	16.289 8	14.021 0

注：括号内为 t 值。* $p<0.1$，** $p<0.05$，*** $p<0.01$。

由表 2-13 所得结果可以看出，产业政策将加重要素投入的过度程度，尤其是研发要素。那么产业政策是否也会缓解要素投入的不足？分别仅保留不同要素投入不足的样本数据后，即 $p_i^l<1$ 或 $p_i^k<1$ 或 $rdp_i^l<1$ 或 $rdp_i^k<1$，表 2-14 的回归结果显示，产业政策对各类要素投入力度的作用都不显著，意味着尽管产业政策会增大受支持行业的要素投入力度，但这一增大的作用仅表现为对要素投入过度程度的加重，并不表现为对要素投入不足程度的缓解。

表 2-14 产业政策对不足型投入力度的影响

	(1) p_i^l	(2) p_i^k	(3) rdp_i^l	(4) rdp_i^k
gT	0.026 6 (0.97)	−0.003 8 (−0.07)	0.047 8 (0.63)	0.040 0 (0.49)
g	0.056 8*** (3.04)	−0.100 2** (−2.48)	0.031 6 (0.67)	0.023 2 (0.37)
T	0.049 2*** (2.81)	−0.003 8 (−0.11)	0.080 9 (1.53)	0.112 1** (2.01)
控制变量	Y	Y	Y	Y
常数项	Y	Y	Y	Y

续 表

	(1) p_i^l	(2) p_i^k	(3) rdp_i^l	(4) rdp_i^k
N	146	132	128	110
R^2	0.5779	0.5144	0.2063	0.1712
F	35.9889	47.8481	4.5354	3.2209

注：括号内为 t 值。* $p<0.1$，** $p<0.05$，*** $p<0.01$。

第五节 主要结论与对策建议

优化创新资源配置对提高中国创新效率以至自主创新能力，有着重要意义，尤其是在创新效率水平偏低、增长速度偏慢的今天。在所有制结构、区域结构、产业结构扭曲的影响下，中国创新资源配置效率损失严重。本研究以此为背景，通过利用 Brandt 等（2013）的模型求解思路对 Aoki 的二层架构模型的求解过程进行修正，并通过比较静态面板模型下的 FE 和 RE 方法、动态面板模型下的 DGMM 和 SGMM 方法、随机前沿模型下的 SF1 和 SF2 方法对创新产出函数的参数进行估计，进一步利用 2005—2015 年制造业企业科技活动数据，对三种结构性错配下的创新效率及产出损失程度进行了测算。结果表明：

首先，无论是总创新资源错配程度，还是分物质资本和人力资本错配程度，制造业细分行业间的错配程度最为严重，其在 2015 年分别导致创新效率及产出损失了 19.19%、16.94% 和 3.64%。

其次，地区之间的创新要素错配也十分严重，而且这样的错配主要表现为东北及西北地区的投入严重过度，东南及西南地区的投入严重不足。因此，应当进一步消除地区间市场分割以实现全国总体市场一体化；加强中央政府对全国整体创新资源的统筹能力，由关注资源分布均匀向资源配置效率转变；打破地方政府各自为政而忽视全局效率的局面。

再次，所有制部门间的创新资源错配程度也较为严重，其中在 2015 年，总资源错配导致创新效率损失了 6.56%，物质资本错配导致创新效率损失了

5.60%,人力资本错配导致创新效率损失了0.38%,然而所有制部门间的错配程度缓解速度最快。因此,继续深化国有企业改革,打破地方政府创新支持政策向国有部门的倾斜,做到一视同仁,对优化创新资源配置有着重要作用。

最后,尽管高技术产业与非高技术产业之间的创新资源错配程度最轻,其在2015年导致创新效率仅损失了0.52%,但是高技术产业的资源投入依然不足,尤其是研发物质资本投入,因此,政府支持政策仍需向高技术产业倾斜。对高技术产业内部细分行业的分析发现,细分高技术行业间的资源错配导致创新效率损失12.03%,损失程度最高,其中医疗设备与医疗仪表仪器制造业的资源投入严重不足。因此,政府支持政策在向高技术产业倾斜的过程中,应重点考虑医疗设备制造业。

本研究对比分析了中国2006—2015年传统要素与研发要素的行业间错配情况。测算结果显示,无论是总体行业间的错配,还是不同所有制部门内部行业间的资源错配,研发要素的错配程度都要高于传统生产要素,因此有必要从双层要素(即传统要素与研发要素)的角度考察中国的资源错配程度。运用双重差分法考察中国重点产业支持政策对被支持行业要素投入力度的影响,实证结果显示,中国重点产业支持政策加重了被支持行业的要素投入力度,且其对研发要素投入力度的影响大于其对传统生产要素投入力度的影响。同时,这种影响主要体现为加重了各类要素的投入过度,却没有缓解各类要素的投入不足。观察重点产业政策对不同所有制部门内部被支持行业的要素投入力度的影响,可以发现中国重点产业支持政策主要是通过国有部门完成,进而导致了国有部门内部受支持的行业投入力度增大,产业政策更多支持了行业研发要素投入,对传统生产要素投入的支持却有限。

结合本研究结论,提出如下对策建议:

(1) 继续深化供给侧结构性改革,降低各类结构性资源错配。消除传统生产要素与研发要素流动配置过程中的各种制度性障碍,比如:降低行业准入门槛,放开部分垄断性行业领域、畅通市场退出机制等,以提升各类要素流动与配置效率,进而提升中国经济全要素生产率,推动经济高质量发展。

(2) 创新产业支持方式,推动中国产业政策由选择性产业政策向功能性产业政策转型。从资源配置效率角度来看,目前以直接补贴和税收减免为主要支持方式的选择性产业政策已经越来越不可持续,且在中美贸易摩擦过程中,这种政府直接扶持与干预的产业政策实施方式越来越受到美国等国家的指责。下一步应推动中国产业政策向功能性产业政策转变,即在充分发挥市场在配置资源当中的基础性作用的基础上,政府通过进一步完善市场秩序、弥补各种市场外部性来增进市场的协调功能和优胜劣汰机制的方式,推动产业的发展和产业结构的动态调整(江飞涛、李晓萍,2010)。

(3)消除所有制歧视性因素,营造公平竞争市场生态。目前中国的重点产业支持政策主要向国有部门倾斜,无形中导致了所有制歧视问题,加大了不同所有制之间以及不同所有制内部行业间的资源错配,降低了资源配置效率。因此,需要消除政策层面的所有制歧视,从制度上保证国有企业与民营企业之间的公平竞争市场地位和市场环境。

(4)加强对民营企业精准扶持,激发民营企业创新活力。民营企业是创新的重要主体,但是本研究显示,现有重点支持产业主要提升了国有部门研发要素的投入力度,却对民营企业研发要素投入力度影响不显著,充分表明中国对民营企业的扶持力度仍然严重不足。在未来,一方面要加大对民营企业的扶持力度,激发民营企业的创新活力;另一方面要从要素投入强度角度精准布局政策着力点,对研发要素投入不足行业的民营企业加大扶持,推动其研发要素投入强度向有效状态靠拢。

第三章 区域试点型政策对创新资源配置效率的影响

创新是实现中国经济高质量增长的关键。国家政策也一直在强调创新的重要性,如早期的"科教兴国战略"以及近年来的"创新驱动发展战略"。为实现这样的战略目标,区域试点是中国各级政策经常采取的重要工具。2008年,创新型试点城市在深圳开始创建就是其中一项重要的措施。除了创新型试点城市政策外,较早展开的国家高新区建设政策以及经济技术开发区政策,也是重要的以创新助推技术进步为重要目标的区域试点政策。截至2020年,中国设立了国家创新型城市78个、国家高新区169个、国家经济技术开发区219个,区域试点政策已然非常重要。那么,这三类政策——创新型城市、高新区、经济技术开发区是否以及如何带来中国创新能力的提升?拉动创新能力提升的途径,除创新投入规模的增加外,还来自创新投入利用效率的提高。更进一步,某一地区创新效率的提高,不仅来自部门自身创新投入利用效率的提高,还来自部门之间创新投入配置效率的提高。因此,本文将使用城市层面面板数据,利用双重差分方法,从城市自身和城市之间两个维度,考察上述三类区域试点政策对创新的影响。在考察城市自身时,主要分析了政策对试点城市自身创新能力、创新投入规模和创新投入利用效率的影响;在考察城市之间时,进一步分析了政策对城市之间创新投入配置效率的影响。本研究力求对上述三类区域试点政策作用于创新的效果给出客观评价,并为其转型优化提供现实依据。

一些研究对中国区域试点政策对创新的作用效果展开了评估。如李政和杨思莹(2019a,2019b)的分析指出,高新区和创新型城市试点政策对最终创新能力都有着显著的促进作用。区域试点型政策作为世界很多国家普遍采用的政策,通过吸引高新技术企业集聚、增加投资与就业,形成集聚经济。李政和杨思莹(2019b)将具体的政策实践总结为四个方面——加强战略引领、促进要素集聚、重视企业创新、完善创新环境。但是一个重要的问题是,以创新提升为目的、以城市试点为基础的区域试点型政策是如何作用于最终创新能力的。前期研究多是从政策试点城市自身的角度对这个问题进行解答,其评估的对象也多是最终创新成果——创新力指数。在这些研究中,创新能力的提升包括了创新投入规模的增加和创新投入利用效率①的提高。

近年来,为了提高创新能力,中国研发经费投入也在快速增长。自本研究样本期2003年开始,其年均增长率达到了14.3%,截至2020年,其占GDP的比重达到2.2%,已然超过经济合作与发展组织(OECD)国家的平均水平。有研究指出,地理依赖型政策将促进生产要素投入的集聚。如王(Wang,2013)、魏和梁(Wei & Leung,2005)认为,中国经济开发区政策将促进外商投资、本地投资以及职工人数的增加。那么,以创新为重要目标的三类区域试点型政策是否也促进了创新要素投入的增加?

尽管近年来中国创新投入快速增加,但是中国的高质量研发成果却仍不足。以最终的技术进步来衡量创新的最终成果,魏(Wei,2017)指出,中国全要素生产率依然较低,仅为OECD国家的一半,近年来甚至是负增长。以创新的直接成果来衡量,中国虽有专利数量的快速增加,但是高质量专利仍十分缺乏。唐要家和孙路(2006)甚至指出,中国大量专利仅是"一纸空文",并无法有效地转化为新产品或技术。中国研发投入持续快速增加,但是高质量研发成果却仍较低的现实,正反映出中国创新投入利用效率较低的问题。前期研究在分析中国区域试点政策的经济效应时,多是基于集聚经济理论,而且在集聚经济的效应下,市场交易成本降低。部分研究指出,中国区域试点政策提高了生产率。有的研究却指出,中国这类政策更多是在依赖于税收优惠、土地优惠、财政补贴等政策红利,却忽视了生产效率的提高。那么,中国三类以创新为重要目的的区域试点型政策是否实现了中国城市自身创新投入利用效率的提高?

上述研究仅是在分析试点政策对所在城市自身的影响,另一个重要的问题则是政策实施对整个国家的影响。尽管前期部分以高新区政策为例的研究指出,高新区政策对政策实施城市的作用并非源于对周边城市的掠夺。但是,

---

① 尽管依据创新价值链的定义,创新的整个过程可分为科技研发阶段(创新投入到专利的阶段)和成果转化阶段(专利到最终产品的阶段),相应的效率可分为科技研发效率和成果转化效率,但是如果以成果转化阶段的最终产品作为产出去测算投入利用效率的话,那么本研究所指的创新投入利用效率则是科技研发效率和成果转化效率的综合。

作为基于地域的产业政策,区域试点政策仍是选择性的政策,有些城市被选中实施试点政策,相应的有些城市没被选中。如果将整个国家的资源看作一整个"蛋糕",则必然会涉及有效分配问题。

根据靳来群等(2019)的分析,创新效率可分为两个层面,创新投入利用效率(城市自身)和创新投入配置效率(城市之间)。这一概念的细分在有关生产效率的分析中已比较成熟,比如近年来比较丰富的生产要素配置效率的研究,雷斯图里亚和罗杰森(Restuccia & Rogerson, 2013)已做了比较全面的综述。正如上文所述,被试点政策选中的城市吸引了大量的研发要素集聚,如果从整个国家的宏观层面来讲,这正是资源配置的过程。前期有众多研究已经着重分析了中国生产要素的配置效率问题。谢长泰和克莱诺(Hsieh & Klenow, 2009)明确指出,中国生产要素错配程度严重,它的优化将是提升中国全要素生产率的重要途径。也有部分研究探讨了经济政策对资源配置效率的影响。近年来有研究指出,中国的创新要素配置效率也亟待优化。靳来群等(2020)通过对两类要素配置效率的评估表明,创新要素的结构性错配程度比生产要素错配更为严重。那么,这就产生了另一个重要的问题:这样具有选择性质的城市试点政策如何影响创新投入的配置效率?本章将就上述问题进行理论分析与实证检验。

第一节 影响机制分析

一国创新能力的提高,既离不开创新投入规模的增加,也离不开创新效率的提高。一国创新效率的提高可分为两条途径:一是部门或企业自身创新投入利用效率的提高,二是部门或企业之间创新投入配置效率的提高。为此本研究在分析区域试点政策对创新能力的作用机制时,将从创新投入规模、创新投入利用效率、创新投入配置效率三个方面展开分析。

一、区域试点政策对创新投入规模的作用机制

第一,试点区域将通过完善基础设施,吸引优质企业入驻,形成明显的经济集聚。企业的集聚会加强企业之间的竞争,迫使企业增加研发投入,提高创新能力和生产效率。第二,当地政府也将提高行政服务能力,如更便捷的行政

审批制度。行政审批时间的缩短和审批费用的降低,将降低企业的交易成本和运行成本,进而使得企业有更多的精力和资金投入到生产与研发中。当地政府也会加强专利保护力度,更好地维护企业研发收益,激励企业更多投入到研发中去。第三,中国区域试点政策有着较强的政府导向性。区域试点政策的一个重要目标在于促进区域内科技创新能力。为配合这样的目标设置,当地政府会加大对科技创新的补贴。在这样的政策导向下,区域内企业会加大自身研发经费投入。并且,试点区域内的企业相对于区域外企业,享受着更低的土地价格和更加优惠的税费政策。这些优惠政策会降低企业的运行成本,使得企业能够有更多的自身资源投入科技创新。同时,试点区域也会相应降低企业的融资成本,使得企业能够得到更多的外部资金用于科技创新。第四,试点区域也将加快创新基地建设、加大人才引进力度。人才是创新的最根本要素,各地在吸引创新资本进入的同时,也通过各类人才政策和科研团队建设政策,如户口安置、子女入学、安家补助、科研经费等政策,展开高强度的"抢人大战"。在这些密集的人才政策下,试点区域将集聚较多高素质的创新人才和高水平的创新团队。因此,中国区域试点政策将通过提高试点区域的创新资本与创新人员投入,提高试点区域的创新能力。

二、区域试点政策对创新投入利用效率的作用机制

首先,试点区域作为创新要素的集聚区,将产生显著的经济集聚效应。在政府各类优惠政策的引导下,试点地区汇集了高密度和多层次的创新资本和创新人员。创新要素在空间上的聚集自然会通过技术溢出、劳动池和中间品投入联系以及共享、匹配和学习效应等来促进本地的创新效率。技术溢出的存在使得试点内以及试点外的企业能够获得技术的正外部性,进而能够提高城市整体的创新效率。同时,集聚区内汇集了生产多样性和专业化的企业,也创造了更多的就业,使得企业和工人之间匹配数量和质量以及效率得到提高。其次,试点区域也会配套相对便利的城市交通、通信等基础设施,不仅能够打破科技创新活动的时空距离障碍,也能够缓解信息不对称,促进知识与技术的交流与传播,进而有助于提高城市创新投入利用效率。再次,为了更好地发挥试点区域的创新示范效应,地方政府也会积极推动试点区域的企业与本地的高校、研究机构融合,形成政产学研创新链体系,这种研发成果的共享和风险共担机制也能激发多主体的创新活力,提高创新效率。

然而也应看到,政策试点城市存在的创新支持体系不健全、产权界定不明晰、政府干预过度等问题也会在一定程度上限制试点城市创新投入利用效率的提高。过度集聚也会扭曲市场竞争机制,容易助长企业创新惰性。不仅如此,尽管试点地区的企业能够获得政府的更多的研发支持,但由于存在信息不对称问题,创新激励难免会带来企业的"研发操纵"问题。如此这般就很难提高城市创新效率。前期研究的结果似乎也发现了一些端倪。比如,部分学者指出国家自主示范区的创新溢出效应并不显著,甚至抑制了创新效应的空间扩散。因此,区域试点政策是否促进了创新投入利用效率的提高,依然需要进一步的评估。

三、区域试点政策对创新投入配置效率的作用

区域试点政策的选择性特征意味着,国家仅选择一部分城市作为试点。被选中的城市有着各类政策上的倾斜,并相应增加创新投入。如果一时间内国家整体创新投入是恒定的,那这样的选择性政策则必然伴随着创新投入的再配置过程。简单来讲,如果某城市创新投入相对不足,而试点政策恰好选中了该城市并提高其创新投入规模,那么这样的试点政策则优化了创新投入的配置效率。相反,如果某城市创新投入已然过度,但试点政策仍配置给了该城市并继续加大创新投入,那么这样的试点政策则恶化了创新投入配置效率。前期中央政府的较多大型的区域发展政策,如西部大开发、东部振兴战略等,更多关注的是资源和经济在地区间的均匀分布问题,却忽视了全局的资源配置效率问题。以国家开发区(包括了高新区和经济技术开发区)为例。国家级开发区主要是由省级开发区升级而来,这也意味着,在获批国家级开发区时,该城市已经建设省级开发区多年,有着一定的科技创新基础。在申请国家级开发区时,城市首先根据自身的发展情况提出申请,然后由中央政府批准,这个"自下而上"的过程也使国家开发区的批准有着更好的信息对称性。中央政府部门在审批试点城市时,主要参考其经济发展水平、人力资本水平、产业结构、创新成果及各类创新平台发展情况等指标,同时也会派相关专家展开实地考察并提出建议等。由此,信息更为对称,区域导向型政策将更容易惠及那些创新投入不足的城市。以创新为重要目标的区域试点政策,对创新投入配置效率有着重要的优化作用。

第二节 实证策略

一、计量模型与变量设置

为实证分析三类区域试点政策对创新成果、创新投入规模及利用效率的作用,本研究构造如下多期双重差分(DID)模型3-1展开实证分析,同时控制个体效应 u_i 和时间效应 v_t。

$$rd_{it} = \beta_0 + \beta_1 did_{it} + \gamma X_{it} + u_i + v_t + \varepsilon_{it} \qquad (3-1)$$

解释变量为是否存在区域试点政策虚拟变量 did,具体包括了创新型城市建设虚拟变量 $cxcs$、高新区建设虚拟变量 gxq 和经济技术开发区虚拟变量 $jkfq$。当相关政策发生时,政策虚拟变量 did 取值为1;未发生时,变量 did 取值为0。试点城市及其政策开始时间来自相关政府网站和《中国开发区审核公告目录》。

被解释变量 rd 既包括创新成果 $patent$ 的对数,又包括创新投入规模——研发人员 rl 和研发资本 rk 的对数,还包括创新投入利用效率 A。

创新成果 $patent$ 用创新力指数衡量。尽管较多研究习惯用专利数量衡量创新成果,但此类研究却多忽略了不同专利之间价值的差异性。寇宗来和刘学悦(2017)在构造创新力指数充分考虑到了这一问题,使得用该指数相对于专利数量而言,更能客观地反映不同城市之间的创新成果。创新投入主要包括研发人员 rl 和研发资本 rk。前期众多研究使用研发人员全时当量衡量,而城市层面的该数据并无披露,本研究在此用科研技术服务从业人数衡量。历年研发资本存量采用公式 $K_{it} = (1-\eta)K_{it-1} + I_{it}$ 得到(永续盘存法),基期存量采用公式 $K_{ib} = I_{ib}/(g_i + \eta)$ 得到,其中折旧率 η 取值为15%,研发支出 I 用城市统计年鉴披露的科学支出衡量,g_i 为年均科学支出增长率。创新投入利用效率和配置效率的指标构造方法和实证方法下文中将详细介绍。

创新投入利用效率 A,参考前期有关创新投入利用效率研究的通常做法,设置创新产出函数为C-D函数形式而得到:$y_{it} = A_{it} rk_{it}^{\alpha} rl_{it}^{\beta}$。参考靳来群等(2019)对创新产出函数的估计结果,研发资本投入产出弹性 α 取值为2/3,研发人员投入产出弹性 β 取值为1/3。

接下来,进一步实证分析区域试点政策对创新投入配置效率的作用。前期研究多利用 OP 协方差讨论资源配置效率问题，其表达式为 $OP_t = \sum_{i=1}^{n}(s_{it}-\bar{s}_t)(\omega_{it}-\bar{\omega}_i)$，$i$ 为部门，t 为年份，s 表示产值份额，ω 为生产率。OP 协方差反映了部门产值份额与生产率的相关性，相关程度越高时，表明生产率越高的部门得到了越多的资源并生产了更多的产出，进而资源配置效率越高。基于 OP 协方差的含义，构造计量模型为：

$$share_{it} = \beta_0 + \beta_1 A_{it} + \beta_2 did_{it} + \beta_3 did_{it} \times A_{it} + \gamma X_{it} + u_i + v_t + \varepsilon_{it}$$

(3-2)

其中，创新投入的配置效率（即投入与其利用效率的相关性）可用系数 $\beta_1 + \beta_3 did$ 衡量。城市试点政策对创新投入配置效率的调节作用即为系数 β_3。当 β_3 显著为正时，意味着城市试点政策优化了创新投入的配置效率，反之则反。创新产出份额 $share_{it}$ 用城市 i 年份 t 的创新力指数占当年所有城市创新力指数总和的比重衡量，创新投入利用效率 A_{it} 的度量延续上文。

参考大部分前期研究的做法，控制变量 X 主要包括：用人均 GDP 衡量的经济发达程度 dev、二产和三产占比衡量的产业结构 ind、外商直接投资比重衡量的开放程度 fdi、用财政支出占比衡量的政府干预程度 int，以及用人口总量对数衡量的城市规模 siz。

二、数据来源说明

本研究所用数据为 285 个地级及以上城市层面面板数据，时间跨度为 2003—2019 年。其中，由于所用指标中正式披露的创新力指数数据仅到 2016 年，因此近年数据主要用差值法得到（本研究同时也利用 2003—2016 年数据展开了实证分析，结果是一致的）。所用数据主要来自《中国城市统计年鉴》，创新力指数来自《中国城市和产业创新力报告》。描述性统计分析如表 3-1 所示。

表 3-1 各变量的描述性统计

变量符号	变量含义	样本量	均　值	标准差	最小值	最大值
ln$patent$	创新力对数	4 839	0.051 0	2.020 7	-5.271 9	7.437 4
lnrk	研发资本对数	4 845	10.064 6	2.116 6	3.147 8	16.689 1

续 表

变量符号	变量含义	样本量	均值	标准差	最小值	最大值
lnrl	研发人员对数	4 840	−0.896 9	1.165 4	−4.605 2	4.272 7
dev	经济发达程度	4 798	4.060 0	4.615 8	0.189 1	53.235 1
ind	产业结构	4 552	0.858 9	0.089 5	0.501 1	0.999 7
fdi	外商直接投资	4 568	0.002 9	0.003 1	0.000 0	0.045 4
int	政府干预	4 798	0.167 5	0.098 2	0.031 3	1.485 2
siz	城市规模	4 840	5.859 8	0.694 5	2.795 5	8.136 2

第三节 区域试点型政策对城市自身创新成果、投入规模及其利用效率的作用

一、基础实证结果及分析

本研究利用计量模型 3-1 实证检验了三类区域试点型政策对创新成果的作用,如表 3-2 所示。在实证分析时,首先构造了一元回归面板模型作为基础,如奇数列所示;接着加入控制变量以避免遗漏变量问题,如偶数列所示。可以看到,无论是创新型试点城市建设(变量 $cxcs$)还是高新区(变量 gxq)和经济技术开发区(变量 $jkfq$),其对创新成果都有着非常显著的正向效应。这表明,相对于无政策实施的城市而言,以创新为重要目标的区域试点政策一定程度上促进了政策实施城市的创新水平增长。

表 3-2 三类区域试点政策对创新成果的作用

	(1) ln$patent$	(2) ln$patent$	(3) ln$patent$	(4) ln$patent$	(5) ln$patent$	(6) ln$patent$
$cxcs$	0.284 7*** (0.028)	0.126 2*** (0.030)				

续　表

	(1) ln*patent*	(2) ln*patent*	(3) ln*patent*	(4) ln*patent*	(5) ln*patent*	(6) ln*patent*
gxq			0.228 4*** (0.027)	0.145 8*** (0.025)		
jkfq					0.217 4*** (0.026)	0.197 1*** (0.026)
dev		0.043 9*** (0.004)		0.051 1*** (0.004)		0.060 2*** (0.005)
ind		2.025 5*** (0.234)		1.941 3*** (0.232)		1.916 5*** (0.245)
fdi		−6.274 1** (3.118)		−5.893 9* (3.114)		−5.744 9 (3.798)
Int		−0.503 8*** (0.171)		−0.420 7** (0.172)		−0.373 5** (0.179)
Siz		1.540 0*** (0.115)		1.526 1*** (0.115)		1.427 0*** (0.136)
个体效应	是	是	是	是	是	是
时间效应	是	是	是	是	是	是
_cons	−1.875 0***	−12.423 8***	−2.336 6***	−12.320 0***	−2.234 2***	−11.925 7***
	(0.024)	(0.694)	(0.028)	(0.693)	(0.027)	(0.800)
N	4 839	4 331	3 938	4 331	4 091	3 632
F	2 570.63***	2 074.06***	1 859.59***	2 082.77***	1 999.53***	1 613.52***

注：括号内为聚类稳健标准误；***、**、*分别表示1％、5％、10％的显著性水平。

表3-3进一步列示了三类区域试点政策对创新投入的作用，可以看到三类政策也都促进了政策实施城市的创新投入，尤其是研发资本投入。政策试点城市通过提供相应的各类税收、土地政策优惠，并提供相应的创新基础设施和制度上的保障，促进了创新要素向政策试点城市的集聚。同时，这样的集聚

效应也可以通过促进本土企业创新的竞争与协作,并提高本土企业自身创新投入,最终带来政策试点城市综合创新投入的增加。

表3-3 三类区域试点政策对创新投入的作用

	(1) lnrk	(2) lnrl	(3) lnrk	(4) lnrl	(5) lnrk	(6) lnrl
$cxcs$	0.274 8*** (0.032)	0.010 6 (0.020)				
gxq			0.196 5*** (0.029)	0.024 1 (0.019)		
$jkfq$					0.161 8*** (0.027)	0.020 1 (0.018)
控制变量	是	是	是	是	是	是
个体效应	是	是	是	是	是	是
时间效应	是	是	是	是	是	是
_cons	−4.742 2*** (0.754)	−4.999 2*** (0.474)	−6.282 2*** (0.878)	−5.067 0*** (0.570)	−2.907 9*** (0.847)	−5.169 6*** (0.551)
N	4 337	4 335	3 497	3 495	3 638	3 636
F	3 671.26***	168.56***	2 853.15***	105.41***	2 934.58***	116.59***

注:括号内为聚类稳健标准误;***、**、*分别表示1%、5%、10%的显著性水平。

试点政策带来了创新投入的增加,但值得关注的是,在投入集聚的过程中是否也带来了城市自身创新投入利用效率的提高? 接下来,本节将就此问题展开分析。利用上文计量模型3-1,并利用所测算的创新投入利用效率作为被解释变量,得到回归结果如表3-4所示。

可以看到,三类区域试点型政策并没有促进创新投入利用效率的提高,创新型城市政策(变量$cxcs$)甚至对创新投入利用效率存在着显著的抑制作用。究其原因:首先,如程郁和陈雪(2013)、袁航和朱承亮(2018)对高新区的分析,这类试点型政策多以要素驱动为主,在很大程度上依赖于政策优惠、土地开发、要素优惠以及招商引资等增量路径,并已出现投入规模不经济问题。尽

表3-4 三类区域试点型政策对创新投入利用效率的作用

	(1) A	(2) A	(3) A	(4) A	(5) A	(6) A
$cxcs$	−0.000 7** (0.000)	−0.000 8*** (0.000)				
gxq			0.000 0 (0.000)	−0.000 1 (0.000)		
$jkfq$					0.000 1 (0.000)	0.000 0 (0.000)
控制变量	否	是	否	是	否	是
个体效应	是	是	是	是	是	是
时间效应	是	是	是	是	是	是
_cons	0.003 4*** (0.000)	0.002 3 (0.006)	0.002 6*** (0.000)	−0.003 9 (0.005)	0.002 8*** (0.000)	−0.001 1 (0.005)
N	4 840	4 335	3 939	3 495	4 092	3 636
F	33.10***	25.62***	25.64***	22.16***	25.16***	19.07***

注：括号内为聚类稳健标准误；***、**、*分别表示1%、5%、10%的显著性水平。

管他们分析的仅是针对生产过程，但是在创新过程中不免也会存在同样问题。其次，政策试点城市存在的创新支持体系不健全、产权界定不明晰、政府干预过度等问题也在一定程度上限制了试点城市创新投入利用效率的提高。再次，被选中作为各类试点城市的地方政府，在利用相应创新补贴、税收优惠吸引和促进企业创新时，不拥有企业技术演进和发展的完全信息，无法就企业的研发前景进行正确的预见，因此，政府政策具体实施时可能无法在真正且亟待的高质量创新型企业落地，在一定程度上存在着政策本身配置效率低下问题。最后，地方创新水平作为官员政绩考核与职务晋升的一项重要指标，也会促使地方官员出于短期内得以晋升的目的，扶持那些创新成果又多又快的企业，使得企业也愿意避开那些风险高周期长的高质量创新。最终试点城市政策提供的创新补贴等激励创新的措施，使得企业"策略式"地增加专利数量，而忽视了专利的质量。

本研究中的创新成果采用的是寇宗来和刘学悦(2017)《中国城市和产业创新力报告》中的创新力指数。正如上文介绍,这一指数的编制虽然基于城市的专利数量,同时又基于专利的价值进行了调整。试点政策虽然表面上促进了企业的创新投入和创新成果,但这些创新成果仅是价值较低的专利。当以专利价值调整后的创新力指数作为创新成果去测算创新投入利用效率时,实证检验的结果表明,试点政策并无法提高创新效率。

二、动态分析与平行趋势检验

利用如下计量模型 3-3 分析相关区域政策对创新成果、投入及其利用效率作用的动态性,是进行平行趋势检验的常用方法。

$$rd_{it} = \beta_0 + \sum_{j=-6}^{6} \beta_j dj_{it} + u_i + \lambda_t + \varepsilon_{it} \qquad (3-3)$$

其中,j 取值为(−6,−5,……5,6)。假设区域试点政策首次执行年份为 s_i,如果 $t-s_i=-6$(其表达的含义是政策执行前的第 6 年),则 $d-6_{it}=1$,否则为 0。对 j 的其他取值也做类似处理。那些早于政策执行 6 年的时期被归并到−6,政策执行后 6 年的被归并到 6。考虑到政策实施前一年城市会提前做出相应准备以期被政策选中,因此选取政策实施前的第二年为基期。

表 3-5 列示了三类区域试点型政策对创新成果及研发资本投入的动态作用结果(基于表 3-3,区域试点政策对研发人员的作用并不显著,因此在此并无列示)。回归时按照计量模型 3-3 进行,其中包括了变量 $d-6$ 到 $d-1$。这些变量回归结果显示其回归系数不显著或为负。这表明在政策实施前,实验组和控制组之间满足平行趋势假设。对于政策实施当年及以后年份,可以看到变量 $d0$ 到变量 $d6$ 都比较显著,且回归系数多呈现出逐年增大的趋势。这说明政策实施后,城市创新成果以及创新资本投入得到了显著提升(前文结果是可信的),并且这种促进效应随着政策实施时间而逐渐增强,即区域试点政策带来创新资源向政策实施城市的集聚,并且政策实施的时间越久,这种集聚效应越明显。

接下来,图 3-1 绘制了区域试点型政策对创新投入利用效率的动态作用和 90% 置信区间,横轴表示政策实施的年数,如"−5"表示城市被选中实施试点政策前的第 5 年,相应的"5"则表示政策开始实施后的第 5 年。可以看到,

表 3-5 区域试点政策对创新成果和投入作用效果的动态分析

	创新型城市建设		高新区建设		经济技术开发区建设	
	(1) ln*patent*	(2) ln*rk*	(3) ln*patent*	(4) ln*rk*	(5) ln*patent*	(6) ln*rk*
$d-1$	0.053 2 (0.067)	0.147 4** (0.071)	0.024 3 (0.063)	0.095 3 (0.064)	0.044 0 (0.064)	0.026 5 (0.066)
$d0$	0.104 2 (0.068)	0.188 5*** (0.072)	0.061 2 (0.062)	0.155 4** (0.063)	0.079 0 (0.064)	0.037 6 (0.066)
$d1$	0.123 8* (0.068)	0.208 4*** (0.072)	0.093 0 (0.062)	0.208 4*** (0.063)	0.114 9* (0.065)	0.062 8 (0.067)
$d2$	0.126 7* (0.073)	0.287 2*** (0.077)	0.143 5** (0.065)	0.204 7*** (0.066)	0.131 9** (0.066)	0.075 0 (0.068)
$d3$	0.135 5* (0.073)	0.306 5*** (0.077)	0.156 7** (0.066)	0.213 2*** (0.067)	0.140 9** (0.066)	0.072 9 (0.068)
$d4$	0.137 3* (0.073)	0.311 0*** (0.078)	0.170 1** (0.068)	0.228 7*** (0.068)	0.153 9** (0.066)	0.096 0 (0.068)
$d5$	0.127 3* (0.073)	0.313 1*** (0.078)	0.196 5** (0.077)	0.271 9*** (0.077)	0.177 0*** (0.066)	0.124 8* (0.068)
$d6$	0.103 6* (0.058)	0.385 1*** (0.062)	0.262 6*** (0.061)	0.313 0*** (0.062)	0.262 9*** (0.057)	0.283 7*** (0.059)

注：回归时加入了变量 d-6 至 d-3，并控制了时间效应和个体效应。括号内为聚类稳健标准误；***、**、*分别表示 1%、5%、10%的显著性水平。

政策实施前第 6 年到前第 3 年，也就是模型 3-2 变量 $d-6$ 到变量 $d-3$，其回归系数的置信区间包含了"0"，意味着无法拒绝 0 假设，这表明了在政策实施前实验组和控制组之间满足平行趋势假设。政策实施后的第 2 年（也就是变量 $d2$），对创新投入利用效率的负向影响最为明显。随着政策实施时间变久，其对创新投入利用效率的负向作用虽然一直存在且显著，但越来越小（回归系数逐渐接近于 0）。从表 3-4 可以看到，高新区政策与经济技术开发区政策的实施对创新投入利用效率的影响并不显著。在此不再对其进行动态分析。

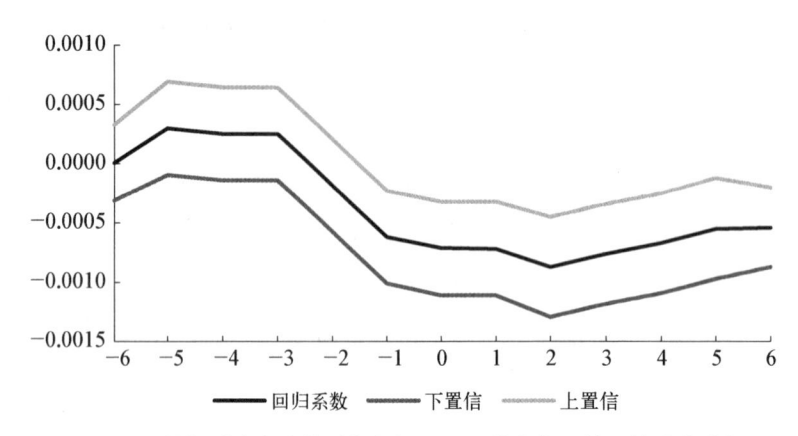

图3-1 创新型城市政策对创新投入利用效率作用效果的动态分析

综上分析，三类区域试点型政策主要通过促进政策实施城市创新投入的增加而最终带来了城市创新力的提高，并且该作用会随着试点政策越久而效用越大；对创新投入利用效率而言，高新区政策和经济开发区政策并无显著作用，尽管创新型城市政策对利用效率有着一定的抑制作用，但该作用将随着时间的推移而变得不明显。

第四节 三类区域试点型政策对城市之间创新投入配置效率的作用

基于前文综述，区域试点型政策仍是选择性的政策，有些城市被选中实施试点政策，而有些城市没被选中。被试点政策选中的城市吸引了大量的研发要素聚集，如果从整个国家的宏观层面来讲，这正是资源在城市间的再配置过程。那么，这样的选择性试点城市政策又如何影响创新投入的配置效率？接下来就该问题展开分析。基于上文计量模型（2），实证结果如表3-6所示。

可以看到，创新投入利用效率变量 A 显著为正，这表明创新投入利用效率高的城市，得到了更多的创新投入，生产了更多的创新产出，中国创新投入在城市间的配置具有一定的有效性。交互项 $cxcs\times A$、$gxq\times A$、$jkfq\times A$ 的回归系数也都显著为正，表明城市试点型政策加快了创新资源向利用效率更高城市的流入，也就是说，三类政策都优化了创新投入的配置效率。

表 3-6 三类区域试点政策对创新投入配置效率的作用

	(1) share	(2) share	(3) share	(4) share	(5) share	(6) share
A	0.135 2 (0.131)	0.160 2 (0.112)	0.182 1*** (0.024)	0.204 4*** (0.023)	0.094 7 (0.097)	0.099 3 (0.081)
$cxcs$	−0.003 5* (0.002)	−0.003 7** (0.002)				
$cxcs \times A$	1.112 0 (0.733)	0.940 4* (0.514)				
gxq			−0.000 2 (0.000)	−0.000 2* (0.000)		
$gxq \times A$			0.228 6*** (0.085)	0.135 6** (0.064)		
$jkfq$					−0.000 9* (0.000)	−0.000 2 (0.000)
$jkfq \times A$					0.375 5*** (0.126)	0.004 5 (0.183)
控制变量	否	是	否	是	否	是
个体效应	是	是	是	是	是	是
时间效应	是	是	是	是	是	是
_cons	0.003 1*** (0.000)	−0.055 2 (0.034)	0.000 5*** (0.000)	−0.009 8** (0.005)	0.001 0*** (0.000)	−0.064 7 (0.040)
N	4 840	4 335	3 939	3 495	4 092	3 636
F	3.00*	4.00*	13.68***	10.79***	7.02***	6.56***

注：括号内为聚类稳健标准误；***、**、* 分别表示 1%、5%、10%的显著性水平。

OP 协方差只能反映所有资源配置效率，而上文中显示区域试点型政策主要带来了研发资本投入的增加，那么一个问题是：区域试点政策如何具体影响不同研发投入的配置效率，尤其是研发资本投入的配置效率？为回答这个问题,本研究参考靳来群等(2019)中对不同研发投入配置效率的评估模型。该模型能够分类测算不同研发要素的配置扭曲导致的国家总体创新效率损失程度,却无法以此作为被解释变量,因为这个指标仅是一国家层面的时间序列。本研究的政策实施解释变量是城市层面的面板数据。为此,进一步参考靳来群等构造研发投入力度指标,研发人员的投入力度 $p_i^l = l_i/l_i^*$ 和研发资本的投入力度 $p_i^k = k_i/k_i^*$。其中,l_i 和 k_i 为城市 i 实际状态下的要素投入比例,l_i^* 和 k_i^* 为有效状态下的比例。p_i^l 和 p_i^k 可衡量城市创新投入的力度,当其值大于1则代表投入相对过度,其值小于1则投入相对不足。l_i 和 k_i 以及 l_i^* 和 k_i^* 计算公式为:

$$l_i = \frac{(A_i \tau_i^{rk-\alpha} \tau_i^{rl\alpha-1})^{\frac{\sigma}{1-\sigma}} \tau_i^{rl-1}}{\sum_{i=1}^{N}[(A_i \tau_i^{rk-\alpha} \tau_i^{rl\alpha-1})^{\frac{\sigma}{1-\sigma}} \tau_i^{rl-1}]}, \quad k_i = \frac{(A_i \tau_i^{rk-\alpha} \tau_i^{rl\alpha-1})^{\frac{\sigma}{1-\sigma}} \tau_i^{rl-1}}{\sum_{i=1}^{N}[(A_i \tau_i^{rk-\alpha} \tau_i^{rl\alpha-1})^{\frac{\sigma}{1-\sigma}} \tau_i^{rk-1}]},$$

$$l_i^* = \frac{A_i^{\frac{\sigma}{1-\sigma}}}{\sum_{i=1}^{N} A_i^{\frac{\sigma}{1-\sigma}}}, \quad k_i^* = \frac{A_i^{\frac{\sigma}{1-\sigma}}}{\sum_{i=1}^{N} A_i^{\frac{\sigma}{1-\sigma}}}$$

其中,$\tau_i^{rk} \propto \frac{Y_i}{K_i}$,$\tau_i^{rl} \propto \frac{Y_i}{L_i}$。参数 σ 取值 1/3,α 取值 2/3。

为检验区域试点型政策如何作用于研发投入配置效率,相应计量模型为:

$$\begin{cases} p_{it}^l = \beta_0 + \beta_1 d_{it}^l + \beta_2 did_{it} + \beta_3 did_{it} \times d_{it}^l + \gamma X_{it} + u_i + v_t + \varepsilon_{it} \\ p_{it}^k = \beta_0 + \beta_1 d_{it}^k + \beta_2 did_{it} + \beta_3 did_{it} \times d_{it}^k + \gamma X_{it} + u_i + v_t + \varepsilon_{it} \end{cases}$$

(3-4)

被解释变量包括了研发人员投入力度 p^l 和研发资本投入力度 p^k。解释变量中虚拟变量 d^l 和 d^k 刻画了投入的不足和过度两种状态。当不足时,d^l 和 d^k 等于 0;当过度时等于 1。交互项 $did \times d$ 则刻画了两种状态下,政策对投入力度影响的差异性。其中,系数 β_2 为不足状态下政策的效果,系数 $\beta_2 + \beta_3$ 则为过度状态下政策的效果。

政策对研发资本投入力度影响的实证结果如表 3-7 所示。其中,虚拟变量 d^k 显著为正,与上文介绍其含义一致。可以看到,对于研发资本而言(如列 1—列 3 所示),用以反映投入不足状态下政策作用变量 *cxcs*、*gxq*、*jkfq* 都显著为正,用以反映投入不足和过度状态差异的交互项 *jkfq*×*d* 显著为负。从回归系数的大小可以看到：不足状态下,创新型城市政策(政策变量 $cxcs$)对投入力度的作用系数为 0.396 4,并且显著为正,即创新城市政策缓解了城市投入的不足。不足状态下,高新区政策(政策变量 gxq)对投入力度的作用系数为 0.790 2,即高新区政策缓解了城市投入的不足。这意味着创新型城市和高新区的政策创新,通过弥补研发资本投入的不足优化了城市间的研发资本配置。可以看到,经济技术开发区政策(政策变量 $jkfq$)缓解了投入的不足(对投入力度的作用系数为 0.554 3),并减轻了投入的过度(对投入力度的作用系数为 -0.836 6—0.554 3),并且二者都是显著的,这意味着优化了研发资本配置效率。

表 3-7 三类区域创新政策对研发资本与研发人员配置效率的分别作用

	(1) p^k	(2) p^k	(3) p^k	(4) p^l	(5) p^l	(6) p^l
d	1.972 4*** (0.254)	2.019 4*** (0.284)	2.190 8*** (0.296)	1.526 0*** (0.202)	1.620 8*** (0.243)	1.660 8*** (0.236)
$cxcs$	0.396 4* (0.217)			0.184 0 (0.238)		
$cxcs \times d$	-0.135 2 (0.478)			-0.334 2 (0.309)		
gxq		0.790 2*** (0.276)			0.610 1 (0.434)	
$gxq \times d$		-0.106 2 (0.396)			-0.235 5 (0.267)	
$jkfq$			0.554 3* (0.282)			0.146 4 (0.322)
$jkfq \times d$			-0.836 6** (0.389)			-0.545 8 (0.512)
控制变量	是	是	是	是	是	是
个体效应	是	是	是	是	是	是
时间效应	是	是	是	是	是	是

续 表

	(1) p^k	(2) p^k	(3) p^k	(4) p^l	(5) p^l	(6) p^l
_cons	1.326 1*** (0.308)	1.521 7*** (0.389)	1.440 1*** (0.358)	1.602 5*** (0.303)	1.854 8*** (0.371)	1.777 1*** (0.356)
N	4 834	3 933	4 086	4 834	3 933	4 086
F	10.13***	10.04***	10.77***	10.88***	10.79***	11.22***

注：括号内为聚类稳健标准误；***、**、*分别表示1%、5%、10%的显著性水平。

对于被解释变量为研发人员投入力度 p^l 而言，如表3-7列4—列6所示，三类政策变量 $cxcs$、gxq、$jkfq$ 的回归系数都不显著，同时交互项 $cxcs \times d^k$、$gxq \times d^k$、$jkfq \times d^k$ 也不显著。这意味着三类政策并没有带来研发人员投入的恶化或是优化，呼应了前文中政策对创新投入影响的分析，即区域试点型政策既没有带来研发人员投入规模的变化，也没有带来研发人员配置效率的变化。

综上可见，区域试点政策（尤其是高新区政策和经济技术开发区政策）总体上优化了创新投入的配置，这样的优化作用主要通过优化研发资本的配置而实现。

第五节 异质性分析

参考前期研究以及中国经济发展现状，区域间存在明显的地理位置与政治地位的不平衡发展问题。相对于中西部地区，东部地区经济发达和市场化程度较高，这正是相应区域依赖政策发挥重要作用的软环境。那么，东部地区软环境的相对优势是否会使得当地区域依赖政策对创新成果、创新投入，及其利用效率和配置效率的作用更加明显？省会城市或副省级城市相对于一般城市有着较高的政治地位，政治地位也意味着资源倾斜。那么一个自然的问题是：本身较高的政治地位使得相应省会或副省级城市已有了较高的资源获取能力，进一步区域依赖政策向这类城市的倾斜，是否会降低政策的边际作用？本研究通过将所有城市划分为东部地区和中西部地区，以及有政治地位城市

(省会或副省级城市)和无政治地位城市,展开分组回归以回答上述问题。实证结果如表3-8和表3-9所示。

表3-8 对创新成果和投入的异质性分析

	对创新成果的影响			对创新资本投入的影响		
	(1)	(2)	(3)	(4)	(5)	(6)
解释变量	$cxcs$	gxq	$jkfq$	$cxcs$	gxq	$jkfq$
东部地区回归结果	0.2226*** (0.045)	0.1997*** (0.040)	0.4107*** (0.037)	0.2872*** (0.050)	0.2479*** (0.040)	0.1668*** (0.041)
中西部地区回归结果	−0.0276 (0.046)	0.1268*** (0.037)	0.0474 (0.030)	0.2544*** (0.052)	0.0729* (0.044)	0.1036*** (0.034)
有政治地位城市回归结果	0.0053 (0.042)	−0.0888 (0.104)	0.1350 (0.141)	0.1655*** (0.047)	0.1485*** (0.033)	−0.1540 (0.150)
无政治地位城市回归结果	0.2838*** (0.049)	0.1462*** (0.030)	0.1735*** (0.026)	0.4611*** (0.055)	0.4999*** (0.107)	0.1316*** (0.030)

注：回归也加入了控制变量,同时控制了个体效应和时间效应。括号内为聚类稳健标准误;***、**、*分别表示1%、5%、10%的显著性水平。

表3-9 对创新投入配置效率和利用效率的异质性分析

	对资源配置效率的影响(被解释变量$share$)			对创新投入利用效率的影响		
	(1)	(2)	(3)	(4)	(5)	(6)
解释变量	$cxcs\times A$	$gxq\times A$	$jkfq\times A$	$cxcs$	gxq	$jkfq$
东部地区回归结果	3.4125* (2.066)	0.5593*** (0.167)	0.6570** (0.257)	−0.0006 (0.000)	0.0003 (0.000)	0.0005** (0.000)
中西部地区回归结果	−0.0738 (0.342)	0.4279*** (0.122)	0.0651 (0.053)	−0.0012*** (0.000)	−0.0005* (0.000)	−0.0003 (0.000)

续表

	对资源配置效率的影响（被解释变量 share）			对创新投入利用效率的影响		
	(1)	(2)	(3)	(4)	(5)	(6)
解释变量	$cxcs \times A$	$gxq \times A$	$jkfq \times A$	$cxcs$	gxq	$jkfq$
有政治地位城市回归结果	2.377 8* (1.374)	1.214 4*** (0.143)	0.480 1*** (0.170)	−0.001 3*** (0.000)	−0.001 7** (0.001)	0.001 0 (0.001)
无政治地位城市回归结果	1.115 2* (0.613)	0.286 1*** (0.074)	−0.020 6 (0.322)	−0.000 4 (0.000)	−0.000 0 (0.000)	0.000 0 (0.000)

注：括号内为聚类稳健标准误；***、**、*分别表示1%、5%、10%的显著性水平。

分地区来看，表3-8显示，在东部地区，三类区域试点政策对创新成果的作用显著为正。在中西部，这些作用要么不显著（如创新型城市政策变量 $cxcs$ 和经济开发区政策变量 $jkfq$ 的回归系数所示），要么回归系数相对较小（如高新区政策变量 gxq 的回归系数所示）。就三类区域试点政策对创新资本投入的影响系数而言，东部地区也都大于中西部地区。表3-9显示，经济发达程度和市场化程度较高的东部地区，三类政策都将显著提高创新资源向高生产率城市的流入进而优化资源配置效率，并且其资源配置优化的能力要高于中西部地区（由变量 $cxcs \times A$、$gxq \times A$、$jkfq \times A$ 的回归系数的显著性及其大小可以看到）。三类政策对创新投入利用效率的负向作用更多体现在中西部地区（由变量 $cxcs$、gxq、$jkfq$ 回归系数的正负性及显著性可以看到）而不是东部地区。中西部地区更多是依赖于政策带来的投入增加以提高创新力，而忽视创新投入利用效率的提高。

分政治地位来看，表3-8显示，在有政治地位的城市，三类政策并没有促进创新成果的增长，在无政治地位的城市，其作用却显著为正。就创新资本投入的作用效果而言，无政治地位城市的要远高于有政治地位城市的。表3-9显示，在有政治地位城市，三类区域试点政策对资源配置效率的作用都显著为正，且系数大小也都要高于无政治地位城市的。然而，有政治地位城市的政策对创新投入利用效率的作用要么显著为负，要么负值绝对值大小高于无政治地位城市的。

综合表3-8和表3-9可以看到,由于具有更高的经济发达程度和市场化程度,东部地区三类区域试点政策对于创新投入规模、创新投入配置效率的正向作用都高于中西部地区的。试点政策对创新投入利用效率的负向作用也主要是体现在中西部地区。然而,相对于无政治地位的城市已经有足够政治地位的城市,由于较高的资源获取能力,再增加一个"园区"的头衔,并不能为其带来相对更多的创新投入,也没法提高其利用创新投入的效率;但是,相对于无政治地位城市,有政治地位城市对"园区"头衔不太看重的态度,反而使得三类试点政策更好地落入那些更需要这类政策的城市,即更多地增加了那些利用效率更高城市的创新投入,进而优化创新投入的配置效率。

第六节 结论与启示

创新型城市、高新区和经济技术开发区三类区域型试点政策是否提高了中国创新能力?其作用途径如何?本章将创新成果分解为创新投入规模和利用效率,从试点城市自身的角度对这一问题展开了分析。结果表明,三类政策主要通过促进试点城市创新投入增加带来了创新成果的提高,并且与试点政策实施时间呈正相关;高新区政策和经济技术开发区政策对创新投入利用效率并无显著作用,创新型城市政策对利用效率有抑制作用,不过该作用将随着时间的推移不断稀释与淡化。中国的区域试点政策仍是选择型政策,即选择哪些城市成为试点而哪些不是。因此不免有一个疑问:这样的选择过程有效吗?既然已证明成为政策试点的城市将带来创新投入的增加,那么基于城市之间创新投入配置效率去解答这个疑问将是较好的角度。本研究发现,试点选择的过程具有一定的有效性。试点政策通过弥补试点城市研发资本投入的不足,减轻研发资本投入的过度,进而优化了城市之间创新资源的配置效率。异质性分析表明,三类区域试点政策对创新投入规模和配置效率的正向作用,在经济发达程度更高的东部地区要比在中西部地区明显;试点政策对创新投入利用效率的负向作用主要是在中西部地区。再增加一个"试点"头衔对创新投入和利用效率的作用,在已有较高资源获取能力的有政治地位城市要比在一般城市更不明显;有政治地位城市对"试点"头衔不太看重的态度,反而使得试点政策更能落入那些更需要的城市,进而更加优化创新投入的配置效率。

结合本章研究结论,提出如下对策建议:第一,区域试点政策有效地驱动了城市创新投入,提高了创新成果,为未来政策试点的有序铺开提供了宝贵的经验。第二,在选择城市进行政策试点时,应继续向那些创新投入不足的城市倾斜,以保证政策既能促进试点城市自身创新投入的增长又能优化城市之间创新投入的配置,进而发挥政策对中国整体创新能力的促进作用。第三,亟待转变试点城市自身的发展方式,实现高度依赖投入的粗放式创新向集约式创新转变,以提高创新投入利用效率。同时通过优化城市内部创新机构、提高产学研结合密度,实现产业结构高级化并促进高质量创新成果,进而提高研发成果转化效率。第四,政策试点推广的过程中,要根据城市的自身特征,如发展程度、政治地位,实现政策推广的有序性。同时,也要充分考虑不同城市对政策的需求,避免政策资源的浪费。

第二篇

趋势把握篇

进入21世纪以来,全球科技创新进入空前密集活跃的时期,新一轮科技革命和产业变革正在重构全球创新版图、重塑全球经济结构。制造业企业发展趋势,主要表现为数字化转型加速以及制造业与服务业深度融合的制造业服务化。

制造业数字化转型必然会对研发要素的流动与配置效率产生显著影响。这表现为,制造业数字化水平的提升,一方面使得制造业各细分行业乃至微观企业主体在获取和对接实物研发要素时,能够进一步突破原有物理空间、距离的限制,在更为广阔的线上线下空间范围内对接可用研发要素资源(张昕蔚,2019);另一方面,制造业行业数字化水平提升还使得物联网、云计算等数字技术与实物研发创新要素深度融合,变革研发要素的配置方式,使跨区域研发与协同创新成为可能(何大安和任晓,2018)。上述两方面均表明制造业行业数字化水平提升能够扩展研发要素配置空间范围、变革研发要素配置方式,使得研发要素能够在更宽边界范围内寻找最优配置方案,直接放宽制造业各细分行业乃至微观企业获取及配置研发要素的约束条件,以此来实现制造业各行业研发要素配置效率的提升。除此之外,研发要素强化区际流动能够产生明显空间溢出效应,该溢出效应通过优化研发要素配置效率来推动经济增长(白俊红等,2017)。根据柏培文和喻理(2021)的研究,制造业行业数字化水平提升能够显著促进市场竞争,提升市场竞争水平。这使得制造业企业更加倾向于通过研发创新活动来巩固自身市场份额和竞争力,也更有积极性来塑造更为优越的内部创新环境、采取更为主动的策略集聚研发要素资源,并确保自身研发要素尽可能保持较高投入产出效率,以此来提升研发要素的配置效率。制造业研发要素配置效率的提升,意味着研发要素在不同细分行业之间以及各制造业企业内部得到更加高效的利用,有利于提升中国制造业企业的自主创新能力。

制造业服务化就是制造业企业由仅仅提供有形产品或有形产品及其售后服务的运营模式向提供"产品+服务"包的运营模式的转变过程(Vandermerwe & Rada,1988)。2016年7月,工业和信息化部发布了《发展服务型制造专项行动指南》,鼓励和引导中国制造业企业向服务化方向转型升级。由此引出的关键问题是:制造业企业的"创新驱动"战略目标与制造业服务化是否可以并行不悖？制造业服务化率是否越高越好？深入研究上述问题不仅有助于在提升中国制造业企业服务化率的过程中处理好其与企业研发创新投入行为的关系，还有助于科学确定中国制造业转型升级的方向和战略路径。

2019年10月31日，党的第十九届中央委员会第四次全体会议表决通过《中共中央关于坚持和完善中国特色社会主义制度、推进国家治理体系和治理能力现代化若干重大问题的决定》(以下简称《决定》)。《决定》指出："健全劳动、资本、土地、知识、技术、管理、数据等生产要素由市场评价贡献、按贡献决定报酬的机制。"这是坚持和完善社会主义基本经济制度，推动经济高质量发展的重要表现。各类生产要素按贡献决定其报酬，其本质是强调实现各类生产要素分配关系的公平性。随后，党的十九届五中全会对扎实推动共同富裕作出重大战略部署，提出到2035年全体人民共同富裕取得更为明显的实质性进展。由此可以预见，未来中国在分配领域将更加重视收入分配的公平性，以推动共同富裕目标的顺利实现。在此背景下，制造业企业内部的收入分配的公平性导向也将进一步增强。根据米勒和莫迪利亚尼(Miller & Modigliani, 1958)的融资结构理论，公司的融资结构对公司经营绩效具有重要影响。詹森和麦克林(Jensen & Meckling, 1976)提出的金融契约理论则进一步指出公司融资结构还会对企业控制权产生重要影响，进而影响企业的收入流及其分配结果。企业研发投入与企业的融资结构密切相关，且企业研发投入所需资金主要倚仗其内源性融资。企业融资结构一方面对企业控制权造成影响，另一方面也会直接决定企业面临的内外部融资约束。依此推测，企业不同融资结构所导致的企业收入流在不同主体、不同要素之间的分配关系必然对企业研发投入强度造成显著影响。因此，有必要研究制造业企业内部收入分配公平性对其研发创新活动的影响。

综上所述，本篇将重点聚焦制造业的数字化、服务化以及收入分配的公平化这三大发展趋势，深入研究其对制造业自主创新能力的影响。

第四章 制造业服务化对制造业企业研发投入的影响

第一节 问题的提出

当前,中国经济发展已经进入"新常态",正从高速增长路径转向中高速增长路径。未来中国经济发展的必然出路将是全要素生产率(TFP)驱动型经济(蔡昉,2013)。一国总体全要素生产率的提升一方面需要提升资源配置效率,另一方面需要倚仗创新活动。其中,制造业企业的研发创新行为是一国创新活动的重要组成部分,是提升企业自身全要素生产率乃至国家总体全要素生产率的重要途径(杨汝岱,2015)。然而,从中国制造业企业的研发强度来看,中国制造业企业的研发强度偏低,与欧美等世界发达国家同期3%以上的研发强度相比仍有差距。如何提高中国制造业企业的自主创新积极性,塑造和提升中国制造业的国际竞争力,从而推动中国由制造大国向制造强国迈进,是目前中国制造业企业转型升级过程中所面临的当务之急。为此,中国政府将"创新驱动"确立为中国制造业未来十年发展的重要方针原则。

与此同时,制造业服务化已经成为当前全球制造业的重要发展趋势。所谓制造业服务化,就是制造业企业由仅仅提供有形产品或有形产品及其售后服务的运营模式向提供"产品+服务"包的运营模式的转变过程(Vandermerwe & Rada,1988)。很多世界级的制造业巨头企业如苹果、IBM、GE等通过服务化转型升级,实现对价值链上下游的延伸,最终提升自身产品和服务的附加价值。无论是从投入服务化还是产出服务化率来看,中国制造业企业的服务化率与世界发达国家相比都处于较低水平和起步阶段(刘斌、王乃嘉,2016),而且面临生产成本上升、外部需求萎缩以及传统增长方式难以为继的困境(陈丽娴,2017)。在这种背景条件下,制造业服务化不失为一条中国制造业企业转型升级的现实选择(徐振鑫等,2016)。为此,2016年7月,工业和信息化部发布了《发展服务型制造专项行动指南》,鼓励和引导中国制造业企业向服务化方向转型升级。那么,制造业的"创新驱动"战略目标与制造业服务化是否可以并行不悖?制造业服务化率是否越高越好?深入研究上述问题不仅有助于在提升中国制造业企业服务化率的过程中处理好其与企业研发创新投入行为的关系,还有助于科学确定中国制造业转型升级的方向和战略路径。在中国当前经济发展"新常态"以及"三期叠加"的现实背景下,在中国制造业服务化的初始阶段,深入分析并认清上述问题,可以尽可能避免中国制造业企业盲目追求服务化而削弱自身创新强度和企业竞争力,进而掉入所谓的"服务化陷阱"。基于上述现实背景,本研究旨在分析制造业服务化对企业研发创新积极性的影响,并且探求制造业服务化率的"适度区间"及其变动趋势。

从现有研究来看,自从范德默维和雷达(Vandermerwe & Rada,1988)提出"制造业服务化"(servitization)这一概念以来,雷斯克等(Reiskin et al,1999)和沙拉维茨(Szalavet,2003)分别对其进行了扩展和细化。现有关于制造业服务化的研究主要围绕制造业服务化产生的动因和影响因素以及制造业服务化的经济效应这两个方面进行。

在制造业服务化的动因方面,徐振鑫等(2016)认为,大数据的时代背景是制造业服务化的重要驱动因素。周艳春(2010)认为,制造业企业主要是想通过制造业服务化来更好地满足消费者的个性化需求,创造产品和服务的市场竞争优势,最终提升企业的市场势力和利润水平。周大鹏(2010)认为,制造业服务化受多方面原因的驱动,包括知识经济、环境规制、价值链升级等。陈丽娴(2017)认为,制造业服务化动因与企业的生命周期密切相关,衰退期企业的服务化倾向反而是最强的。黄群慧和霍景东(2014)研究发现,服务业相对生产率、经济自由度、人力资本水平、创新能力、制造部门进口和出口比重等对制造业服务化产出具有明显的推动作用;而制造业附加值率、制造业投入服务化强度等因素对制造业服务化有一定的抑制作用。

在制造业服务化的经济效应方面,部分研究从制造业服务化对企业出口和国际竞争力的影响方面进行考察。吕云龙和吕越(2017)研究发现,制造业出口服务化显著提高了中国制造业行业的国际竞争力。刘斌等(2016)从投入服务化角度研究发现制造业服务化提升了中国制造业在国际价值链分工中的地位,提升了中国产品的竞争力。但是,许和连等(2017)研究发现制造业服务化与其产品和服务的国际竞争力之间并不是单纯的线性正相关关系,而有可能存在"服务化困境",制造业投入服务化与企业出口国内增加值率之间呈现U形关系。造成这种"服务化困境"的原因主要有中国制造业处于"制造能力—服务环境"双弱的发展阶段(李靖华等,2015)、经济结构服务化转型过程中存在的不确定性和风险(袁富华等,2016),以及制造业服务化过程中产生的政治成本和竞争成本(Mathieu,2001)等因素。但是彭水军等(2017)认为,如果考虑中国对外贸易的二元结构,制造业"服务化困境"可能并不存在。另一部分研究则从制造业服务化对企业经营绩效的影响方面来进行考察。范德默维和雷达(Vandermerwe & Rada,1988)认为,制造业服务化可以使企业获取产品与服务的竞争优势,从而显著提高企业的利润水平。布莱克斯(Brax,2005)通过研究发现,服务化可以为企业带来更为持久的收入,从而提升企业经营绩效。与此同时,一些研究认为,制造业服务化与企业经营绩效并非完全呈正相关关系,而是要分情况来进行分析。陈漫和张新国(2016)研究发现,嵌入式服务化能够提升制造业企业的经营绩效,但是混入式服务化并不能提升制造业企业的经营绩效。陈丽娴和沈鸿(2017)研究发现,中国制造业企业服务化的绩效效应存在所有制差异,民营企业的绩效提升效果要优于国有和外资企业,有一些研究结果得出了完全相反的结论。比如,王丹和郭美娜(2016)研究发现,制造业服务化程度与企业盈利能力呈负相关关系。另有一些研究结论介于两者之间,认为制造业服务化与企业经营绩效之间呈非线性关系,比如呈U形(陈丽娴,2017;徐振鑫等,2016)、反L形(陈丽娴,2017)。

综上所述,现有针对制造业服务化的研究大多围绕制造业服务化对企业产品出口竞争力及其经营绩效的影响进行。从经营绩效方面来看,现有研究大多主张快速提升制造业企业服务化率是实现其转型升级同时提升其经营绩效的有效途径。但是制造业企业服务化率的提升对其研发创新投入的影响如何,现有相关研究甚少。本研究认为,仅仅研究制造业企业服务化率与企业经营绩效的关系,且仅凭上述两者关系来为制造业服务化提供理论和实证依据,忽略制造业企业服务化与其研发创新投入之间的关系,有可能使制造业企业在追求快速服务化的过程中对其研发创新活动产生不利影响,最终掉入"服务化陷阱"。基于以上研究现状,结合中国制造业转型升级并向"创新驱动"方向发展的现实背景,本研究将着重分析制造业服务化对企业创新投入的影响,为企业制定发展战略和政府制定产业政策提供理论和现实依据。

第二节 制造业服务化对企业研发创新投入的影响机理分析

制造业服务化最初是指制造业企业由仅仅提供有形产品或有形产品及其售后服务的运营模式向提供"产品＋服务"包的运营模式的转变过程。这个完整"产品＋服务"包包括：服务、自助服务、产品、支持活动和相关知识(Vandermerwe & Rada,1988)。后来,国内外学者们对制造业服务化的认识逐渐全面和深化,具有代表性的是徐振鑫等(2016)提出的制造业服务化,认为它是指在现代信息技术的支撑下,制造业产品服务环节回归制造业企业,推动制造业产业形态从产品型制造向服务型制造演变的过程。信息化时代背景下消费者的多样化、个性化需求和制造业企业所面临的愈加激烈的市场竞争态势是制造业服务化的重要推动力(陈漫、张新国,2016)。制造业服务化的目的就是通过推出具有差异化功能和质量的产品与服务,满足消费者的个性化需求,从而提升市场占有率和企业的利润率。众所周知,企业的差异化竞争策略必须由系统完整的创新活动来支撑,因此,制造业服务化进程与企业的创新行为密不可分。从现代制造业企业的创新来源看,产品生产和制造环节已不再是唯一的创新来源,消费环节和供应环节对企业创新的激励作用正在显著提高,成为制造业企业重要的创新来源(石学刚等,2012)。而制造业服务化在通过向"微笑曲线"两端延伸提升企业产品和服务附加值的同时,还可以利用服务化机遇所带来的高效的企业组织、充裕的人力资本来打造自身更加完善的研发创新体系(刘斌等,2016)。与此同时,在制造业服务化的过程中,服务将成为企业创新的重要载体。随着互联网和大数据等全新信息技术手段的运用,消费者的个性化需求和偏好信息通过服务环节被企业所接收,然后被引入企业下一步的产品和服务的设计与研发过程当中,从而使企业的创新活动进一步加强(徐振鑫等,2016)。从上述角度看,制造业服务化程度的提高有利于提高企业的研发创新投入水平。基于上述分析,本研究提出如下假设：

假设1：制造业企业服务化率的提高有助于提升企业的研发创新投入强度。

企业的研发创新投入行为与其他传统投资行为相比,具有鲜明的独特性,主要表现为投入要素的特殊性(安同良等,2009)、投资收益的外部性(Romer,1990;Eaton & Kortum,1999),以及投资收益的高度不确定性等。其中,研发创新投入行为最为显著特殊性在于创新活动的产出和收益具有高度的不确定性(Hall,2002),且这种不确定性有别于与传统投资相关的风险概念。奈特(Knight,2005)对风险和不确定性的概念进行了厘清:"风险(risk)表示可以计量的不确定性,通过事先的计算或根据过去的类似经验事实进行统计,最终能够得到一组不同事实结果的概率分布,换言之,其事实结果总是可知的;就不确定性(uncertainty)而言,由于意外事件的独特性,根本不可预测其发生的概率。"企业创新活动收益的高度不确定性将导致其外源性融资受限(Hall,2002),产生"融资缺口"(funding gap)问题(Nelson,1991),因此,企业的创新活动的资金投入更多地依赖内源性融资,尤其是企业自身利润的积累以及企业所有者的增资(Himmelberg & Petersen,1994)。制造业服务化将对企业的融资约束尤其是内源性融资约束产生重要影响,主要是由于制造业服务化会造成三种成本:政治成本、竞争成本(Mathieu,2001)和调整成本(Cook,2006)。竞争成本是指制造业服务化导致企业进入了全新的业务领域,必定以新进入者的身份面临激烈的新的竞争局面,这将为企业带来较大的竞争成本;调整成本是指企业在服务化进程中必须进行组织变革、人力资本重组等一系列调整措施以适应服务化的需求。当制造业企业的服务化率处于较低水平时,上述成本会处于较低水平,但是随着企业服务化水平的不断提高,企业在服务化过程中产生的调整成本、竞争成本和政治成本都将呈边际递增趋势增加。与此同时,随着制造业企业服务业务规模的不断扩大,资本边际报酬递减规律开始发挥作用,这又会挤压企业的内源性资金空间,进一步收紧企业进行创新活动的资金约束,从而对企业研发创新活动的开展产生负面影响。此外,徐振鑫等(2016)认为,当制造业企业的服务化率过高时,制造环节比重的缩小会降低制造业企业员工"干中学"的能力,进而会弱化企业的创新能力,最终降低企业的研发创新投入水平。基于上述分析,本研究提出第2个假设:

假设2:当制造业企业服务化率提高至一定水平时,会存在一个拐点,制造业企业服务化率超过该拐点水平,会降低企业的研发创新投入强度。

当假设1和假设2同时成立时,制造业企业服务化率与其研发创新投入强度之间呈倒U形关系。

继续分析制造业企业服务化率影响企业创新积极性的内在机制。根据前文所述,企业进行研发创新活动需要投入大量资金来购置研发设备、专业的科技研发人员等。因此,融资约束是影响企业研发创新积极性的重要因素。而且,由于研发创新活动结果的高度不确定性,导致企业研发创新活动更多地倚仗内源性融资渠道。制造业企业在扩展其服务业务的过程中,同样需要大量的前期资金投入,同时还面临其他一系列内外部的调整成本,因此,制造业企业服务化会从内部及外部融资渠道方面影响到企业的资金宽裕度,进而对企业的研发创新活动产生影响。此外,企业的服务业务也会带来一定的利润,进而可能缓解企业面临的融资约束,但随着企业服务化率的提升,服务业务的利润率将如何变动,仍需要我们进一步研究。基于上述逻辑,制造业服务化对企业研发创新积极性的影响机制如图4-1所示:

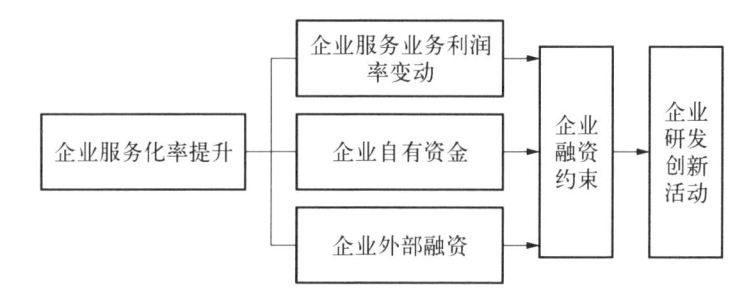

图4-1 制造业服务化影响企业研发创新投入强度机制示意
资料来源:作者自行绘制整理。

第三节 计量模型与实证结果分析

一、计量模型的建立

为检验上述两个假设,本研究建立了以制造业企业服务化率和服务化率二次方为核心解释变量,企业的研发强度为被解释变量的计量模型,用以检测制造业企业服务化的创新激励效应。计量模型基本形式如下所示:

$$RD_{it} = \alpha + \beta_1 Serv_{it} + \beta_2 Serv2_{it} + \beta_3 X_{it} + \sum Ind + \sum Year + \varepsilon_{it}$$
(4-1)

其中 RD_{it} 代表 i 企业 t 年的创新积极性,$Serv_{it}$ 代表企业的服务化率,$Serv2_{it}$ 代表企业服务化率的二次项,X_{it} 为一系列控制变量。为控制行业个体效应和时间效应,本研究加入行业虚拟变量 Ind 和年份虚拟变量 $Year$。

二、变量选择与数据来源

(一) 变量说明

被解释变量为创新积极性 RD, 以研发支出/营业收入来衡量。现有文献当中衡量企业创新积极性的代理变量一般有企业研发支出、专利申请量和新产品产出等。其中,专利申请量和新产品产出更加倾向于代表企业的创新产出和创新成果转化情况。前文曾提到,企业创新行为的收益结果具有高度不确定性,因此无论是专利申请量还是新产品产出,都具有一定的偶然性,只有在企业的创新行为高度常规化的条件下,这种偶然性才能被规避。目前中国制造业企业的创新常规化程度仍然处于较低水平。根据国家统计局公布的最新数据,截至 2015 年,中国规模以上制造业企业数量为 383 153 家,其中有研发创新活动的企业数量为 73 570 家,占比仅为 19.2%[①]。由此可以推断,将研发创新活动常规化且进行持续创新活动的企业数量占比将更低。从现实情况来看,目前中国很多企业的研发创新成果并不以申请专利的方式保护其权益,而是通过企业内部的保密制度来维持其在同行业企业当中的技术优势,因此专利申请量和新产品产出并不能作为衡量企业创新积极性的代理性变量。所以,本研究选取企业的研发强度(研发支出/营业收入)作为被解释变量,可以从企业对创新活动的投入端来很好地衡量企业创新积极性,同时也使得实证研究结果可以用来表明制造业服务化对企业创新常规化程度的影响如何。

核心解释变量之一为服务化率 Serv。参照黄婷婷(2014)和徐振鑫等(2016)的方法,利用企业其他业务收入对企业服务业务收入进行近似替代,然后用企业的服务业务收入除以企业的营业总收入得到企业的服务化率。为了验证企业的服务化率与创新积极性之间是否具有 U 形关系,本研究也引入企业服务化率的平方项作为核心解释变量。

此外,本研究还加入了一些控制变量,具体如下所示:

(1) 人均管理费($pcmf$)。众多学者研究结果表明,企业面临的一系列成本压力对其研发创新行为具有重要影响。林炜(2013)发现劳动力成本上升有助于激励企业的研发创新积极性。外国学者如埃尔文(Elvin,1972)、克林克

[①] 数据来源:国家统计局与国家发展和改革委员会编写的《制造业企业科技活动统计年鉴——2016》。

奈奇(Kleinknecht,1998),通过选取不同国家的企业样本进行研究发现,劳动力成本上升对企业研发创新具有重要推动作用。本研究的人均管理费用用管理费总额除以全部从业人员年平均数来表示。

(2)补贴比例($supp$)。由于企业研发创新行为结果的不确定性与研发创新成果的高度外部性(Romer,1990),企业的研发创新投入往往低于社会最优水平。因此,政府部门往往通过为企业提供创新补贴来撬动企业的研发投入。多数现有研究认为 R&D 补贴对企业 R&D 投入有正向激励作用(白俊红,2011;Lach,2002;Almus & Czarnitzki,2003);另有一些研究认为,R&D 补贴对企业 R&D 投入不一定存在正向激励作用,R&D 补贴对企业 R&D 投入的影响是中性甚至是挤出效应(廖信林等,2013;陈希敏、王小腾,2016;赵玮,2015)。本研究用补贴收入除以企业研发支出来表示政府对企业的补贴强度。

(3)销售利润率($prof$)和销售费用率(exp)。在现实经济当中,由于企业创新活动高度的不确定性和创新过程的长期性,企业与银行等金融机构之间存在较为严重的信息不对称,严重影响了企业创新活动的外源性融资来源,使现实中的企业进行创新时更加依赖于内源性融资(张杰等,2012)。若企业的内源性融资不充分,研发创新过程中资金链突然断裂,企业将面临高昂的研发投资调整成本,对企业的创新活动乃至整个经营状况产生不利影响。企业销售利润率和销售费用率的变动将会对企业的内源性融资水平产生直接影响,进而影响企业的研发创新投入行为。本研究用主营业务利润除以主营业务收入来表示销售利润率,用销售费用与销售收入的比值来表示销售费用率。

(4)市场份额($mark$)。自从熊彼特提出较高市场集中度行业当中大型企业的创新活动是技术进步的主要源泉以来,国内外学者针对熊彼特假说做了大量研究工作。熊彼特(Scherer,1967)对美国制造业企业进行实证研究,发现行业集中度与企业的创新投入之间并不是简单的正向线性关系,而是大致呈倒 U 形关系。国内最新研究当中,王贵东(2017)从企业的垄断势力出发,探究中国垄断型企业究竟运用其垄断势力进行创新还是寻租,发现该问题的答案在不同特征的企业之间具有异质性。本研究用企业营业收入占所在行业营业总收入的比重来表示企业的市场份额,并将其作为市场结构的代理变量。

(5)人均职工教育费(edu)。在职培训是企业促进自身人力资本积累的重要途径,通过加强对员工的在职培训,提升企业职工的学习能力和对新知识、新技术的吸收能力,有助于推动企业研发创新。此外,在职培训也有可能对企业的研发创新投入产生替代作用(王万珺等,2015)。本研究用职工教育费除以全部从业人员年平均数来表示人均职工教育费,用其代表企业对职工的在职培训力度。

(二) 数据来源与数据处理

本实证研究所用数据均来自中国制造业企业数据库,时间跨度为2005—2007年。现可得的中国制造业企业数据时间跨度为1998—2013年,但是中国制造业企业数据库中只有2001年和2005—2007年包含"企业研发支出"变量,为保证实证数据年份的连贯性,本实证研究所选取的数据时间跨度为2005—2007年。此外,参照聂辉华等(2012)的方法并结合本研究的需要,对数据库中的不合理样本企业数据进行了筛选和剔除,筛选和剔除规则借鉴靳来群(2015)的方法①。

(三) 变量统计性描述

由表4-1可知,2005—2007年中国制造业企业的平均研发强度仅为0.17%,且有研究开发行为的企业仅占10%左右,企业创新常规化程度处于较低水平。制造业企业的平均服务化率约为1.11%,处于较低水平。其中,开启服务化进程的企业数量占比约为29.9%,其余约70%的企业并无服务业务收入,仍然保持原有的制造业生产型运营模式。此外,从制造业服务化率的标准差可以看出,企业之间的服务化率差异很大。

表4-1 主要变量的描述性统计

变量	样本数	均值	标准差	25分位数	50分位数	75分位数	90分位数
RD	837 743	0.001 7	0.013 4	0	0	0	0.000 2
Serv	837 743	0.011 1	0.052 3	0	0	0.000 8	0.018 7

---

① 具体处理步骤如下:① 剔除工业总产值、增加值、资产总量、固定资产、中间投入以及企业从业人数为负数的样本企业数据,剔除研发强度和服务化率大于1的企业样本;② 剔除从业人数小于8人的企业样本数据;③ 剔除总资产小于流动资产、总资产小于固定资产净值、累计折旧小于当期折旧、固定资产原值小于固定资产净值、主营业务收入大于营业收入、工业增加值或中间投入大于总产值的企业样本数据;④ 本研究的对象为制造业企业,因此筛选出二位数行业代码为13—43(不包含38)的企业样本数据作为实证研究样本对象;⑤ 剔除核心解释变量服务化率缺失的样本数据。

续　表

变　量	样本数	均值	标准差	25分位数	50分位数	75分位数	90分位数
$prof$	837 743	0.037 2	7.742 9	0.004 7	0.028 4	0.070 7	0.127 5
$mark$	837 743	0.001 7	0.009 2	0.000 1	0.000 3	0.001 0	0.003 0
$supp$	837 743	0.002 3	0.014 1	0	0	0	0.000 9
edu	837 743	0.122 1	0.502 0	0	0	0.111 1	0.294 1
$pcmf$	837 743	15.617 5	19.921 7	4.392 7	9.219 5	18.292 0	34.910 2
exp	837 743	0.032 3	0.296 8	0.003 4	0.014 6	0.036 9	0.075 4

资料来源：作者根据stata估计结果整理所得。

三、实证结果分析

（一）制造业服务化对企业研发创新积极性的影响

根据表4-1的主要变量描述性统计结果，可以发现有大量企业样本的被解释变量和主要解释变量数值为0，其中RD为0的企业样本占了样本总量的近90%，由此，被解释变量的概率分布变成了由一个离散点和一个连续分布组成的混合分布。在这种情况下，直接用OLS对全样本回归，或者去掉离散点分样本回归，都得不到一致估计。龙小宁和林志帆（2018）研究发现，在使用中国制造业企业数据库时，当服从离散、混合、截断分布的研发创新数据作为被解释变量时，OLS估计不一致，适用方法应为Probit与Logit模型、Tobit模型、Truncation模型与MLE估计。因此本研究采用Tobit回归（左删失）对模型4-1进行估计，估计结果如表4-2所示。

表4-2　制造业企业服务化率对创新积极性的影响

解释变量	(1) 总体样本	(2) 国有企业	(3) 民营企业	(4) 劳动密集型	(5) 资本密集型	(6) 技术密集型
$Serv$	0.157 8*** (0.003 4)	0.109 4*** (0.010 5)	0.153 4*** (0.003 6)	0.074 9*** (0.004 0)	0.122 9*** (0.005 7)	0.215 9*** (0.005 8)

续 表

解释变量	(1) 总体样本	(2) 国有企业	(3) 民营企业	(4) 劳动密集型	(5) 资本密集型	(6) 技术密集型
$Serv2$	−0.240 1*** (0.007 1)	−0.202 5*** (0.019 1)	−0.225 9*** (0.007 6)	−0.108 1*** (0.008 2)	−0.179 2*** (0.011 9)	−0.335 7*** (0.012 1)
$pcmf$	0.000 4*** (0.000 0)	0.410 1*** (0.017 9)	0.467 5*** (0.004 1)	0.229 1*** (0.005 1)	0.315 2*** (0.006 7)	0.636 8*** (0.006 6)
$supp$	0.147 3*** (0.005 3)	−0.019 1 (0.014 9)	0.196 8*** (0.006 1)	0.055 5*** (0.005 9)	0.072 1*** (0.010 9)	0.269 1*** (0.009 6)
$prof$	0.000 9** (0.000 2)	8.669 9*** (1.066 3)	−0.017 4 (0.072 1)	9.475 6*** (0.839 1)	−0.030 3 (0.028 7)	2.009 5*** (0.583 9)
$mark$	0.299 4*** (0.006 5)	0.212 3*** (0.015 9)	0.302 3*** (0.007 2)	0.274 9*** (0.008 7)	0.263 4*** (0.011 1)	0.281 8*** (0.010 4)
edu	0.005 0*** (0.000 1)	8.604 4*** (1.121 6)	5.000 2*** (0.138 0)	3.838 6*** (0.151 8)	3.708 5*** (0.225 4)	5.401 6*** (0.247 9)
exp	0.002 1*** (0.000 2)	0.001 6*** (0.000 6)	0.002 1*** (0.000 2)	0.001 0*** (0.000 2)	0.018 9*** (0.001 6)	0.002 5** (0.000 3)
$\_cons$	−0.105 3 (0.003 0)	−0.089 2 (0.015 9)	−0.044 8*** (0.000 6)	−0.053 6*** (0.000 4)	−0.063 9*** (0.000 7)	−0.129 7*** (0.003 6)
年份效应	控制	控制	控制	控制	控制	控制
行业效应	控制	控制	控制	控制	控制	控制
样本数	835 793	28 548	805 673	405 723	160 851	269 219
F/X^2	63 199.97	4 308.32	58 466.55	7 648.48	6 853.34	25 556.78
prob (F/X^2)	0	0	0	0	0	0

注:括号内数字为标准误,***、**和*分别表示1%、5%以及10%显著性水平。
资料来源:作者根据stata估计结果整理所得。

表4-2列(1)显示,从总体来看,中国制造业服务化率变量($Serv$)系数显著为正,表明在制造业企业服务化的初始阶段,企业研发强度会随其自身服务

化率的提高而提高,验证了前文假设1。解释变量服务化率的平方项(Serv2)系数显著为负,表明在制造业企业服务化低水平阶段,企业创新强度随其自身服务化率的提高而提高,但是这个作用存在一个拐点,在制造业企业服务化率经过这个拐点之后,服务化率提高将对企业的研发强度产生显著的负面影响,降低企业的研发强度,即存在过度服务化或者现有文献提到的"服务化悖论"现象,前文假设2成立,制造业企业研发强度与服务化率之间呈倒U形关系。根据表4-1列(1)估计所得系数的数值可以计算出,制造业企业服务化率与其研发强度之间的拐点为32.86%,即从2005—2007年中国制造业总体情况来看,制造业服务化率的"适度区间"应该处在[0,32.86%]。该倒U形关系可由图4-2具体展示①。

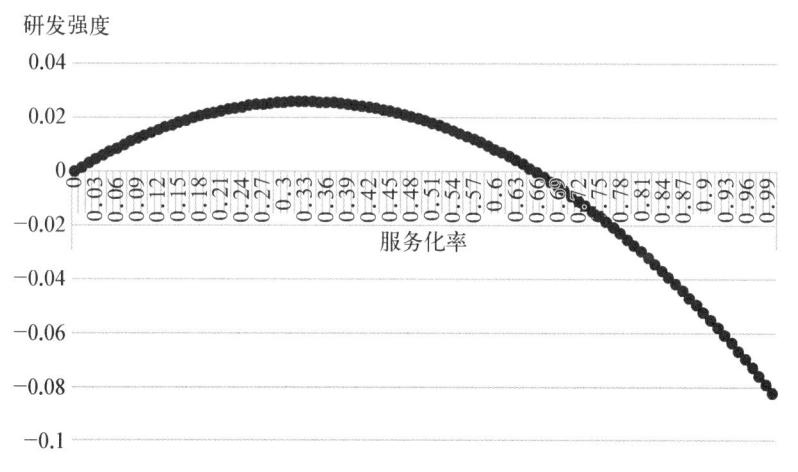

图4-2 制造业服务化率与其研发强度之间关系

资料来源:作者根据表4-2总体样本估计结果绘制所得。

总体样本实证结果的控制变量回归系数表明,财政补贴强度越高,越有利于提升企业研发强度,这与现有大多数研究结论一致;企业的利润水平和市场势力提升对企业的研发强度有显著提升作用,这充分表明企业的研发创新活动十分依赖自身的内源性融资渠道,大多倚仗自有资金来进行研发创新活动。销售费用率和人均管理费用的提高有助于提升企业研发强度,这表明中国制

---

① 注:考虑到制造业服务化率与其创新积极性之间可能存在的N形关系,因此本研究在实证分析时试图加入了服务化率的三次项作为解释变量,以验证两者的N形关系的存在性,而结果显示该变量系数并不显著。因此,本研究认为服务化率与企业创新积极性之间应为倒U形关系。考虑到文章篇幅,相关实证结果不在此详细叙述。

造业企业在费用水平提升压缩其利润空间时,会积极进行创新活动来寻求全新的利润增长点。人均职工教育费的提高有助于为企业培育和积累更多高质量的人力资本,有助于企业研发创新活动的开展,实证结果也显示人均职工教育费的提高有助于提升企业的研发强度。上述控制变量系数分析结果显示,中国制造业的研发创新驱动模式主要有倚仗丰厚的企业利润和优越的市场地位所进行的主动式创新,以及在内部成本上升压力下所进行的被动式创新。两种模式当中,进行主动式创新的企业主体可以被定义为"创新型企业",进行被动式创新的企业主体可以被定义为"最优化企业"[①]。后者的被动式创新行为模式与中国建设"创新型国家"的目标和要求相去甚远。因此,在实施创新政策的过程中,进一步认清国家、社会、市场的关系,推动行政、市场和社群等多种治理方式的合理嵌入模式,从而推动中国制造业企业由"最优化企业"向创新型企业转变,将是提升中国制造业企业创新积极性的关键(顾昕,2017)。

考虑到中国二元所有制企业结构条件下,国有企业和民营企业在经营管理模式、内部激励机制以及所处行业领域等方面的显著异质性,本章分所有制实证研究了国有和民营制造业企业服务化率与其研发强度之间的关系,实证估计结果如表4-2列(2)、列(3)所示。结果显示,国有企业和民营企业样本的制造业服务化平方项变量($Serv2$)系数显著为负,制造业服务化变量($Serv$)系数显著为正,这与总体样本估计结果一致。通过计算和比较国有企业和民营企业的制造业服务化"适度区间"发现,国有企业的服务化率"适度区间"为[0,27.01%],民营企业的服务化率"适度区间"为[0,33.95%],国有企业的制造业服务化"适度区间"明显较民营企业更为紧缩,即国有企业的制造业服务化与其研发强度关系的拐点值较民营企业更小。造成国有企业与民营企业之间服务化率"适度区间"差异的主要原因可能在于国有企业面对竞争时会采取更为保守的态度,民营企业在面临竞争时会激进地进行创新活动(徐晓萍等,2017)。具体而言,当国有企业面临激烈的外部市场竞争环境时,受制于国有企业特殊的管理体制和激励制度,国企高管在进行企业创新决策时,不仅要考虑企业的市场竞争力、利润水平等目标因素,还会受到其自身政治观念(徐晓萍等,2017)、道德风险(闫伟,1999)以及晋升机会(谭劲松、黎文靖,2002)等

[①] 最优化企业是在既有技术和市场的约束条件下追求运营绩效尤其是利润的最大化的企业,以短期利润为主要经营目标。创新型企业则致力于打破既有的约束条件,通过挖掘新的知识,发展新的技术,实现熊彼特所说的"创造性破坏"。

因素的影响。因此,国有企业在服务化进程当中企业利润最大化目标与国有企业经理人效用最大化目标之间会产生脱节,两者利益的不一致性导致委托代理问题和道德风险问题等,使得国有制造业企业服务化的绩效提升效应低于民营企业和外资企业(陈丽娴和沈鸿,2017)。国有制造业企业服务化绩效提升效应的弱化使其对企业创新活动融资约束的缓解作用受限,从而导致国有制造业企业服务化率"适度区间"收窄。因此,进一步深化国有企业改革,进一步完善国有企业经理人激励制度,是提升国有制造业企业服务化绩效效应、拓宽国有企业服务化率"适度区间",从而提升企业创新积极性的必由之路。

从上述研究结果来看,制造业企业总体、民营制造业企业以及国有制造业企业的服务化率与其研发强度之间均呈显著的倒U形关系,但是其各自的服务化率"适度区间"不尽相同,表明制造业企业服务化率的"适度区间"具有显著异质性。制造业当中的另一个显著异质性是要素投入结构的异质性。根据其要素投入结构的不同,可以在制造业企业细分行业的基础上将其进一步分为劳动密集型行业、资本密集型行业和技术密集型行业。企业在生产经营过程中要素投入结构的不同必然会影响其在生产经营过程中所面临的调整成本、利润水平和投资策略等,进而对服务化率与研发强度的关系和两者之间的作用传导机制产生异质性的影响。因此,本研究按照张其仔和李蕾(2017)的方法将中国制造业2位数行业划分为劳动密集型行业、资本密集型行业和技术密集型行业,然后用Tobit估计方法分别对其进行实证分析。实证估计结果如表4-2列(4)—列(6)所示。此外,本研究还针对地区异质性以及规模异质性特征将企业进行分类实证分析,实证估计结果如表4-3所示。

表4-3 分地区和企业规模实证估计结果

解释变量	(1) 东部地区	(2) 中部地区	(3) 西部地区	(4) 小型企业	(5) 大中型企业
$Serv$	0.1520*** (0.0040)	0.1533*** (0.0084)	0.1807*** (0.0102)	0.1182*** (0.0045)	0.0758*** (0.0042)
$Serv2$	−0.2230*** (0.0081)	−0.2786*** (0.0197)	−0.2896*** (0.0215)	−0.1689*** (0.0088)	−0.1270*** (0.0095)
$Pcmf$	0.4731*** (0.0045)	0.4703*** (0.0106)	0.5141*** (0.0147)	0.5228*** (0.0051)	0.3119*** (0.0063)

续 表

解释变量	(1) 东部地区	(2) 中部地区	(3) 西部地区	(4) 小型企业	(5) 大中型企业
$Supp$	0.202 3*** (0.007 5)	0.121 4*** (0.010 8)	0.045 6*** (0.011 5)	0.163 8*** (0.006 4)	0.247 5*** (0.015 2)
$Prof$	0.253 8 (0.243 7)	1.530 5* (0.874 6)	5.105 3*** (0.978 1)	0.324 7 (0.232 1)	5.533 7*** (1.084 4)
$Mark$	0.288 2*** (0.007 7)	0.344 8*** (0.016 1)	0.292 3*** (0.018 6)	0.234 3*** (0.019 6)	0.055 6*** (0.004 6)
Edu	5.376 7*** (0.164 1)	6.381 3*** (0.322 6)	0.703 0* (0.423 2)	5.639 0*** (0.161 3)	19.791 7*** (0.644 6)
Exp	0.002 2*** (0.000 2)	0.029 4*** (0.011 8)	0.000 9** (0.000 4)	0.002 2*** (0.000 2)	0.012 4*** (0.001 2)
$\_cons$	−0.105 8*** (0.003 5)	−0.103 8*** (0.006 7)	−0.100 4*** (0.011 3)	−0.120 1*** (0.003 5)	−0.055 4*** (0.007 4)
年份效应	控制	控制	控制	控制	控制
行业效应	控制	控制	控制	控制	控制
样本数	629 622	135 465	70 706	747 455	88 338
F/X^2	46 346.14	11 295.19	7 129.05	43 583.78	14 477.66
$prob(F/X^2)$	0	0	0	0	0

注：括号内数字为标准误，***、**和*分别表示1%、5%以及10%显著性水平。
资料来源：作者根据stata估计结果计算所得。

表4-3的实证结果显示，不同地区和不同规模的制造业企业的服务化率与其研发强度之间均呈显著倒U形关系，同时不同地区和规模的制造业企业的服务化率"适度区间"存在显著差异。根据表4-2和表4-3的实证数据，笔者计算了2005—2007年不同所有制、要素密集度、规模和地区制造业企业的服务化"适度区间"，将其列示于表4-4第一列。然后笔者分别用Tobit模型对2005年、2006年和2007年的企业样本按照上述分类进行实证回归分

析，根据实证回归结果计算出相应的制造业服务化"适度区间"，并将其列示于表 4-4 当中用于比较分析①。

表 4-4 制造业服务化的"适度区间"计算结果

时间跨度	2005—2007 年	2005 年	2006 年	2007 年
制造业总体	[0，32.86%]	[0，31.45%]	[0，35.31%]	[0，31.56%]
国有企业	[0，27.01%]	[0，25.81%]	[0，28.78%]	[0，25.55%]
民营企业	[0，33.95%]	[0，32.52%]	[0，36.29%]	[0，32.44%]
劳动密集型	[0，34.64%]	[0，27.16%]	[0，37.09%]	[0，36.40%]
资本密集型	[0，34.29%]	[0，39.07%]	[0，35.35%]	[0，27.97%]
技术密集型	[0，32.16%]	[0，31.05%]	[0，34.36%]	[0，30.92%]
东部地区	[0，34.08%]	[0，31.53%]	[0，37.83%]	[0，33.04%]
中部地区	[0，27.51%]	[0，30.03%]	[0，27.19%]	[0，25.75%]
西部地区	[0，31.20%]	[0，32.09%]	[0，29.66%]	[0，30.74%]
小型企业	[0，34.99%]	[0，32.59%]	[0，37.71%]	[0，34.77%]
大中型企业	[0，29.84%]	[0，30.46%]	[0，32.89%]	[0，25.31%]

资料来源：作者根据 stata 估计结果计算所得。

表 4-4 数据结果显示，国有制造业企业每年的服务化率"适度区间"均较民营企业更为紧缩。从要素投入密集度异质性来看，与资本密集型和劳动密集型企业相比，技术密集型企业的服务化率"适度区间"最小，表明技术密集型行业企业仍应将经营重心放在技术的研发创新方面，过度追求服务化水平的提高，必将对自身的研发创新投入活动产生削弱和挤出效应。从分地区情况

---

① 注：本研究所测算的制造业企业服务化率"适度区间"仅是从其对企业研发创新积极性的影响角度提出的，服务化率"适度区间"的具体数值仅具有异质性企业间的相对比较意义。在现实经济当中，制造业企业在确定自身服务化率"适度区间"时，其所参照的标准并不仅仅是企业的研发创新积极性，不同地区、所有制、行业领域的企业在确定其最优服务化率水平时，很有可能考虑多维度的影响因素，这需要进一步的研究和探讨，这将成为笔者未来的研究方向。

来看,中部地区制造业企业的服务化率"适度区间"最低。从不同规模的企业情况来看,大中型企业服务化率"适度区间"较小型企业更小,主要由于大中型企业受其自身规模的影响,在进行服务化转型过程中将会面临更高的调整成本和更长的调整周期,因此服务化对其研发创新投入的挤出效应也更显著。小型企业则在这方面更为灵活,能够以较低的调整成本完成其服务化转型的尝试过程。

(二) 进一步分析之内在影响机制的实证分析

从前文可知,制造业服务化与企业研发创新积极性之间呈倒 U 形关系,且制造业服务化率存在"适度区间"。接下来进一步探讨制造业服务化影响企业研发创新积极性的可能渠道。

根据图 4-1 所示的制造业企业服务化率影响企业研发创新积极性的内在机制,笔者建立如下计量模型 4-2—4-7,分别考察制造业企业服务化率对服务业务利润率($servpro$)、自有资金($liquid$)以及外部融资($fina$)的影响,进而继续考察服务业务利润率($servpro$)、自有资金($liquid$)以及外部融资($fina$)对企业研发创新积极性的影响。自有资金($liquid$)用流动资产年平均余额与总资产之比来表示,外部融资($fina$)用筹资活动产生的现金流与主营业务成本之比来表示。在模型构建方面,模型 4-2—模型 4-4 的核心解释变量为服务化率($Serv$)和其二次项 $Serv^2$。模型 4-5—模型 4-7 的核心解释变量分别为服务业务利润率($servpro$)、自有资金($liquid$)、外部融资($fina$)及其各自的二次项。之所以加入服务业务利润率($servpro$)、自有资金($liquid$)和外部融资($fina$)变量的二次项,是因为企业资金宽裕度过高且超过某一水平时,其在研发创新投入当中的相对重要性将被进一步降低。根据资本边际收益递减规律,研发创新投入预期收益率降低时,企业会有冲动将原来的研发创新资金挪用到高利润的非创新项目上,从而对研发创新投入产生挤出效应。基于这一理论推断,本研究加入了二次项变量使其更加符合企业现实的状况。

$$Servpro_{it} = \alpha + \beta_1 Serv_{it} + \beta_2 Serv2_{it} + \beta_3 X_{it} + \sum Ind + \sum Year + \varepsilon_{it}$$
(4-2)

$$liquid_{it} = \alpha + \beta_1 Serv_{it} + \beta_2 Serv2_{it} + \beta_3 X_{it} + \sum Ind + \sum Year + \varepsilon_{it}$$
(4-3)

$$fina_{it} = \alpha + \beta_1 Serv_{it} + \beta_2 Serv2_{it} + \beta_3 X_{it} + \sum Ind + \sum Year + \varepsilon_{it}$$
(4-4)

$$RD_{it} = \alpha + \beta_1 Servpro_{it} + \beta_2 Servpro_{it}^2 + \beta_3 X_{it} + \sum Ind + \sum Year + \varepsilon_{it}$$
(4-5)

$$RD_{it} = \alpha + \beta_1 liquid_{it} + \beta_2 liquid_{it}^2 + \beta_3 X_{it} + \sum Ind + \sum Year + \varepsilon_{it}$$
(4-6)

$$RD_{it} = \alpha + \beta_1 fina_{it} + \beta_2 fina_{it}^2 + \beta_3 X_{it} + \sum Ind + \sum Year + \varepsilon_{it}$$
(4-7)

上述计量模型选取控制变量为前文实证过程所选取的控制变量。继续使用 Tobit 模型对上述模型进行实证分析,所得结果见表 4-5。

表 4-5 制造业服务化率对服务业务利润率、自有资金与外部融资的影响

解 释 变 量	模型 4-2	模型 4-3	模型 4-4
$Serv$	42.234 9*** (0.203 8)	-0.065 7*** (0.010 1)	18.413 3*** (0.416 7)
$Serv^2$	-52.636 8*** (0.350 7)	0.013 4 (0.018 1)	-21.467 3*** (0.773 4)
控制变量	YES	YES	YES
年份效应	控制	控制	控制
行业效应	控制	控制	控制
样本数	835 793	835 793	835 793
F/X^2	46 346.14	44 019.62	11 455.28
prob(F/X^2)	0	0	0

资料来源:作者根据 stata 估计结果计算所得。

表 4-5 针对模型 4-2 的实证数据结果显示,制造业服务化率与服务业务利润率之间呈倒 U 形关系。从模型 4-3 来看,制造业服务化率系数显著为

负,且二次项系数不显著,表明制造业服务化率提升会降低企业自有资金,即企业会利用其自有资金开拓展其服务业务,降低其内源性融资水平。模型4-4的实证结果表明,制造业企业服务化率与外部融资之间呈倒 U 形关系。

接下来利用模型 4-5 至模型 4-7 来考察服务业务利润率($servpro$)、自有资金($liquid$)以及外部融资($fina$)对企业研发创新积极性的影响。表 4-6 的实证结果显示,服务业务利润率($servpro$)、自有资金($liquid$)以及外部融资($fina$)与企业研发创新积极性之间呈显著的倒 U 形关系。但是模型 4-5 和模型 4-7 的倒 U 形关系的拐点均十分靠右。比如服务业务利润率与企业研发创新积极性关系的拐点在 953.57%,即当服务业务利润率高于 953.57% 时,其才会对企业研发创新积极性产生负面影响。外部融资与企业研发创新积极性关系的拐点在 8.125,即当筹资活动产生的现金流是主营业务成本的 8.125 倍时,外部融资才会对企业的研发创新积极性产生负面影响。现实的企业很难在服务业务利润率和外部融资水平上达到上述拐点水平,因此现实中企业的服务业务利润率和外部融资与其研发创新积极性之间基本位于正相关关系区间内。

表 4-6　服务业务利润率、自有资金与外部融资对企业研发创新积极性的影响

解 释 变 量	模型(4-5)	模型(4-6)	模型(4-7)
$Servpro$	0.026 7*** (0.004 0)		
$Servpro^2$	−0.001 4*** (0.000 3)		
$liquid$		0.072 5*** (0.001 9)	
$liquid^2$		−0.068 9*** (0.001 7)	
$fina$			0.188 5*** (0.001 5)
$fina^2$			−0.011 6*** (0.000 2)

续　表

解　释　变　量	模型(4-5)	模型(4-6)	模型(4-7)
控制变量	YES	YES	YES
年份效应	控制	控制	控制
行业效应	控制	控制	控制
样本数	835 793	835 793	835 793
F/X^2	60 986.69	62 776.21	61 801.13
prob(F/X^2)	0	0	0

资料来源：作者根据stata估计结果计算所得。

企业自有资金与其研发创新积极性之间的倒U形关系拐点在52.61%，即企业自有资金增加会提升企业的研发创新积极性，但是当企业自有资金过于充裕时，企业有可能将自有资金投入利润率更高的非研发创新项目，以赚取更高利润。因此，过高的自有资金会对企业的研发创新产生挤出作用。但是就中国企业而言，大多数制造业企业都面临较为严重的融资约束，其自有资金大多并未达到上述宽裕程度。

综合表4-5和表4-6的实证结果可知，在制造业企业服务化的初始阶段，其服务化率的提高会提升其服务业务利润率、自有资金水平以及外部融资水平，服务业务利润率、自有资金水平以及外部融资水平的提升，缓解了企业进行研发创新活动面临的融资约束，因此均对企业研发创新积极性有正向作用。但是，当制造业企业的服务化率进一步提高到一定水平之后，会降低企业的服务业务利润率、自有资金水平以及外部融资水平，从而使企业面临的融资约束进一步收紧，最终降低企业的研发创新积极性。上述实证分析结果验证了图4-2所示影响机制的有效性。

四、稳健性检验

由于本研究选取的中国制造业企业数据库2005—2007年微观企业数据当中，有近90%的企业样本的研发强度数值为0，导致了被解释变量的"偶然断尾"(incidental truncation)或者"样本选择"(sample selection)问题。但实际上被解释变量"研发强度"的断尾与一系列影响因素有关，这一系列影响因素被称为选择变量。解决上述内生性问题的典型方法是 Heckman 两阶段法。该方法可以通过构建选择方程,估算企业选择进行研发投资活动的可能性——反米尔斯比率,然后将其作为控制变量加入总体回归方程当中。若其系数显著不为 0,则说明上述内生性问题存在,有必要用 Heckman 两步法进行内生性处理。使用 Heckman 两阶段样本选择模型方法可以有效提高估计的准确性。

  本研究在估计选择方程时,除了使用前文所述的控制变量作为解释变量之外,为提高估计精度,另加入企业资产负债率($zcfzl$)和内部成本($nbcb$)变量。资产负债率($zcfzl$)体现了企业的内源性融资与外源性融资的比例结构。现有很多研究发现企业的研发创新活动大多倚仗其内源性融资。杨楠(2015)研究发现,企业的资本结构、技术创新和企业绩效三者之间存在强烈的交互影响关系。此外,众多现有研究结果都表明,公司治理对企业创新具有重要意义,是企业创新的重要内部制度性基础。良好的公司治理使企业经营过程中不仅追求短期经济利益,更注重追求长期的经营目标,有利于推动企业形成长效创新投入机制(党印,2012)。企业的内部控制能力是企业治理能力的重要组成部分,本研究选取内部成本($nbcb$)作为控制变量,该变量用企业的财务成本与管理成本之和来表示。

  表 4-7 列示的 Heckman 两阶段法回归结果显示,无论是以 2005—2007 年企业样本进行回归,还是用 2006—2007 年企业样本进行回归,反米尔斯比率系数均为正,且在 1% 水平下显著,表明有必要用 Heckman 两阶段法对样本选择内生性问题进行处理。此外,服务化率二次项以及服务化率变量的系数符号与前文 Tobit 回归结果一致,假设 1 和假设 2 再次获得支持,表明本研究实证结果具有较高稳健性。

表 4-7 用 Heckman 两阶段法进行稳健性检验所得结果

解释变量	主方程(被解释变量:企业研发强度)	解释变量	选择方程(被解释变量:企业研发投资虚拟变量,即企业是否进行研发投资)
$Serv$	0.023 0*** (0.004 0)	$Prof$	0.121 5*** (0.007 3)
$Serv2$	−0.040 5*** (0.007 4)	$Mark$	6.520 3*** (0.189 1)

续表

解释变量	主方程(被解释变量：企业研发强度)	解释变量	选择方程(被解释变量：企业研发投资虚拟变量，即企业是否进行研发投资)
$Pcmf$	0.342 6*** (0.007 2)	Edu	0.135 3*** (0.002 9)
$Supp$	0.248 5*** (0.008 4)	$Pcmf$	0.007 5*** (0.000 1)
$Prof$	−4.819 5*** (0.318 3)	$Supp$	2.417 4*** (0.118 2)
$Mark$	0.012 5* (0.007 5)	$Nbcb$	0.000 1*** (0.000 0)
edu	−0.078 5 (0.209 2)	$Zcfzl$	−0.044 1*** (0.006 5)
exp	0.000 7*** (0.000 2)	Exp	0.146 6*** (0.005 9)
$\_cons$	−0.018 1*** (0.005 2)	$\_cons$	−2.066 9*** (0.061 2)
反米尔斯比率 λ	0.009 7*** (0.000 7)		
年份效应	控制	年份效应	控制
行业效应	控制	行业效应	控制
样本数	835 769	样本数	835 769

资料来源：作者根据 stata 估计结果整理所得。

如前文所述，企业的差异化竞争策略必须由系统完整的创新活动来支撑，因此，制造业服务化进程与企业的创新行为密不可分。企业的服务化与其研发创新积极性之间呈双向因果关系，这也是本研究实证过程中所面临的另一个内生性问题。因此，本研究运用工具变量回归对上述内生性问题进行处理。具体而言，本研究选取服务化率与服务化率二次项的滞后一期变量作为解释变量,继续用 Tobit 模型进行回归,回归结果如表 4-8 和表 4-9 所示。

表 4-8 用服务化率滞后一期作为解释变量处理内生性后的实证结果

解释变量	(1) 总体样本	(2) 国有企业	(3) 民营企业	(4) 劳动密集型	(5) 资本密集型	(6) 技术密集型
$Serv^{t-1}$	0.154 9*** (0.004 5)	0.197 7*** (0.009 8)	0.132 4*** (0.006 2)	0.086 6*** (0.005 7)	0.138 9*** (0.008 8)	0.196 8*** (0.007 6)
$Serv2^{t-1}$	−0.237 8*** (0.009 8)	−0.325 1*** (0.019 8)	−0.190 3*** (0.013 3)	−0.131 1*** (0.012 0)	−0.210 8*** (0.019 2)	−0.311 6*** (0.016 5)
$pcmf$	0.000 4*** (0.000 0)	0.000 5*** (0.000 0)	0.000 4*** (0.000 0)	0.000 2*** (0.000 0)	0.000 3*** (0.000 0)	0.000 6*** (0.000 0)
$supp$	0.142 8*** (0.007 2)	−0.046 5*** (0.016 1)	0.236 2*** (0.010 4)	0.030 8*** (0.008 3)	0.057 3*** (0.013 9)	0.333 1*** (0.014 0)
$prof$	0.015 4*** (0.000 2)	0.015 3*** (0.000 3)	0.020 7*** (0.000 2)	0.007 1*** (0.000 1)	0.022 1*** (0.000 2 6)	0.015 6*** (0.000 3)
$mark$	0.257 3*** (0.007 8)	0.223 9*** (0.013 8)	0.209 7*** (0.013 1)	0.265 2*** (0.011 2)	0.263 3*** (0.015 6)	0.225 6*** (0.011 9)
edu	0.004 2*** (0.000 1)	0.002 9*** (0.000 5)	0.004 5*** (0.000 2)	0.003 8*** (0.000 2)	0.003 6*** (0.000 3)	0.003 9*** (0.000 3)
exp	0.005 4*** (0.000 4)	0.001 8*** (0.000 5)	0.079 8*** (0.000 4)	0.017 6*** (0.001 4)	0.031 3*** (0.002 9)	0.004 5*** (0.000 5)
$\_cons$	−0.092 8*** (0.003 6)	−0.099 4*** (0.008 0)	−0.090 8*** (0.004 4)	−0.051 1*** (0.000 5)	−0.065 2*** (0.001 0)	−0.110 9*** (0.004 3)
年份效应	控制	控制	控制	控制	控制	控制
行业效应	控制	控制	控制	控制	控制	控制
样本数	415 699	50 173	295 591	201 726	79 206	134 767
F/X^2	37 642.01	10 261.44	22 418.71	4 336.37	3 860.40	16 354.13
prob (F/X^2)	0	0	0	0	0	0

资料来源:作者根据 stata 估计结果整理所得。

表4-9 用服务化率滞后一期作为解释变量处理内生性后的分地区、规模实证结果

解释变量	(1) 东部地区	(2) 中部地区	(3) 西部地区	(4) 小型企业	(5) 大中型企业
$Serv^{t-1}$	0.146 1*** (0.005 2)	0.170 0*** (0.013 9)	0.177 6*** (0.014 3)	0.113 2*** (0.006 3)	0.060 0*** (0.005 5)
$Serv2^{t-1}$	−0.218 1*** (0.010 9)	−0.356 4*** (0.040 0)	−0.263 9*** (0.028 5)	−0.168 9*** (0.131 3)	−0.093 5*** (0.011 5)
$Pcmf$	0.000 4*** (0.000 0)	0.000 4*** (0.000 0)	0.000 4*** (0.000 0)	0.000 5*** (0.000 0)	0.000 3*** (0.000 0)
$Supp$	0.176 9*** (0.009 4)	0.162 5*** (0.016 3)	−0.000 8 (0.020 6)	0.155 4*** (0.008 6)	0.331 0*** (0.022 8)
$Prof$	0.015 0*** (0.000 3)	0.022 8*** (0.003 0)	0.031 2*** (0.002 1)	0.015 2*** (0.000 3)	0.014 8*** (0.001 8)
$Mark$	0.240 9*** (0.009 1)	0.350 5*** (0.021 2)	0.244 3*** (0.022 6)	0.170 9*** (0.024 6)	0.053 9*** (0.006 0)
Edu	0.004 2*** (0.000 2)	0.006 8*** (0.000 4)	−0.000 1 (0.000 6)	0.004 7*** (0.000 2)	0.019 5*** (0.000 8)
Exp	0.004 3*** (0.000 4)	0.078 2*** (0.004 5)	0.036 3*** (0.003 7)	0.005 1*** (0.000 5)	0.024 8*** (0.000 3)
_cons	−0.090 1 (0.003 9)	−0.107 2 (0.011 1)	−0.095 5*** (0.015 1)	−0.104 6*** (0.004 2)	−0.061 2** (0.011 1)
年份效应	控制	控制	控制	控制	控制
行业效应	控制	控制	控制	控制	控制
样本数	318 994	65 492	31 213	364 412	51 287
F/X^2	28 808.91	6 179.38	3 663.30	25 211.18	8 685.37
prob(F/X^2)	0	0	0	0	0

资料来源：作者根据stata估计结果整理所得。

从表4-8第一列来看,企业服务化率滞后一期变量系数显著为正。服务化率滞后一期的二次项系数显著为负,即在克服了被解释变量与解释变量之间的双向因果关系之后,实证结果与前文实证结果保持一致,再次支持了假设1和假设2。同时,利用企业服务化率滞后一期的工具变量对异质性企业的服务化率"适度区间"进行实证分析,其实证结果与前文实证结果完全一致,即在克服了被解释变量与解释变量之间的双向因果关系之后,本研究实证结果依然具有很高的稳健性(见表4-9实证数据结果)。

第四节 研究结论与对策建议

本研究使用2005—2007年中国制造业企业数据库制造业企业微观数据,实证检验了制造业服务化对企业研发创新行为的影响。本研究分析表明:(1)中国制造业企业服务化率与企业研发创新强度之间呈显著的倒U形关系,即制造业企业适度的服务化转型升级会提升企业的研发强度,但是当制造业企业的服务化率过高并超过某一拐点时,制造业企业服务化水平的继续提高将对其研发强度产生负面影响。(2)就异质性企业服务化率的"适度区间"而言,国有制造业企业每年的服务化率"适度区间"均较民营企业更为紧缩;与资本密集型和劳动密集型企业相比,技术密集型企业的服务化率"适度区间"最小,表明技术密集型行业企业仍应把经营重心放在技术的研发创新方面,过度追求服务化水平的提高,将对自身的研发创新投入活动产生削弱和挤出效应;分地区情况来看,中部地区制造业企业的服务化率"适度区间"最为紧缩;分不同规模的企业情况来看,大中型企业服务化率"适度区间"较小型企业更小。基于上述研究结论提出如下对策建议:

首先,合理引导制造业企业的服务化转型升级,处理好制造与服务环节的平衡关系,防止制造业企业过度服务化。本研究表明,当制造业企业的服务化率超过其"适度区间"时,会对企业的研发积极性产生负面影响。因此,在制造业企业转型升级的过程中,无论在政策引导方面还是企业经营战略方面,都不应过分追求服务化率的提升,而应处理好制造环节与服务环节的平衡关系,保证两者能够并行不悖,从而使制造业企业能够真正向"微笑曲线"两端(研发与市场)平衡延伸,推动中国制造业企业在研发创新与服务化上的双料转型升级。

其次,继续深化国有企业改革,完善国有企业内部激励制度,扩宽国有制造业企业服务化"适度区间"。国有制造业企业的服务化"适度区间"较民营企业显著偏窄,即服务化率对企业创新积极性的正向激励区间很小。这严重影响了国有制造业企业的服务化升级和研发强度的提升,很可能是由国有企业特殊的内部管理体制和激励机制导致。因此,下一步需要进一步完善国企的市场化改革,完善国企内部激励制度,进一步打通国有企业服务化与其研发创新行为的正向迭代影响机制。

再次,通过金融市场化改革等措施,进一步缓解中国制造业企业面临的融资约束。本研究表明,制造业服务化主要通过影响企业的融资约束来进一步影响企业的研发创新积极性。因此,完善中国金融市场秩序,改变企业融资难的困局,是打通制造业服务化与企业研发创新积极性之间正向影响机制的关键。企业融资约束的缓解,将削弱制造业企业融资水平对服务化率的敏感性,进而扩宽制造业企业的服务化"适度区间",促进制造业企业服务化转型升级与创新驱动同时并举。

最后,考虑企业的规模、所有制、地区、要素密集度等方面的差异,在政策对制造业企业服务化的引导与企业治理的完善方面要因地制宜。例如:小型企业较大中型企业的服务化率"适度区间"更宽,技术密集型企业的服务化率"适度区间"较资本密集型与劳动密集型企业要显著偏窄,中部地区制造业企业的服务化率"适度区间"较东、西部地区更窄。上述现象表明,在推动制造业企业服务化转型升级与提升企业研发创新积极性的过程中,需要充分考虑企业的异质性。比如,技术密集型企业更应专注于技术研发创新,而非一味追求服务化率的提升,不可本末倒置;中部地区政府部门应进一步完善企业的外部营商环境与内部治理机制,扩宽企业的服务化率"适度区间";大中型企业受制于规模因素,服务化转型升级的调整成本较高,因此考虑大中型企业研发创新的积极性,应对服务化持审慎态度。

第五章 制造业企业生产要素收入分配公平性与研发投入强度

第一节 问题的提出

2019年10月31日,党的第十九届中央委员会第四次全体会议表决通过《中共中央关于坚持和完善中国特色社会主义制度、推进国家治理体系和治理能力现代化若干重大问题的决定》(以下简称《决定》)。《决定》指出:"健全劳动、资本、土地、知识、技术、管理、数据等生产要素由市场评价贡献、按贡献决定报酬的机制。"这是坚持和完善社会主义基本经济制度,推动经济高质量发展的重要表现。各类生产要素按贡献决定其报酬,其本质是强调实现各类生产要素分配关系的公平性。从经济学理论上讲,各类生产要素按贡献决定其报酬,即生产要素的边际产出等于其边际收益,也是各类生产要素实现有效配置的基本要求。因此,健全各类要素的市场化分配机制,实现按贡献决定其报酬,其背后具有深刻的经济学理论依据,也必将对中国未来的经济发展路径和方式产生重大影响。

随着中国跨过"刘易斯拐点","人口红利"的逐渐消失以及资本边际报酬递减规律作用的显现,中国经济发展进入"新常态",正从高速增长路径转向中高速增长路径。未来中国经济发展的必然出路将是全要素生产率(TFP)驱动型经济(蔡昉,2013)。提升企业自主创新能力,是一国经济全要素生产率的提升的重要途径之一。为此,中国政府将"创新驱动"确立为中国制造业未来十年发展的重要方针原则。由此引出的关键问题是,制造业企业内部的生产要素收入分配关系与中国制造业的"创新驱动"战略目标具有何种内在联系,实现生产要素收入分配公平是否有助于制造业企业自主创新能力的提升。深入研究上述问题不仅有助于在提升中国制造业企业自主创新能力的过程中处好其与企业内部生产要素收入分配问题的关系,而且有助于中国制造业转型升级的过程中做到"内外兼顾",实现经济效益与社会效益的双赢。

制造业企业要实现自主创新能力的提升,首先要提升其研发投入强度。企业的研发创新活动的长期性和高度不确定性,导致企业的研发投入主要倚仗内源性融资。因此,企业的研发投入水平与其融资结构以及企业面临的融资约束密切相关。米勒和莫迪利安尼(Miller & Modigliani,1958)的融资结构理论认为,公司的融资结构对公司经营绩效具有重要影响。詹森和麦克林(Jensen & Meckling,1976)提出的金融契约理论则进一步,指出公司融资结构还会对企业控制权产生重要影响,进而影响企业的收入流及其分配结果。如前文所述,企业研发投入与企业的融资结构密切相关,且企业研发投入所需资金主要倚仗其内源性融资。企业融资结构一方面对企业控制权造成影响,另一方面也会直接决定企业面临的内外部融资约束。依此推测,企业不同融资结构所导致的企业收入流在不同主体、不同要素之间的分配关系必然对企业研发投入强度造成显著影响。

中国的收入分配失衡除了生产要素收入分配失衡之外,还包括管理层和职工之间的收入分配失衡(柏培文,2015)、不同行业和地区间的收入分配失衡(黄先海、徐圣,2009;柏培文、张伯超,2016),以及企业、政府、居民三部门之间的收入分配失衡(白重恩、钱震杰,2009)等。就生产要素收入分配而言,现有相关研究文献主要集中于以下三个方面:

一是劳动收入份额的估算研究。赵俊康(2006)利用历年《中国统计年鉴》数据测算发现,中国的劳动收入份额在1996—2003年间由53.4%下降至49.62%。徐蔼婷(2014)则在"两系统平行测算法"的基础上测算得到中国在1995—2007年之间的劳动收入份额基本保持在50%以上水平,并未低于大多数发展中国家的平均水平。白重恩和钱震杰(2009)与罗长远和张军(2009)的研究结果基本保持一致,都发现中国的劳动收入份额在1995—2004年间有显著下降。最新的相关研究中,柏培文和吴红(2017)研究发现,中国的劳动收入份额在2007年之后开始逐步回升,但是劳动收入占比仍然处于较低水平。柏培文(2018)考察了中国制造业上市公司生产要素收入分配的失衡性和公平性。综上所述,现有研究对中国劳资收入份额的变动趋势的结论基本保持一致,但是,纵观现有测算中国劳动收入份额的文献,基本都以中国整体作为研究视角,对省际层面劳动收入份额测算和变动趋势分析较少。

二是关于中国劳动收入份额变动的影响因素研究。伍山林(2011)通过建立一个考虑劳动异质性的企业异质性微观理论模型研究发现,企业垄断势力会降低企业中劳动者的收入份额,进而影响中国总体的劳动收入份额,而劳动者拥有剩余索取权则会提高劳动者的收入份额。白重恩等(2008)以中国工业部门数据进行实证分析发现,垄断势力的异质性和企业所有制差异对劳动收入份额具有显著影响。此外,周明海等(2010)也发现,企业的所有制结构异质性会对劳动收入份额具有显著影响,民营和外资股权上升会导致劳动收入份额下降。郭庆旺和吕冰洋(2011)研究发现,税收的替代效应和收入效应会影响到各个要素的投入比例和税前收益率,进而对生产要素收入分配格局产生影响。张全红(2010)则从省际层面进行分析发现,要素替代弹性、二元经济引发的巨大就业压力和政府长期以来的重视资本忽视劳动的政策取向是造成中国劳动收入份额持续下降的主要原因。陆菁和刘毅群(2016)也认为,要素替代弹性与技术进步是影响要素收入份额的主要原因。柏培文和吴红(2017)以省际面板数据进行实证分析发现,外商投资水平提高、资本深化、人力资本集聚、产业结构升级有利于提高劳动收入占比,而技术进步、失业率、国有经济占比、投资率、对外贸易水平会降低劳动收入占比。刘亚琳等(2018)从结构转型和金融危机两个方面解释中国劳动收入占国民收入份额的 U 形变化趋势,发现第二产业就业人数占比的倒 U 形变化会导致中国劳动收入份额的倒 U 形变化规律。综上所述,对中国的生产要素收入分配影响因素的研究已经十分丰富,主要集中于企业特征、外生经济制度、技术进步和经济结构等因素方面,且随着很多新生经济现象的不断出现,相关研究也在不断深入。

三是关于中国劳动收入份额变动对经济社会的影响研究。柏培文(2015)选取三家国有企业上市公司进行案例分析,发现生产要素收入分配情况对国有企业的经营效率没有影响。胡靖春(2010)基于新古典经济学理论和马克思主义经济学的相关理论分析,认为生产要素收入分配失衡和劳动收入份额的下降是一国经济危机爆发的深层次原因。邹薇和袁飞兰(2018)研究发现,劳动收入份额增长率每提升 1 个百分点,总产出增长率、生产率增长率分别平均下降 0.78 和 0.17 个百分点。周明海和杨粼炎(2017)研究发现,劳动收入份额的变动具有显著的分配效应,劳动收入份额的提升有助于中国收入分配格局的改善。回顾现有研究劳动收入份额的影响的文献,其结论基本同意:在中国当前的社会经济条件下,劳动收入份额的提升对社会经济的发展有正面意义。

综上所述,现有研究生产要素收入分配的文献主要集中于上述三个方面。

就生产要素收入分配的公平性而言,只有柏培文(2015、2018)进行了相关的研究工作,但其研究主要集中于上市公司当中的制造业企业和国有企业层面,对省际层面的生产要素收入分配公平性研究较少。从现实情况来看,由于政治锦标赛制度、市场分割和地方保护等因素的存在,中国的劳动和资本等生产要素在省际无法实现完全自由流动;同时,由于中国不同地区在经济发展水平、产业结构和自然资源等方面存在较大差异,中国不同省份和地区之间的生产要素收入分配状况也存在较大差异(张全红,2010)。因此,有必要对省际层面的生产要素收入分配公平性进行测算和分析,为中国建立合理的差异化工资增长机制和科学的收入分配制度提供有益借鉴。同时,本研究还将扩展思路,对制造业企业内部生产要素收入分配公平性对其研发投入强度的影响展开分析,从企业研发创新视角为建立合理的劳资分配格局提供理论与实证依据。

另有部分学者深入企业内部考察其收入分配情况。截至目前,这类相关研究多集中于企业收入流的多维度分配关系,比如管理层与普通员工之间的分配(孔东民等,2017;杨婵等,2017;柏培文,2011;柏培文,2015)、管理层内部分配(林浚清等,2003;张正堂和李欣,2007)、企业与外部利益相关者(柏培文,2011)之间的分配关系等,且上述研究侧重于企业收入流在上述维度的分配差距与企业经营绩效、企业价值以及企业创新行为之间的关系。针对企业收入流在不同生产要素之间分配的研究则大多集中于生产要素收入分配的失衡问题(柏培文,2018;白重恩、钱震杰,2009),以及劳动和资本的收入份额测算与分析(赵俊康,2006;柏培文、吴红,2017;罗长远、张军,2009)。综合现有文献,可以发现针对制造业内部生产要素收入分配公平性的相关研究较少,国内比较有代表性的研究主要是柏培文(2015)通过案例分析的方法分析了国有企业内部管理层与员工之间以及劳动和资本之间双层收入分配关系的公平性问题,以及柏培文(2018)以中国制造业上市公司为研究对象,研究了中国制造业上市公司的生产要素收入分配公平性现状及其影响因素。上述两项研究的侧重点主要是生产要素收入分配公平性的影响因素及其对企业经营绩效的影响,并未涉及制造业企业内部生产要素收入分配公平性与企业研发投入之间的关系。因此,本研究着重于制造业企业的生产要素收入分配公平性对企业研发投入的影响。由于本研究无法完全涵盖十九届四中全会《决定》中提到的全部七类生产要素(劳动、资本、土地、知识、技术、管理、数据),因此本研究仅选取劳动和资本这两类要素之间的收入分配公平性作为主要研究对象,重点研究其对制造业企业研发投入强度的影响。本研究一方面弥补现有文献的薄弱之处，另一方面从企业研发创新投入角度为打造中国公平正义的生产要素收入分配格局与收入分配理念提供全新视角的理论和实证依据。

第二节　理论模型构建与分析

一、生产要素收入分配公平性测算公式

参考柏培文（2015、2018）的方法，假设某企业 i 在 t 期的生产函数满足 C-D 生产函数形式：

$$Y_{it} = A_{it} K_{it}^{\alpha} L_{it}^{\beta} \tag{5-1}$$

其中，Y_{it} 为 i 企业在 t 时期的增加值，K_{it} 为 i 企业在 t 时期的资本存量，L_{it} 为 i 企业在 t 时期的劳动力数量，A_{it} 为 i 企业在 t 时期的全要素生产率。α 和 β 分别为资本和劳动的产出弹性。在式 5-1 基础上得到各省份的资本和劳动的边际产出，分别为：

$$MPK_{it} = \alpha A_{it} K_{it}^{\alpha-1} L_{it}^{\beta} \tag{5-2}$$

$$MPL_{it} = \beta A_{it} K_{it}^{\alpha} L_{it}^{\beta-1} \tag{5-3}$$

假设 W_{it} 为 i 企业在 t 时期的劳动平均收入，R_{it} 为 i 企业在 t 时期的资本收益率。则参考柏培文（2015）的方法，可以用 $\phi = \dfrac{R_{it}}{W_{it}} \Big/ \dfrac{MPK_{it}}{MPL_{it}}$ 来表示 i 企业在 t 时期的生产要素收入分配公平性。当 $\phi > 1$ 时，表示此时为资本偏向性分配；当 $\phi < 1$ 时，表示此时为劳动偏向性分配。此外，如柏培文（2018）的研究方法，生产要素收入分配公平性指标还可以写成 $\phi = \dfrac{\beta K_{it} R_{it}}{\alpha L_{it} W_{it}}$。上述两种表达式内涵完全一致。

二、生产要素收入分配公平性对企业研发投入强度的影响

本研究假设企业的研发投入主要倚仗自身的内源性融资，且企业内源性融资主要来源于企业的资本收益，即该部分资金来自 $K_{it} R_{it}$。为简化分析，

我们可以假设 ϕ 分母不变,仅通过分子(即资本要素所得份额)数值的变动来代表生产要素收入分配公平性数值的变动,并在此基础上构建理论模型考察企业生产要素收入分配公平性与其研发投入之间的内在联系。

借鉴安同良等(2009)的方法,将企业在单位时间内取得一次研发成功的概率函数 I 来表示:

$$I = ln(Al^{\alpha}h^{1-\alpha}) = lnA + \alpha lnl + (1-\alpha)lnh \tag{5-4}$$

其中,A 为大于 0 的参数,l 为企业研发活动投入的劳动力,h 为企业研发活动投入的人力资本。该研发成功概率函数满足"稻田条件",且为保证概率的非负性要求,假设 $1 \leqslant Al^{\alpha}h^{1-\alpha} \leqslant e$。

假设每次研发活动成功后为企业带来的边际价值为 V。该价值包括由于研发活动导致的生产成本的节省,创新活动研发的新产品带来的利润以及股票市场对该企业发展前景的良好预期带来的市值增加等内容。假设单次创新活动成功后为企业带来价值的持续期为 t,r 为贴现率,则单次创新成功为企业带来的价值为:

$$\int_0^t IVe^{-rt}dt = \frac{IV}{r}(1-e^{-rt}) \tag{5-5}$$

假设劳动力的平均成本为 w,专用性人力资本的平均成本为 w_h。M 为企业的自有资金水平,与企业资本收益正相关。M 越大表示企业面临的较宽松的预算约束;反之则越紧。企业的预算约束为:

$$lw + hw_h \leqslant M \tag{5-6}$$

此时企业的效用最大化问题为:

$$max\left[\frac{IV}{r}(1-e^{-rt}) - (lw + hw_h)\right] \tag{5-7}$$

$$st:(lw + hw_h) \leqslant M \tag{5-8}$$

通过构造拉格朗日方程:

$$L = \frac{IV}{r}(1-e^{-rt}) - (lw + hw_h) - \lambda_0[(lw + hw_h) - M] \tag{5-9}$$

得到的库恩塔克条件为:

$$\frac{\partial L}{\partial l} = \frac{\alpha}{l} \frac{V}{r}(1-e^{-rt}) - w - \lambda_0 w = 0 \qquad (5-10)$$

$$\frac{\partial L}{\partial h} = \frac{1-\alpha}{h} \frac{V}{r}(1-e^{-rt}) - w_h - \lambda_0 w_h = 0 \qquad (5-11)$$

联立式 5-9 和式 5-10,解得要素最优投入水平为:

$$l^* = \frac{\alpha M}{w} \quad h^* = \frac{(1-\alpha)M}{w_h} \qquad (5-12)$$

上述最优研发投入水平是在不考虑企业非研发项目因素的情况下得出的,在现实经济中,企业需要在研发项目和非研发项目之间就资金投入问题做出权衡。因此,继续假设企业非研发项目的利润率为 r_m,用 s_m 来衡量企业在非研发项目利润诱惑下降低研发投入的倾向。在考虑非研发项目因素的条件下,企业的效用最大化问题变为如下所示:

$$max \left[\int_0^t IVe^{-rt}dt - (1+(1-r_m)s_m)(lw+hw_h) \right] \qquad (5-13)$$

$$st: (lw+hw_h)(1+s_m) \leqslant M \qquad (5-14)$$

利用式 5-13 和式 5-14 构建拉格朗日方程,通过库恩塔克条件得到该问题的最优解为:

$$l^* = \frac{\alpha M}{(1+s_m)w} \quad h^* = \frac{(1-\alpha)M}{(1+s_m)w_h} \qquad (5-15)$$

通过比较式 5-15 与式 5-12 当中的 l^* 和 h^* 可以发现,$\frac{\alpha M}{w} > \frac{\alpha M}{(1+s_m)w}$ 且 $\frac{(1-\alpha)M}{w} > \frac{(1-\alpha)M}{(1+s_m)w}$,即在考虑企业非研发项目因素时,当 $s_m > 0$ 时,非研发项目的利润诱惑会引致其对研发投入的削减。接下来需进一步分析企业在何种情况下会倾向于将原本用于研发投入的资金挪用到非研发项目当中。为对该问题进行解答,本研究继续假设企业是以追求利润最大化为目标的理性经济人,通过比较企业挪用和不挪用 R&D 投入时的利润水平来分析企业挪用 R&D 投入的动机和影响因素。当企业没有将 R&D 投入挪用到非研发项目当中时,企业在最优 R&D 投入时的创新收益减掉成本支出,得到企业此时的利润水平为:

$$U_1 = \left[lnA + \alpha ln\frac{\alpha M}{w} + (1-\alpha)ln\frac{(1-\alpha)M}{w_h} \right]\frac{V(1-e^{-rt})}{r} - M$$

(5-16)

用同样的方式可以计算获得当企业对R&D投入进行挪用时的利润水平为:

$$U_2 = \left[lnA + \alpha ln\frac{\alpha M}{(1+s_m)w} + (1-\alpha)ln\frac{(1-\alpha)M}{(1+s_m)w_h} \right]\frac{V(1-e^{-rt})}{r} -$$
$$M + \frac{r_m s_m M}{1+s_m}$$

(5-17)

在式5-16中,r_m表示将R&D投入挪用到的非补贴项目的预期收益率。假设只有当企业挪用R&D投入非R&D项目所获得的利润水平高于不挪用的利润水平时,企业才有动机对R&D投入进行削减挪用,即当$\Delta U = U_2 - U_1 > 0$时,企业存在挪用R&D投入的动机。用式5-16减式5-15得:

$$\Delta U = r_m s_m \frac{M}{1+s_m} - \frac{V(1-e^{-rt})}{r} ln(1+s_m)$$ (5-18)

对ΔU进行比较静态分析可得,当$\Delta U = U_2 - U_1 > 0$时,$r_m s_m \frac{M}{1+s_m} > \frac{V(1-e^{-rt})}{r} ln(1+s_m)$,即R&D投入挪用到的非R&D项目的盈利足以弥补由于挪用R&D投入造成创新产出损失时,企业将有动机对R&D投入进行挪用。也就是当$M > (1+s_m)\frac{V(1-e^{-rt})}{rr_m s_m}ln(1+s_m)$时,$s_m$开始大于0,企业开始具备将R&D投入挪用到非R&D项目当中的冲动。接下来考察企业R&D投入挪用比例的决策机理,将ΔU对s_m求一阶偏导,并令该偏导数等于0,解得s_m的取值为:

$$s_m^* = \frac{r_m M - \frac{1-e^{-rt}}{r}V}{r_m M + \frac{1-e^{-rt}}{r}}$$ (5-19)

将s_m^*对M求偏导可得$\frac{\partial s_m^*}{\partial M} > 0$。受限于篇幅,在此仅以企业用于研发的劳动要素为例,由式5-15可得:

$$\frac{\partial l^*}{\partial M} = \frac{\alpha(1+s_m) - \alpha M s'_m}{(1+s_m)^2 w} \quad (5-20)$$

由式 5-19 可见，在考虑非研发项目收益因素时，当 $M > \frac{1+s_m}{s'_m}$ 时，$\frac{\partial l^*}{\partial M} < 0$；当 $M < \frac{1+s_m}{s'_m}$ 时，$\frac{\partial l^*}{\partial M} > 0$。综上所述，企业用于研发的劳动力与企业自有资金水平(M)呈倒 U 形关系，以此类推，企业用于研发的人力资本与企业自有资金水平(M)也呈倒 U 形关系。因此，企业总体研发投入与企业自有资金水平之间呈倒 U 形关系，结合前文生产要素收入分配公平性指标分母部分保持不变的假设，最终可以得出推论：制造业企业生产要素收入分配公平性指标数值与企业研发投入之间呈倒 U 形关系。

上述倒 U 形关系从理论上可以做如下解读。在工资刚性普遍存在的前提下，企业内部生产要素收入分配公平性数值的降低（即向劳动一方倾斜）意味着企业经营利润的降低。根据相关研究结论，企业的创新投入所需的资金来源主要倚仗内源性融资，因此，制造业企业内部生产要素收入分配状态过于向劳动一方倾斜，一方面会挤压企业的利润空间，导致企业的内源性融资约束不断收紧；另一方面，内源性资金的不足又会对企业的经营决策产生重要影响，其中对内源性融资依赖程度较高的研发创新投入影响尤为严重。从另一个角度来看，制造业企业的研发创新投入的本质目的是资本不断追求超额利润，若研发创新成果为企业带来的收益过多向劳动一方倾斜，必然会导致制造业企业对研发创新投入的积极性减弱，降低企业的研发创新投入强度和常规化水平。

此外，制造业企业的研发创新活动不仅要倚仗资本投入，还要倚仗拥有专用性人力资本的技术人才来进行一系列技术攻关活动。具有专用性人力资本的研发人才的薪资往往是比较高的，这属于劳动要素的收入范畴。对研发人员进行有效的薪酬激励将有助于提升企业的研发创新效率，高效的研发创新过程与丰富的研发产出成果又会对企业的下一步研发创新投入决策产生正向激励作用，进一步提升企业的研发创新投入强度，由此形成一种正向激励的良性循环。因此，从这一角度来说，劳动收入比重的过度下降也不利于提升企业的研发创新强度。而且，作为满足"理性经济人"假设的市场主体，企业在其经营过程中往往以追求利润最大化作为其经营目标。如果企业内部收入分配过度向资本倾斜，企业内源性融资十分充裕，若此时企业存在较高利润水平的非创新项目(即常规经营项目),那么处于经营"舒适区"的企业家有足够动力将资金挪用至该非创新项目上以赚取丰厚的利润,由此形成对企业研发创新投入的"挤出效应"。因此,制造业企业内部生产要素收入分配过于向资本倾斜会对企业的研发创新投入强度造成不良影响。

第三节 制造业企业生产要素收入分配公平性对其研发强度影响的实证分析

一、实证研究设计

为验证上述假设,本研究构建如下计量模型对其进行实证分析:

$$RD_{it} = \alpha + \beta_1 \phi_{it}^2 + \beta_2 \phi_{it} + \gamma X_{it} + \sum Year + \sum ind + \varepsilon_{it} \quad (5-21)$$

其中,被解释变量 RD_{it} 为 t 年企业 i 的研发强度,用企业研发投入与营业收入比值来表示;ϕ_{it}^2 和 ϕ_{it} 分别为生产要素收入分配公平性指标的二次项和一次项,其计算公式与前文保持一致;X_{it} 表示一系列控制变量。同时本模型还控制了时间效应($\sum Year$)和行业效应($\sum ind$)。

本实证分析所用数据为 1998—2007 年中国工业企业数据库当中的制造业企业数据,由于该数据库仅在 2005—2007 年有"研发投入"这一变量数据,因此,本研究实际使用的数据时间跨度为 2005—2007 年。由于被解释变量(研发强度)有近 90% 的企业样本的变量数值为 0,借鉴龙小宁和林志帆(2018)的研究,本研究选取左删失的 Tobit 模型来进行回归分析。表 5-1 为本实证所使用的主要变量的描述性统计情况。

表 5-1 主要变量的描述性统计

变量	样本数	均值	标准差	25 分位数	50 分位数	75 分位数	90 分位数
RD	836 216	0.001 7	0.013 4	0	0	0	0.000 2
ϕ	836 216	0.712 6	1.434 0	0.046 1	0.183 4	0.649 1	1.858 2

续 表

变量	样本数	均值	标准差	25分位数	50分位数	75分位数	90分位数
$prof$	836 216	0.037 2	7.742 9	0.004 7	0.028 4	0.070 7	0.127 5
$mark$	836 216	0.001 7	0.009 2	0.000 1	0.000 3	0.001 0	0.003 0
$supp$	836 216	0.002 3	0.014 1	0	0	0	0.000 9
edu	836 216	0.122 1	0.502 0	0	0	0.111 1	0.294 1
$pcmf$	836 216	15.617 5	19.921 7	4.392 7	9.219 5	18.292 0	34.910 2
exp	836 216	0.032 3	0.296 8	0.003 4	0.014 6	0.036 9	0.075 4

资料来源：作者根据stata估计结果整理所得。

二、参数估计和数据指标处理

被解释变量为企业研发强度(RD)。现有文献当中衡量企业创新的代理变量一般有企业研发支出、专利申请量和新产品产出等。其中专利申请量和新产品产出更加倾向于代表企业的创新产出和创新成果转化情况。前文曾提到，企业创新行为的收益结果具有高度不确定性，因此无论是专利申请量还是新产品产出，都具有一定的偶然性，只有在企业的创新行为高度常规化的条件下，这种偶然性才能被规避，但是目前中国制造业企业的创新常规化程度仍然处于较低水平。所以，本研究选取企业的研发强度（研发支出/营业收入）作为被解释变量。

核心解释变量为企业生产要素收入分配公平性（ϕ_{it}）。参考柏培文(2015)的方法，可以用 $\phi = \dfrac{R_{it}}{W_{it}} \Big/ \dfrac{MPK_{it}}{MPL_{it}}$ 来表示 i 企业在 t 时期的生产要素收入客观分配公平性。当 $\phi>1$ 时，表示此时为资本偏向性分配状态；当 $\phi<1$ 时，表示此时为劳动偏向性分配状态。此外，如柏培文(2018)的研究方法，生产要素收入分配客观公平性指标还可以写成 $\phi = \dfrac{\beta K_{it} R_{it}}{\alpha L_{it} W_{it}}$。上述两种表达式内涵完全一致。要测算上述生产要素收入分配公平性指标值，首先要确定劳动与资本的产出弹性 β 和 α。柏培文(2018)在测算中国制造业上市公司的生

产要素收入分配公平性时,将劳动的产出弹性设定为 0.65。Young(2003)认为中国的劳动收入份额应该为 0.6。Brandt 和 Zhu(2013)在测算中国的劳动产出弹性时,认为中国的劳动产出弹性应该在 0.55 比较合适。综合现有文献的指标测算和选取情况,本研究选取 Brandt 和 Zhu(2013)的方法,将劳动产出弹性设定为 0.55,资本产出弹性设定为 0.45,然后用劳动产出弹性为 0.65 进行后续稳健性检验。

此外,本文还加入了一些控制变量,具体如下所示:

(1) 人均管理费($pcmf$)。众多学者研究结果表明,企业面临的一系列成本压力对其研发创新行为具有重要影响。林炜(2013)发现劳动力成本上升有助于激励企业的研发创新积极性。另有部分外国学者如埃尔文(Elvin,1972)、克林克奈奇(Kleinknecht,1998),通过选取不同国家的企业样本进行研究发现,劳动力成本上升对企业研发创新具有重要推动作用。本研究的人均管理费用用管理费总额除以全部从业人员年平均数来表示。

(2) 补贴比例($supp$)。由于企业研发创新行为结果的不确定性与研发创新成果的高度外部性,企业的研发创新投入往往低于社会最优水平。因此,政府部门往往通过为企业提供创新补贴来撬动企业的研发投入。现有文献当中多数认为 R&D 补贴对企业 R&D 投入有正向激励作用(白俊红,2011;Lach,2002;Almus & Czarnitzki,2003);另有一部分研究认为 R&D 补贴对企业 R&D 投入不一定存在正向激励作用,R&D 补贴对企业 R&D 投入的影响是中性甚至是挤出效应(廖信林等,2013;陈希敏、王小腾,2016;赵玮,2015)。本研究用补贴收入除以企业研发支出来表示政府对企业的补贴强度。

(3) 销售利润率($prof$)和销售费用率(exp)。在现实经济当中,由于企业创新活动高度的不确定性和创新过程的长期性,企业与银行等金融机构之间存在较为严重的信息不对称,严重影响了企业创新活动的外源性融资来源,使现实中的企业进行创新时更加依赖于内源性融资(张杰等,2012)。若企业的内源性融资不充分,研发创新过程中资金链突然断裂,企业将面临高昂的研发投资调整成本,对企业的创新活动乃至整个经营状况产生不利影响。企业销售利润率和销售费用率的变动将会对企业的内源性融资水平产生直接影响,进而影响企业的研发创新投资行为。本研究用主营业务利润除以主营业务收入来表示销售利润率,用销售费用与销售收入的比值来表示销售费用率。

(4) 市场份额($mark$)。舍雷尔(Scherer,1967)对美国制造业企业进行实证研究,发现行业集中度与企业的创新投入之间并不是简单的正向线性关系,而是大致呈倒 U 形关系。国内最新研究当中,王贵东(2017)从企业的垄断势力出发,探究中国垄断型企业究竟运用其垄断势力进行创新还是寻租,发现该问题的答案在不同特征的企业之间具有异质性。本研究用企业营业收入占所在行业营业总收入的比重来表示企业的市场份额,并将其作为市场结构的代理变量。

(5)人均职工教育费(edu)。在职培训是企业促进自身人力资本积累的重要途径,通过加强对员工的在职培训,提升企业职工的学习能力和对新知识、新技术的吸收能力,有助于推动企业研发创新。此外,在职培训也有可能对企业的研发创新投资产生替代作用(王万珺等,2015)。本研究用职工教育费除以全部从业人员年平均数来表示人均职工教育费,用其代表企业对职工的在职培训力度。

三、实证结果及其分析

回归结果如表 5-2 所示,表 5-2 第一列为总体样本回归结果。生产要素收入分配公平性指标变量的一次项回归系数在 1% 显著性水平下显著为正值,表明在生产要素收入分配公平性数值较低的阶段,纠正生产要素收入分配失衡,推动生产要素收入分配关系向公平状态靠拢,有利于提升制造业企业的研发投入强度。生产要素收入分配公平性二次项变量的回归系数在 1% 显著性水平下显著为负值,表明随着生产要素收入分配客观公平性数值不断提升,达到一定数值之后,其对企业研发投入强度的激励作用将由正转负。在这种情况下,收入分配进一步向资本一方倾斜,或者说生产要素收入分配处于严重资本偏向型分配状态时,将削弱企业的研发投入强度。由此,前文的假设的全部结论都已得到验证,制造业企业研发投入强度与其生产要素收入分配公平性之间呈倒 U 形关系。由表 5-2 第一列数据可以计算出该倒 U 形关系的拐点值等于 1.441,处于资本倾向性分配状态,说明目前中国制造业企业的生产要素收入分配公平性与研发强度的关系仍待进一步优化,制造业企业将其研发强度提升至较高水平时,很有可能使其内部的生产要素收入分配关系背离公平状态。

从不同地区来看,东、中、西部地区的生产要素收入分配客观公平性变量的回归系数都在 1% 显著性水平下显著为正值,其二次项也都在 1% 显著性水平下显著为负值,倒 U 形关系在东、中、西部地区均适用。但是仔细观察东、中、西部地区的倒U形拐点值可以发现,东部地区的拐点值为0.428,小于1,而中部地区和西部地区的拐点值均大于1,西部地区的拐点值最大,为2.475。这表明西部地区和中部地区的制造业企业的盈利能力普遍较低,且其面临的内源性融资约束比东部地区企业更为严重。

表5-2 生产要素收入分配公平性对企业研发投入强度的影响的实证结果

解释变量	(1) 总体样本	(2) 东部地区	(3) 西部地区	(4) 中部地区
ϕ^2	−0.0374*** (−22.85)	−0.0007*** (−19.29)	−0.0020*** (−11.26)	−0.0489*** (−6.06)
ϕ	0.1078*** (9.71)	0.0006** (2.29)	0.0099*** (9.19)	0.1283** (2.10)
$pcmf$	0.0292*** (88.54)	0.0007*** (101.75)	0.0012*** (30.26)	0.0857*** (36.72)
$supp$	0.1730*** (158.56)	0.1576*** (17.94)	0.0024 (0.14)	0.1738*** (64.58)
$prof$	0.0183** (2.25)	0.0007*** (3.66)	−0.0013*** (−13.17)	0.6505*** (3.72)
$mark$	24.0618*** (45.94)	0.4632*** (37.46)	0.7100*** (15.09)	69.5528*** (20.17)
edu	0.3910*** (34.85)	0.0086*** (32.49)	0.0019* (1.80)	1.2895*** (18.43)
exp	0.1214*** (7.86)	0.0059*** (15.88)	0.0039*** (4.33)	4.7507*** (11.93)
_cons	−8.1318*** (−33.55)	−0.1647*** (−29.67)	−0.2407*** (−8.68)	−22.0499*** (−14.65)
年份效应	控制	控制	控制	控制
行业效应	控制	控制	控制	控制
样本数	836 216	629 805	70 805	135 606

续　表

解释变量	(1) 总体样本	(2) 东部地区	(3) 西部地区	(4) 中部地区
F/X^2	59 157.58	39 386.87	5 485.98	10 949.78
$prob(F/X^2)$	0	0	0	0

注：括号内为 t 值，***、** 和 * 分别为系数在 1%、5% 和 10% 水平下显著。

四、进一步扩展研究

根据前文分析，制造业企业的生产要素收入分配公平性数值变动与企业所面临的融资约束密切相关，即制造业企业生产要素收入分配公平性数值的上升，意味着企业的产出当中有更大一部分转化为企业的利润，而企业利润水平的上升会缓解其面临的融资约束，充实其内源性融资，使得企业具备进一步提升研发强度的空间及研发投入强度的可能性。那么企业原本的内部外融资约束对生产要素收入分配与研发投入关系具有何种影响？为此，本研究构建计量模型 5-22 和 5-23。模型中 $liquid$ 表示企业的自有资金充裕度，代表企业原本的内源性融资约束，用流动资产年平均余额与总资产之比来表示。$fina$ 表示企业面对的外部融资市场。外部融资（$fina$）用筹资活动产生的现金流与主营业务成本之比来表示，该指标数值越大，表明企业融资越依赖外部融资市场。本研究分别用其与生产要素收入分配公平性变量的交乘项来观察企业的内外部融资水平对制造业企业生产要素收入分配与研发投入强度之间的关系的调节作用。

$$RD_{it} = \alpha + \beta_2 \phi_{it} * fina + \gamma X_{it} + \sum Year + \sum ind + \varepsilon_{it} \quad (5-22)$$

$$RD_{it} = \alpha + \beta_2 \phi_{it} * liquid + \gamma X_{it} + \sum Year + \sum ind + \varepsilon_{it} \quad (5-23)$$

模型 5-22 和 5-23 的回归结果列示于表 5-3 和表 5-4 当中，由表 5-3 第一列和第四列可见，总体样本 $\Phi^* fina$ 变量的回归系数在 1% 显著性水平下显著为正值，$\Phi^* liquid$ 变量的回归系数在 1% 显著性水平下显著为负值。$\Phi^* fina$ 变量的回归系数为正值表明，当制造业企业在日常经营过程中对外源性融资依赖度较高时，其内源性资金的稀缺程度将更高，导致其生产要素收入分配在向资本一方倾斜时所带来的内源性资金对企业的研发创新投入的激励作用更强,生产要素收入分配公平性与企业研发投入强度之间的倒U形关系的拐点向右移动。$\Phi^* liquid$ 变量回归系数为负值,表明当制造业企业的自有资金比较充裕时,其内源性资金的稀缺程度将下降,生产要素收入分配在向资本一方倾斜时所带来的内源性资金的进一步增加对企业研发创新的边际激励作用也将下降,导致生产要素收入分配公平性与其研发强度之间的倒U形关系的拐点左移。该实证结果表明,缓解企业内源性融资约束,有利于保证企业在不牺牲企业内部生产要素收入分配公平性的情况下进一步提升其研发强度,进而提升其自主创新能力。

表 5-3 企业融资约束对生产要素收入分配公平性与研发投入关系的调节作用

解释变量	(1)	(2)
$\Phi^* fina$	0.012 5*** (2.91)	
$\Phi^* liquid$		−0.183 3*** (−13.35)
控制变量	YES	YES
年份效应	控制	控制
行业效应	控制	控制
样本数	836 185	836 257
F/X^2	58 295.57	58 472.79
$prob(F/X^2)$	0	0

注:括号内为t值,***、**和*分别为系数在1%、5%和10%水平下显著。

五、稳健性检验

本研究借鉴柏培文(2018)的方法,将劳动产出弹性设定为0.65,资本产出弹性设定为0.35,然后计算得到制造业企业的生产要素收入分配公平性变量,并用这一新变量及其二次项代替原有的生产要素收入分配公平性变量进行 Tobit 回归,以此来考察本研究实证结果的稳健性。表 5-4 和表 5-5 显示了稳健性检验的实证结果,从中可见采用全新生产要素收入分配公平性变量及其二次项作为核心解释变量后得到的实证结果与前文完全一致,由此可见本研究实证结果十分稳健。

表 5-4 $\beta=0.65$ 时生产要素收入分配公平性对企业研发投入的影响

解释变量	(1) 总体样本	(2) 东部地区	(3) 西部地区	(4) 中部地区
ϕ^2	−0.016 3*** (−22.85)	−0.000 3*** (−19.29)	−0.000 9*** (−11.26)	−0.021 2*** (−6.06)
ϕ	0.071 0*** (9.71)	0.000 4** (2.29)	0.006 5*** (9.19)	0.084 4** (2.10)
控制变量	YES	YES	YES	YES
年份效应	控制	控制	控制	控制
行业效应	控制	控制	控制	控制
样本数	836 216	629 805	70 805	135 606
F/X^2	59 157.58	39 386.87	5 485.98	10 949.78
$prob(F/X^2)$	0	0	0	0

注:括号内为 t 值,***、** 和 * 分别为系数在 1%、5% 和 10% 水平下显著。

表 5-5 $\beta=0.65$ 时融资约束对生产要素收入分配公平性与
　　　　研发投入关系的调节作用

解释变量	(1)	(2)
$\Phi^* fina$	0.008 3*** (2.91)	
$\Phi^* liquid$		−0.120 6*** (−13.35)

续 表

解释变量	(1)	(2)
控制变量	YES	YES
年份效应	控制	控制
行业效应	控制	控制
样本数	836 216	629 805
F/X^2	58 295.57	58 472.79
$prob(F/X^2)$	0	0

注：括号内为 t 值，***、** 和 * 分别为系数在 1％、5％和 10％水平下显著。

第四节 主要研究结论与对策建议

本研究运用 1998—2007 年中国工业企业数据库的制造业企业数据，结合数理理论模型推导，从理论和实证两个方面考察了制造业企业内部生产要素收入分配公平性对企业研发投入强度的影响。在数理模型推导所得结论的基础上，本研究主要得出如下结论：

首先，制造业企业的生产要素收入分配公平性数值与企业研发强度之间呈显著倒 U 形关系，且其倒 U 形关系的拐点值大于 1。这一结论说明就目前而言，中国制造业企业的生产要素收入分配公平性与研发强度的关系仍待进一步优化，制造业企业将其研发强度提升至较高水平时，很有可能使其内部的生产要素收入分配关系背离公平状态。

其次，企业面临的内外部融资约束均对生产要素收入分配公平性与研发投入之间的关系具有调节作用。放松企业面临的内源性融资约束会使生产要素收入分配公平性与研发投入之间的倒 U 形关系拐点左移；当制造业企业融资更加依赖外部融资时，则会使倒 U 形关系拐点右移。总体而言，缓解制造业企业的内源性融资约束，降低企业对外源性资金的依赖，有利于保证企业在不牺牲企业内部生产要素收入分配公平性的情况下进一步提升其研发强度，进而提升其自主创新能力。

最后，企业生产要素收入分配公平性与研发投入之间的倒 U 形关系拐点值具有显著异质性，其中东部地区的拐点值小于 1，而中部地区和西部地区的拐点值均大于 1，其中西部地区的拐点值最大。这表明相对于东部地区企业，西部地区和中部地区的制造业企业的盈利能力普遍较低，且其面临的内源性融资约束较东部地区企业更为严重。

根据本章研究内容和主要研究结论，提出如下对策建议：

第一，市场机制与公共政策手段齐发力，防止制造业企业内部生产要素收入分配关系过度失衡。由于制造业企业生产要素收入分配公平性数值与研发投入强度之间呈倒 U 形关系，制造业生产要素收入分配关系的失衡必然会对其研发强度造成负面影响。因此，一方面应充分发挥市场机制在资源配置过程中的主导作用，推动各类生产要素按贡献获取报酬；另一方面应通过公共政策手段弥补市场机制的外部性，在市场机制的基础上有效调节制造业企业内部生产要素分配格局。

第二，进一步缓解制造业企业的内源性融资约束，缓解其对外源性融资的依赖程度，有利于中国制造业企业同时实现内部生产要素收入分配公平与创新驱动发展。一方面需要进一步优化营商环境，降低企业税费水平，提升企业自身盈利水平；另一方面要政府与民间组织齐发力，加大对企业研发创新活动的支持力度，有效保障制造业企业研发创新活动所需内源性资金，进而提升企业的研发创新积极性。

第三，考虑中国制造业企业的地区异质性，在优化内部生产要素收入分配关系、缓解融资约束和优化创新激励时，需要因地制宜地进行差异化处理，不可"一刀切"。东部地区企业的生产要素收入分配公平性数值与研发强度的倒 U 形关系拐点小于 1，因此，东部地区省份应更加注重劳动者权益的保护和最低工资制度的贯彻施行；中西部地区制造业企业则大于 1，因此中西部地区则应该以提升企业盈利能力作为政策着力点，通过提升企业盈利能力和利润水平来缓解企业内源性融资约束，以优化生产要素收入分配公平性与研发投入的关系，力争实现公平正义要素分配格局与企业创新驱动的并行不悖。

第六章　制造业数字化转型、技术创新效应与全球价值链分工

数字经济通过推进数字技术与实体经济彼此渗透融合,加速推进产业数字化进程。换言之,产业数字化水平的提升,正是数字技术与数字化要素在各行业普及应用的过程。制造业数字化转型目前正处于加速期,其经济效应已经成为学界研究热点。鉴于此,一个非常重要的问题便是,制造业的数字化转型水平提升,究竟对制造业的技术创新影响如何?更进一步,在当前中国加快打造"双循环"新发展格局的背景下,制造业的数字化转型能否通过推动制造业企业技术创新,推动中国制造业产品在全球价值链分工地位以及实现国际市场竞争力的提升?本章将针对上述问题开展研究。

第一节　问题的提出

20世纪90年代以来,参与全球价值链(Global Value Chain,GVC)分工成为各国经济快速融入全球化的主导路径。中国以劳动、土地等要素比较优势嵌入GVC分工体系,被誉为"世界工厂"。然而,新冠肺炎疫情大流行、俄乌冲突等"黑天鹅"事件接踵而至,逆全球化和单边制裁甚嚣尘上,加上发达国家产业"再本土化"等因素叠加,近年来国际贸易和国际投资大幅萎缩,全球供应链和价值链危机频发,中国制造业面临着前所未有的挑战,重构全球价值链的需求也日益迫切。在此百年变局加速演进背景下,提升中国制造业的国际竞争力,让"中国智造"高质量发展,成为亟待解决的现实问题(余姗,2021)。与此同时,新一轮科技革命和产业革命席卷全球,随着大数据、物联网、云计算、人工智能等数字技术广泛应用,数字经济与实体经济快速融合,创造出全新的

商业模式和产业生态。据统计,中国数字经济增加值规模由2005年的2.6万亿元扩张到2020年的39.2万亿元,成为国民经济最强劲的增长极。全球已有超过170个国家或地区发布了"数字战略",数字经济成为经济增长的新引擎、产业升级的新路径、国际竞争的新焦点(张艳萍等,2021)。当前中国正处于加快构建新发展格局的重要战略转变期,探讨如何构筑数字经济新优势,通过数字化赋能,提升参与制造业在全球价值链中的参与程度,在更高水平上实现国内国际双循环的相互促进,意义十分重大。

本研究与以下三类文献密切相关。第一类是数字经济研究。唐·塔普斯科特(Don Tapscott,1995)最早在《数字经济》(*Digital Economy*)一书中提出"数字经济"概念。之后,诸多学者和组织分别从经济活动、投入产出、商业模式、系统结构等视角对数字经济的定义进行广泛探讨(裴长洪,2018)。被学者普遍接受的数字经济定义是以现代信息网络为重要载体、以信息化为重要推力的一系列经济活动(G20,2016),其四大形态分别为数字产业化、产业数字化、数字化治理和数据价值化(Tapscott,1996;中国信通院,2020)。其后,学者开始对数字经济进行测算。主要核算方法有两种,一是直接核算法,即计算数字产业化与产业数字化的规模;二是指标体系核算法,即采用国民经济核算、增加值剥离以及数字经济卫星账户构建(杨仲山等,2019;续继等,2019)等方法测算城市层面数字经济发展水平。不同于上述文献,本研究聚焦于产业数字化对于中国制造业参与全球价值链分工的影响。

第二类是全球价值链研究。1994年,盖雷菲等(Gereffi et al.,1994)首次提出"全球价值链"概念,为分析一个经济体的产业发展和企业竞争力提供了崭新视角(何文彬,2020)。其后,汉弗莱和施密茨(Humphrey & Schmitz,2002)探讨了全球价值链的治理模式。格雷夫(Gereff,2002)等根据市场交易的复杂程度、识别交易的能力和供应能力,将全球价值链的治理模式细分为市场型(Market)、模块型(Modular)、关系型(Relational)、领导型(Captive)和科层型(Hierarchy)。随着世界投入产出表权威数据库WIOD、OECD、GTAP、ADB-ICIO的陆续问世,国内外学者开始对全球价值链进行量化分析。目前GVC量化分析的主流模型是库普曼等(Koopman et al.,2010)提出的KPWW测算模型和王等(Wang et al.,2017)提出的WWZ模型。后者将一国的出口总值分解为16个部分,实现了贸易增加值的完全分解,故其对GVC地位指数、参与度指数和长度指数的测算最为全面。接下来,对全球价值链维度的影响因素研究成为热点。学者们主要从人工智能(吕越等,2020)、金融结构(盛斌和景光正,2019)、制造业服务化(潘安,2020)、外资引入(李向毅和田慧,2021)、服务贸易自由化(韩民春和杨承奥,2021)、突发公共卫生事件(汪亚楠和苏慧,2021)等方面对GVC分工地位的影响进行研究。不过这些文献多是从GVC地位指数、参与度指数进行单维度或双维度分析,涉及GVC长度的研究较少。徐博和杨来科(2021)指出,中间品关税减让可以延长企业的前后向价值链长度。闫云凤和赵忠秀(2018)将中国参与全球价值链的生产链长度分为纯国内、传统贸易和GVC生产链来研究,指出,随着中国制造业嵌入GVC,大部分细分行业的生产链长度以及纯国内、传统贸易和GVC生产链长度都变长了。本研究着重从制造业整体层面分析数字转型对GVC长度的影响。

第三类是数字经济与全球价值链的关系研究。目前,从数字经济与全球价值链相结合的角度展开研究的文献比较少。李馥伊(2018)首次系统分析了行业层面数字化水平对全球价值链升级的影响。其对行业数字化水平的测量方法是基于WIOD世界投入产出表,以通信与信息服务对各个制造业部门的投入作为数字经济衡量指标,这为其他学者研究行业层面数字水平提供了借鉴。后续学者采用此方法并对研究维度进行拓展。张艳萍(2021)将研究维度拓展为3个指标,选取计算机和电子产品、邮政和通信业、电信业三个行业作为数字经济基础部门,以数字经济基础部门对中国各制造部门的增加值投入量来衡量数字化水平,然后从GVC广度和高度两个维度分析数字经济对制造业全球价值链分工的影响。张晴(2021)将指标拓展为8个,从数字基础设施、数字化媒体、数字化交易三个方面估算了企业层面的数字化水平,发现制造业数字化水平对企业全球价值链分工地位有显著提升作用。齐俊妍(2021)在上述方法的基础上,测算国家数字化发展水平,再乘以行业数字化比率作为行业数字经济渗透指标,得出行业数字化渗透会提升制造业GVC地位的结论。上述研究虽然做了有益探索,但存在两点不足:一是数字经济测量指标维度较窄,如测算行业层面数字化水平没有将数字技术、数字服务、数字金融纳入。本研究拟对照城市层面的数字经济测量指标,参照中国信通院、欧盟等测量指标,对产业数字化水平进行核算,进一步拓展产业数字化水平的测量维度。二是现有研究尚未将GVC长度指数纳入分析框架,只从GVC地位指数进行单维度或双维度分析。事实上,GVC长度(即生产分割步长)是价值链分析的有力工具,它从生产细分的维度对产业间联系进行测度(倪红福,2016)。随着新冠肺炎疫情的爆发和常态化,人们认识到,GVC的长度既关系到分工效率,也深刻影响到全球供应链的安全,在疫情后重建全球价值链的过程中,需要重新审视与 GVC 长度相关的效率和安全的关系。

本研究的边际贡献是:(1)研究视角上,不同于既有的国家和城市层面数字经济研究,从行业角度考察数字化转型对制造业嵌入全球价值链的影响,同时将 GVC 长度引入分析框架,拓展和丰富了数字化转型对制造业参与 GVC 的综合影响。(2)通过动态面板实证检验了数字化转型对 GVC 分工两个维度的正向影响,并进行行业异质性分析。(3)研究方法上,借鉴欧盟和通信院测算的城市数字经济指标,从数字基础设施、数字技术创新、数字公共服务三方面构建 10 个二级指标衡量产业数字化水平。(4)机制分析上,将国家之间的冰山贸易成本引入产业层面,构建产业冰山贸易成本,同时测算资源配置效率和技术创新指数,进行中介效应分析。

后文结构安排如下:第二节讨论制造业数字化转型对全球价值链各指标的影响机制与研究假说;第三节为计量模型构建与变量说明;第四节为实证研究结果及分析;第五节为机制检验;第六节为结论与研究展望。

第二节　影响机制与研究假说

数字经济对一国制造业参与 GVC 的影响机制可以从两个维度来测量:一是 GVC 参与度指数,用于衡量一国产业对全球价值链的参与程度,指标数值越大,则参与程度越深。二是 GVC 长度指数,指一国产业部门在从原材料到最终产品的全球生产过程中所承担的阶段(环节)数量,即从初级要素的提供者到最终产品的使用者之间的距离(孟祺,2021)。那么,制造业数字化转型对于参与 GVC 的两个维度,究竟是通过哪些机制产生影响的呢?本书删繁就简,将主要影响机制归纳如下:

一、成本节约效应

全球价值链分工是市场经济发展到高级阶段即全球化阶段的产物。杨格(1996)的分工理论表明,分工能否演进取决于分工效率的提升与由此带来的中间环节增多而导致交易成本上升的比较。如果效率提升足以弥补因此而带来的成本上升,那么分工就能够演进和细化。国际分工产生的跨境交易(如谈判、签约、通关、检验、物流、保险、金融等)成本较高,如果数字技术能够在一定程度上突破这些障碍(尤其是其中的大部分制度性障碍),国际贸易的交易成本将会大大减少,从而推动国际分工深入发展。

新新贸易理论的代表人物梅利茨(Melitz,2003)认为企业出口受两种因素影响:进入国际市场的固定成本和企业的可变成本。数字化转型可有效降低企业的这两种成本,进而影响企业的国际分工参与度和长度。主要原因有三:一是数字技术能够降低价值链各环节由于信息不对称所产生的交易成本,特别是无纸化贸易、电子认证、电子签名、线上谈判等技术显著减少了贸易环节的交易成本(Jullien,2012;Schor,2017)。二是以人工智能和云计算为基础的智慧物流可以实现货物分拣、包装、运输、存储一体化,数字技术还使企业可以实时掌握物流状况,显著降低物流成本。三是在线翻译克服了线上交易的语言鸿沟,可以提高沟通的效率和频次,降低沟通成本。

质言之,一方面,数字技术使企业参与全球价值链的沟通协调成本下降、合作效率提高,显著降低了企业进入国际市场的门槛,使中小企业能够参与国际贸易,快速融入全球价值链,提高产业的全球价值链参与度。另一方面,为节约成本和提高效率,数字技术驱使分工的功能连接向模块化和标准化方向演变,使企业更加专注于专业化生产,朝着"专精特新"的路线演进,有利于拓展一国产业在全球价值链上的长度。

假说1:数字化转型通过降低国际贸易成本,有助于深化制造业的GVC参与度,同时促使国际分工向模块化演进,进一步促进垂直专业化和延长GVC长度。

二、技术创新效应

数字技术作为一种全新的生产力,对供给侧的深刻影响主要体现在技术创新。一是数字技术的发展及其有效应用,有助于缩短研发周期,促进企业研发效率与研发能力提升(郭海和韩佳平,2019)。同时,企业利用数字技术改造生产设备,有利于提高劳动生产率,增强产品竞争力。二是数字技术增强了企业整合外部创新资源与链接外部环境的能力,推进产业链的创新协作与整合,有助于破解研发瓶颈(李唐等,2020)。三是数字技术的应用唤醒了个性化、多样化的小众需求,使私人订制、DIY设计等商业模式大增,激发出"长尾经济"的潜力,增强了供应链柔性,有利于提升制造业在全球价值链上的价值增长空间。四是数字平台的广泛应用显著降低各行业的投资和技术门槛,使中小企业融入全球价值链变得更为容易。质言之,数字技术的创新效应主要通过提高分工效率来增强制造业在全球价值链上的比较优势,进而增加制造业的GVC参与度和生产长度。

假说2:数字化转型通过促进技术创新、提高生产效率来推动制造业在全球价值链中的参与度和生产长度增加。

三、资源配置优化效应

全球价值链分工是根据各国的要素禀赋优势来配置资源的产物。数字经济不仅带来数据这一新要素,而且通过新技术、新组织、新业态对传统制造业的要素禀赋及其配置方式也产生了巨大影响,在很大程度上改变了传统产业的生产函数,推动了资源要素的重组和优化配置。其一,制造业的数字化转型通过资源配置优化效应提升了产业在全球价值链中的参与程度。首先,数字化转型优化了产业的资本配置效率。数字化转型促使企业将更多的资金用于高效率、高附加值的数字化改造上,如建设智能化的生产线、数字车间、智慧物流、工业互联网等。这些投资不仅提高了企业的运营效率和管理水平,也有力地推动了产业转型升级,使高新技术产业获得迅猛发展。其二,数字化转型优化了劳动力配置效率。产业数字化大大减少了重复劳动,精简了用工数量,使高技能劳动力转移到附加值更高的部门寻求发展,从而使全产业的人力资本结构得到优化。人力资本具有技术溢出效应,高技能劳动力的聚集增强了企业的研发效率和竞争优势。其三,数字转型提高要素的总体配置效率。企业利用算法和智能识别系统,开展柔性制造,即时调配生产过程中要素资源的供需余缺,避免了资源错配和浪费(Acemoglu & Autor,2011)。资源配置效率的优化,推动传统制造业的生产要素、产业结构、创新体系、组织形态、商业模式等进行变革,实现制造业的高质量发展,提升了其在全球价值链中的参与程度。

假说3:数字化转型通过优化资源配置有利于提升一国制造业在全球价值链分工中的参与度。

第三节　计量模型构建与变量说明

一、实证计量模型设定

本研究建立如下计量模型,考察数字化转型对中国制造业嵌入全球价值链的影响:

$$GVC_{partiit} = \alpha_2 + \beta_2 dig_{it} + \gamma_2 \sum control_{it} + V_t + \theta_{it} \quad (6-1)$$

$$GVC_{lengthit} = \alpha_3 + \beta_3 dig_{it} + \gamma_3 \sum control_{it} + \phi_t + \zeta_{it} \quad (6-2)$$

其中,$GVC_{partiit}$、$GVC_{lengthit}$ 分别表示中国制造业 i 行业 t 时间的全球价值链参与度指数、长度指数。Dig 表示行业的数字化投入,$Control$ 表示控制变量合集。V、ϕ 分别表示时间固定效应,θ、ζ 分别表示随机扰动项。

二、变量测度及数据说明

(一)被解释变量

本研究依据王等(Wang et al.,2017)对一国出口的分解方法,借助世界投入产出表的相关数据来测度并构建中国制造业的 GVC 参与度和长度指标。根据世界投入产出表,利用总产出生产函数和行业平衡条件,可以将增加值分解为:

$$X^s = A^{ss}X^s + \sum_{r \neq s}^{G} A^{sr}X^r + Y^{ss} + \sum_{r \neq s}^{G} Y^{sr} = A^{ss}X^s + Y^{ss} + E^{s*} \quad (6-3)$$

其中,Ass 为 s 国国内对 s 国的消耗系数矩阵;Asr 为 r 国对 s 国的消耗系数矩阵,E^{s*} 为 s 国的总出口列向量。

两边同乘 $L^{ss} = (I - A^{ss})^{-1}$(里昂惕夫逆矩阵)得到:

$$X^s = (I - A^{ss})^{-1}Y^{ss} + (I - A^{ss})^{-1}E^{s*} = L^{ss}Y^{ss} + L^{ss}E^{s*} = L^{ss}(Y^{ss} + E^{s*})$$
$$(6-4)$$

进一步,对总出口按中间产品、最终产品和最终吸收目的地进行分解,可以得到：

$$L^{ss}E^{s^*} = L^{ss}(\sum_{r\neq s}^{G}Y^{sr} + \sum_{r\neq s}A^{sr}X^r) = L^{ss}\sum_{r\neq s}^{G}Y^{sr} + L^{ss}\sum_{r\neq s}A^{sr}X^r$$
$$= L^{ss}\sum_{r\neq s}^{G}Y^{sr} + L^{ss}\sum_{r\neq s}A^{sr}\sum_{u}^{G}(B^{ru}\sum_{t}^{G}Y^{ut}) \quad (6-5)$$

将式 6-5 代入式 6-4，两边同乘 $\hat{V}$，将行业部门增加值分解如下：

$$(Va^s)' = \hat{V}^sL^{ss}Y^{ss} + \hat{V}^sL^{ss}E^{s^*}$$
$$= \underbrace{\hat{V}^sL^{ss}Y^{ss}}_{(1)-V\_D} + \underbrace{\hat{V}^sL^{ss}\sum_{r\neq s}^{G}Y^{sr}}_{(2)-V\_RT} + \underbrace{\hat{V}^sL^{ss}\sum_{r\neq s}A^{sr}L^{rr}Y^{rr}}_{(3a)-V\_GVC\_R} +$$
$$\underbrace{\hat{V}^sL^{ss}\sum_{r\neq s}A^{sr}\sum_{u}^{G}(B^{ru}Y^{us})}_{(3b)-V\_GVC\_D} + \Big[\underbrace{\hat{V}^sL^{ss}\sum_{r\neq s}A^{sr}\sum_{u}^{G}(B^{ru}\sum_{r\neq s}^{G}Y^{ut})}_{(3c)-V\_GVC\_F} -$$
$$\hat{V}^sL^{ss}\sum_{r\neq s}A^{sr}L^{rr}Y^{rr}\Big] \quad (6-6)$$

由此可知，一国行业的国内增加值由以下三部分构成：一是 V_D，该部分增加值不涉及国际贸易，生产的产品纯粹满足国内最终需求。二是 V_RT，指本国出口直接被进口国吸收的最终产品的增加值。三是中间产品出口的国内增加值，包含了全球价值链的全部跨境生产环节。该部分可进一步分解为：(1) 隐含在中间产品出口中的增加值，被进口国用来加工生产并在其国内直接消费；(2) 这部分增加值指出口的中间品被进口国作为原材料生产，然后出口本国；(3) 产品被进口国加工生产后再出口到第三国，跨境两次或以上。

1. 全球价值链参与度

全球价值链参与度指标用于衡量一国产业在全球价值链中的参与程度，指标数值越大，则参与越深。传统的 GVC 参与度指数是由胡梅尔斯（Hummels，2001）提出的。胡梅尔斯认为，一国可以通过前向联系和后向联系两种途径参与全球价值链分工，故其构建了全球价值链参与度指数，被学界广泛采用。但此方法存在两个缺陷：一是将出口总额作为分母。当一些行业出口规模很小时，容易高估其 GVC 参与度（张艳萍等，2021）。二是未能考虑进口中间品被本国直接吸收的贸易方式。王（Wang，2017）拓展了胡梅尔斯的理论，构建了新的 GVC 参与度指数，包含了一国参与 GVC 的全部环节。此方法区分了 GVC 前向参与度和后向参与度，弥补了胡梅尔斯测度方法的不

第六章 制造业数字化转型、技术创新效应与全球价值链分工 / 143

足。公式如下：

$$GVC_{pf} = \frac{V\_GVC}{Va'} = \frac{V\_GVC\_S}{Va'} + \frac{V\_GVC\_C}{Va'} \quad (6-7)$$

$$GVC_{pb} = \frac{Y\_GVC}{Y'} = \frac{Y\_GVC\_S}{Y'} + \frac{Y\_GVC\_C}{Y'} \quad (6-8)$$

GVC_{pf}为前向参与度，GVC_{pb}为后向参与度。$\frac{V\_GVC\_S}{Va'}$表示制造业前向简单GVC参与度，$\frac{V\_GVC\_C}{Va'}$表示制造业前向复杂GVC参与度，$\frac{Y\_GVC\_S}{Y'}$表示制造业后向简单GVC参与度，$\frac{Y\_GVC\_C}{Y'}$表示制造业后向复杂GVC参与度。本研究基于王（Wang，2017）的方法测算GVC参与度指数，并将其计算公式定义为：

$$GVC_{pa} = GVC_{pf} + GVC_{pb} = \frac{V\_GVC^s}{\hat{V}^s X^s} + \frac{Y\_GVC^s}{Y^s} \quad (6-9)$$

2. 全球价值链长度

全球价值链长度被定义为从一个国家产业部门的原始投入到另一个国家最终产品的过程中的平均生产阶段数量。长度反映了生产过程分工细化的复杂程度，可以反映一国产业的上下游情况。GVC长度越长，产业链条越长，表明该部门参与GVC分工越深入，同时也表明分工的风险增加。总的生产长度可以分为纯国内生产长度（PLv_D）、传统贸易生产长度（PLv_RT）和全球价值链生产长度（PLv_GVC）。全球价值链生产长度又分为两部分：一是进口方直接吸收的产出和增加值（PLv_GVC_S），二是进口方加工再出口的那部分产出和增加值（PLv_GVC_C）。其计算公式为：

$$PLv = PLv\_D + PLv\_RT + PLv\_GVC = \frac{Xv\_D}{V\_D} + \frac{Xv\_RT}{V\_RT} + \frac{Xv\_GVC}{V\_GVC}$$
$$(6-10)$$

$$PLv\_GVC = PLv\_GVC\_S + PLv\_GVC\_C = \frac{Xv\_GVC\_S}{V\_GVC\_S} + \frac{Xv\_GVC\_C}{V\_GVC\_C}$$
$$(6-11)$$

其中，Xv_GVC_S 指该部门增加值对应的被 S 国直接吸收的总产出，Xv_GVC_C 指该部门增加值对应的被 S 国再加工出口的那部分总产出。V_GVC_S 代表该部门中间品出口（被 S 国直接吸收）所包含的国内增加值，V_GVC_C 代表该部门中间品出口（被 S 国再加工出口）所包含的那部分国内增加值。

（二）核心解释变量——数字经济水平

数字经济对制造业全球价值链的影响主要体现在制造业数字化部分（张艳萍，2021），即制造业利用数字化转型实现的价值增值。本研究借鉴齐俊妍和任奕达（2021）的思路，利用卡尔维诺等（Calvino et al.，2018）通过对 ICT 接入、ICT 使用、机器人利用率等多维指标测算"行业数字强度分类"结果，筛选出具备中高技术强度的数字行业与 WIOD 数据库世界投入产出表中的行业进行匹配。匹配时综合参考国际三大数字经济测算机构（欧盟、OECD、联合国国际电信联盟）及国内三大数字经济测算机构（中国信息通信研究院、中国电子信息产业研究院、上海社科院）对数字经济的内涵定义，得到数字基础设施、数字公共服务、数字技术创新三个维度 10 个行业，进而测算行业数字化水平。结果见表 6-1。本研究采用完全消耗系数核算行业数字经济水平。计算公式如下：

$$DIG_{dj} = a_{dj} + \sum_{m=1}^{N} a_{dm}a_{mj} + \sum_{m=1}^{N}\sum_{m=1}^{N} a_{dl}a_{lm}a_{mj} + \cdots \quad (6-12)$$

其中，DIG_{dj} 表示制造业 j 部门的数字化水平，a_{dj} 表示制造业 j 部门对数字经济依托部门 d 的直接消耗，等号右边第二项表示第一轮间接消耗，第三项表示第二轮间接消耗，依次类推。

表 6-1 行业数字经济综合指标

指 标	内 涵	二级指标	对 照
数字基础设施	电信设备与服务 计算机软硬件 电信业	C40-计算机程序设计、信息服务 C17-电脑，电子和光学产品的制造 C39-电信业	欧盟称为数字技术，OECD 称为智能化投入，国际电联称为 ICT 发展指数，中国电子信息研究院和中国通信研究院称为数字基础设施

续　表

指　标	内　涵	二级指标	对　照
数字公共服务	数字硬件仓储物流 数字金融服务 数字咨询服务	C34-运输的仓储和支持活动 C35-邮政和快递活动 C50-行政和支持服务活动 C41-金融服务活动,保险和养老金除外 C45-法律和会计活动;总部活动;管理咨询活动	中国电子信息产业研究院称为服务型数字经济,欧盟称为电子政务,上海社会科学院称为数字治理
数字技术创新	高等教育 科技研发	C-52教育 C-47科学研究与开发	上海社会科学院称为数字竞争力,中国电子信息研究院称为技术性数字经济,欧盟和OECD称为ICT人力资本

由表6-1可见,中国各制造业细分行业数字化水平呈逐年上升趋势。但是,截至样本最新年份,中国制造业各细分行业数字化大多仍处于较低水平。就数字化要素直接消耗系数而言,除计算机、通信和其他电子设备制造业外,其余制造业细分行业均超过10%。就更能全面反映制造业各细分行业数字化水平的完全消耗系数来看,农副食品加工业,食品制造业,酒、饮料和精制茶制造业,大纺织业类,木材加工和木、竹、藤、棕、草制品业,家具制造业,造纸和纸制品业,印刷和记录媒介复制业,文教、工美、体育、娱乐用品及其他制造业等劳动密集型行业全完消耗系数较低,基本处于10%—20%之间。通用设备、仪器仪表制造业,专用设备制造业,交通运输设备制造业,电气机械和器材制造业,医药制造业,计算机、通信和其他电子设备制造业等技术密集型行业的数字化完全消耗系数数值在20%以上。计算机、通信和其他电子设备制造业最高,其数字化水平已经接近80%。化学纤维制造业,橡胶和塑料制品业,非金属矿物制品业,黑色金属冶炼和压延加工业,有色金属冶炼和压延加工业,石油加工、炼焦和核燃料加工业,化学原料和化学制品制造业等资本密集型行业和高排放、重污染型行业的数字化水平介于劳动密集型行业与技术密集型行业之间,其数字化要素完全消耗系数数值在15%—20%之间波动。综上所述,数字经济在产业结构的选择上,由于数字技术与服务业的无形性、耗能低特性天然互补,因而数字经济在产业结构偏向性上会更加偏向于服务业,

数字技术与制造业的深度融合步伐显著慢于与服务业的深度融合(柏培文和张云,2021),导致中国制造业细分行业数字化水平普遍偏低,仍有较大提升空间。

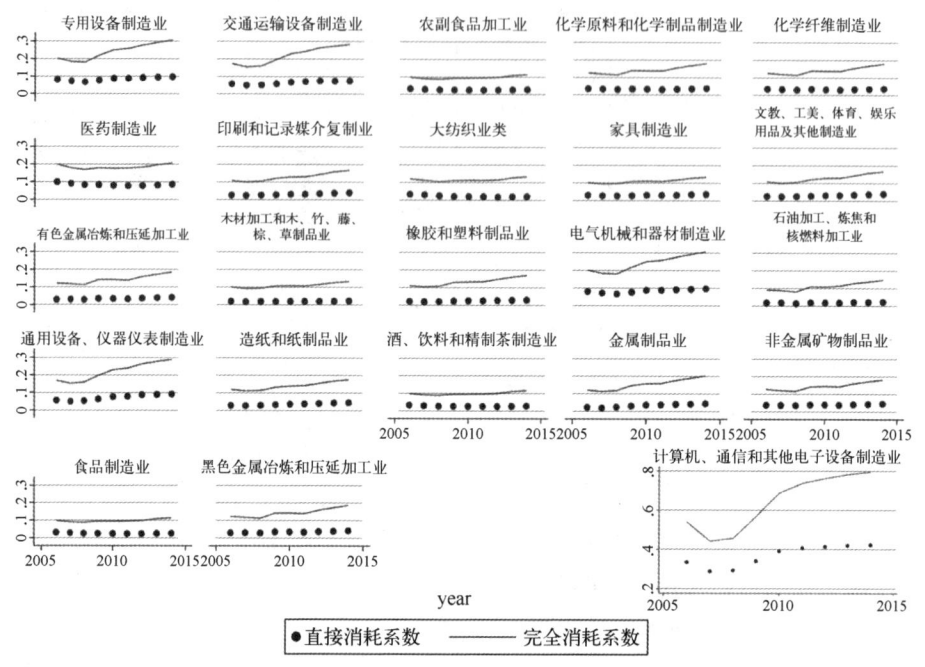

图6-1 中国制造业细分行业数字化水平示意

数据来源:作者根据WIOD数据库投入产出表自行计算绘制所得。

(三) 其他控制变量

本研究的控制变量包括:(1)产业集中度用赫芬达尔指数 HHI 表示。$HHI = \sum_{i=1}^{N}\left(\frac{Y_i}{Y}\right)^2 = \sum_{i=1}^{N} S_{it}^2$,$Y_i$ 和 Y 分别表示单个公司与所属行业的营业收入,(Y_i/Y) 为该公司所占的行业市场份额。该数值越接近1,则表示其产业集中度越高,越容易产生协同效应和成本节约,对GVC参与度有正向作用。(2)行业规模用行业总产出表示。行业规模反映了潜在的供给能力,行业规模越大越有利于价值链参与度提升。(3)行业劳动生产率用行业增加值/行业从业人数计算。行业劳动生产率表示生产效率,劳动生产率越高越有利于企业竞争力提升,对参与价值链分工有正向影响。(4)行业FDI用行业规模以上企业外商资本额表示。行业FDI的技术溢出提升了东道国的技术水平,推动GVC参与度提升。(5)行业出口需求用行业出口额表示。行业出口需求的大小反映了国外需求规模,行业出口需求越大,越有利于企业扩大生产,加强技术创新,参与全球价值链分工。(6)行业劳动力成本用行业劳动报酬/行业从业人数,即行业人均劳动报酬表示。劳动力成本增高降低企业竞争力,行业劳动力成本负向影响 GVC 参与度和长度。(7)贸易自由化水平用行业平均关税率表示。数据来自联合国贸易数据库(UN Comtrade Database),包含 HS92、HS96、HS02、HS07、HS12 五类海关编码,由于 HS02 没有 2001 年及以上年份的数据,故本文使用 HS96 与中国行业分类 2017 编码对接,对接标准参照盛斌(2002)和徐小锋(2019)。平均关税率下降提高了进口高技术中间品的概率,促进价值链参与度和长度提升。此外,在回归时将行业规模、行业出口需求、行业劳动力成本、行业 FDI 取自然对数以消除异方差。

(四)数据来源与变量描述性统计

在计算全球价值链地位、参与度、长度指标时,本研究使用最新的 2016 年版 WIOD 数据库,同时结合对外经贸大学全球价值链研究院 UIBE 数据库,考察时段为 2001—2014 年。行业出口额、行业就业人数使用 WIOD-SEA 数据库,平均关税率使用联合国贸易数据库,行业 FDI、行业总产出使用《中国工业统计年鉴》和《中国统计年鉴》,行业劳动报酬来自世界银行世界发展指数数据库,公司营业收入来自国泰安数据库。本研究将中国工业分类标准中的 27 个细分行业与 WIOD 数据库中的制造业细分行业进行匹配得到 17 个制造业细分行业[①]。变量分析见表 6-2 所示。

表 6-2 主要变量的描述性统计

变量	样本数	均值	标准差	最小值	最大值
GVC 参与度	238	0.316	0.138	0.002	0.672
GVC 长度	238	3.013	0.734	1.766	4.432
数字经济水平(Dig)	238	0.167	0.118	0.079	0.795
行业集中度	238	0.333	0.117	0.137	0.740
劳动生产率	238	1.017	1.084	0.169	7.318
平均关税率	238	0.099	0.055	0.028	0.315

续 表

变　量	样本数	均值	标准差	最小值	最大值
行业规模（对数）	238	14.38	1.009	12.20	16.23
行业FDI（对数）	238	6.079	1.177	3.298	8.341
出口需求（对数）	238	10.16	1.440	7.005	13.24
人均劳动报酬（对数）	238	3.379	0.715	1.765	5.142

第四节　实证研究结果及分析

一、基准回归结果

本研究使用双向固定效应模型和全面FGLS考察数字经济对GVC两个维度的影响，表6-3报告了基准回归的结果。估计结果显示：制造业数字化转型对GVC参与度和长度都有显著影响，且影响系数为正，说明产业数字化有利于降低中小企业进入国际市场的门槛，提升其参与度；并且使得企业更专注于核心业务发展，深化专业分工，产业的GVC长度变长。全面FGLS考虑组内自相关、组间异方差和同期相关性，被认为是更有效率的估计方法，所得出的数字经济对全球价值链的参与度指数和长度指数的影响系数都相对较小（0.442<0.636，0.295<0.838）。

表6-3　基准回归结果

VARIABLES	GVC参与度 FGLS(1)	GVC参与度 FE(2)	GVC长度 FGLS(3)	GVC长度 FE(4)
Dig	0.442*** (8.19)	0.636*** (4.30)	0.295*** (6.83)	0.838*** (3.42)
HHI（赫芬达尔指数）	−0.021* (−1.70)	0.008 (0.09)	−0.067*** (−4.69)	−0.091 (−0.59)

续　表

VARIABLES	GVC 参与度 FGLS(1)	GVC 参与度 FE(2)	GVC 长度 FGLS(3)	GVC 长度 FE(4)
Tari（平均关税率）	−0.063 (−0.66)	−0.253 (−0.62)	−0.085 (−1.14)	−0.582 (−0.86)
Produ（劳动生产率）	0.034*** (12.05)	0.049*** (4.35)	−0.015*** (−4.37)	−0.003 (−0.16)
Lnex（行业出口需求）	0.008 (1.57)	−0.010 (−0.39)	−0.056*** (−9.82)	−0.268*** (−6.68)
Lnlabre（行业劳动力成本）	−0.065*** (−6.52)	−0.041 (−1.03)	0.090*** (8.90)	0.048 (0.71)
Lnfdi（行业 FDI）	0.006*** (3.30)	0.011 (0.76)	0.003** (2.12)	0.016 (0.65)
Lnscale（行业规模）	−0.021** (−2.03)	−0.102** (−2.42)	0.033*** (3.82)	0.023 (0.34)
Constant（常数项）	0.256** (2.08)	1.473*** (2.90)	0.595*** (6.00)	4.130*** (4.91)
时间固定效应	是	是	是	是
行业固定效应	是	是	是	是
观测值	238	238	238	238
R-squared	——	0.788	——	0.979

注：括号内为 t 值，*，**，*** 分别代表在 10%，5%，1% 水平下显著。

二、稳健性检验

（一）指标度量的稳健性检验

本研究使用制造业数字化直接消耗系数作为数字转型的替代变量进行回归分析。表 6-4 展示的两个模型回归结果再次证明数字化转型对中国制造业 GVC 参与度指数具有正向推动作用。进一步分析控制变量，平均关税率的回归系数为负,说明当降低关税时,数字经济能够推动全球价值链参与度提升。同时,数字化转型对 GVC 长度的回归结果也与基准回归一致,证明了结果的稳健性。

表6-4 指标度量的稳健性检验结果

VARIABLES	GVC 参与度 FGLS(1)	GVC 参与度 FE(2)	GVC 长度 FGLS(3)	GVC 长度 FE(4)
Dig	0.979*** (8.23)	1.367*** (4.18)	0.772*** (8.33)	0.829*** (4.10)
HHI	−0.019 (−1.46)	0.002 (0.02)	−0.060*** (−3.38)	−0.031 (−0.53)
tari	−0.072 (−0.77)	−0.268 (−0.65)	−0.103 (−1.61)	−0.468* (−1.84)
produ	0.033*** (12.47)	0.046*** (4.16)	−0.013*** (−4.72)	−0.010 (−1.45)
lnex	0.008 (1.42)	−0.010 (−0.41)	−0.052*** (−6.62)	−0.100*** (−6.65)
lnlabre	−0.069*** (−7.21)	−0.048 (−1.19)	0.084*** (8.74)	0.046* (1.82)
lnfdi	0.005*** (3.27)	0.010 (0.65)	0.006*** (3.56)	−0.002 (−0.26)
lnscale	−0.014 (−1.45)	−0.084** (−2.01)	0.038*** (3.67)	0.019 (0.73)
Constant	0.182 (1.58)	1.273** (2.52)	0.498*** (3.96)	1.422*** (4.55)
时间固定效应	是	是	是	是
行业固定效应	是	是	是	是
Observations	238	238	238	238
R-squared	——	0.787	——	0.974

注:括号内为 t 值,*,**,*** 分别代表在 10%、5%、1% 水平下显著。

(二) 计量方法的稳健性检验

本研究选取两个工具变量解决由解释变量内生性可能导致的估计偏误问题。首先借鉴努恩(Nunn,2014)、齐俊妍(2021)的方法,使用1984年固定电话数量乘以行业互联网用户资源配置作为工具变量。戈德史密斯-平克汉姆等(Goldsmith-Pinkham et al.,2020)将这种形式的工具变量称为份额转移(Shift-Share)。在本研究中,份额对应为1984年固定电话数量,用以衡量历史上数字基建的发展程度。计算公式为:

$$IV_{it} = phone_{1984} \times H_{it}, H_{it} = \frac{labor\_ind_{it}}{Value\_add_{it}} \times User\_int_t \quad (6-13)$$

其中,$phone_{1984}$为1984年固定电话数量,H_{it}为行业互联网用户资源配置,$Value\_add_{it}$表示行业增加值,$labor\_ind_{it}$表示行业劳动力数量,$User\_int_t$表示互联网用户数量。数据分别来源于《中国统计年鉴》、WIOD-SEA数据库、《中国城市统计年鉴》。为稳健起见,本研究选取行业数字化水平滞后一期作为第二个工具变量,同时对工具变量的外生性和有效性进行检验,确保不存在弱工具变量问题。估计结果汇报于表6-5。由结果可知,GVC参与度和GVC长度指数两个面板核心解释变量均显著,说明数字化转型确实对制造业全球价值链参与度有正向推动作用,并有利于延长GVC分工长度。这进一步证实了研究结果是稳健的。

表6-5 计量方法的稳健性检验回归结果

变量	IV-2SLS		系统GMM	
	GVC参与度(1)	GVC长度(2)	GVC参与度(3)	GVC长度(4)
L.parti			0.507*** (9.47)	
L.Lengh				1.039*** (47.42)
Dig	0.595*** (3.91)	0.935*** (3.92)	0.171*** (4.03)	0.131** (2.63)
Constant	2.559*** (4.34)	6.723*** (7.27)	0.151 (7.11)	−0.099 (−1.65)

续　表

变　量	IV - 2SLS		系统 GMM	
	GVC 参与度(1)	GVC 长度(2)	GVC 参与度(3)	GVC 长度(4)
控制变量	是	是	是	是
时间固定效应	是	是	否	否
行业固定效应	是	是	否	否
AR(2)			[0.200]	[0.251]
Hansen test			[0.998]	[0.998]
Wald(P 值)			[0.000]	[0.000]
R2	0.716	0.983		
Observations	221	221	221	221

注：括号内为 t 值，*，**，*** 分别代表在 10%，5%，1%水平下显著。

（三）动态面板估计

将基准模型 6-1、模型 6-2 扩展为动态模型，采用系统 GMM 进行估计。方程设为：

$$GVC_{it} = \alpha_4 + \beta_4 dig_{it} + hGVC_{it-1} + \gamma_4 \sum control_{it} + \lambda_t + \varepsilon_{it}$$

(6-14)

GVC_{it} 分别表示 GVC 参与度指数和长度指数。本研究内生变量选取 GVC_{it} 的滞后一期和 Dig，控制变量视为外生变量，工具变量选取内生变量的两阶及更高阶的滞后项，对 GMM 方程采用两步估计法进行迭代，结果报告在表 6-5 列(3)—列(4)。AR(2)的 P 值大于 0.1，表明随机扰动项不存在自相关。Hansen 检验说明工具变量有效，不存在过度识别问题。由结果可知，无论是 GVC 参与度还是长度指数，其一阶滞后项和行业数字化水平都显著通过检验，且系数和基准回归结果一致。说明全球价值链参与度和长度具有长期累积效应。此结论与景光正(2021)结果一致，也进一步验证了制造业数字化转型对全球价值链两个维度的提升作用。

三、行业异质性分析

国内学者对制造业行业异质性进行分析时,主要有两种划分方法。第一种从要素禀赋视角,将制造业分为劳动密集型行业、资本密集型行业和技术密集型行业(康淑娟,2018;张艳萍,2021)。第二种是参照 OECD 划分标准,将制造业分为高技术行业、中技术行业和低技术行业(何文彬,2018;孙瑜康,2019)。国内关于数字经济对中国制造业行业异质性的研究中,按技术密集度分类的文献较少,本研究借鉴这种分类,将制造业划分为低技术、中技术和高技术行业(见表 6-6)。

表 6-6 基于技术密集度的行业分类

分 类	行 业
低技术行业	食品、饮料及烟草制品制造(C5);纺织、服装及皮革制品制造(C6);造纸及纸制品制造业(C8);录制媒体的印刷和复制(C9)
中技术行业	焦炭及成品油的制造(C10);化工及化学产品之制造(C11);橡胶和塑料制品制造(C13);其他非金属矿产品制造(C14);碱性金属制造(C15);金属制品制造,但机械设备除外(C16);家具制造业(C22)
高技术行业	医药制造业(C12);计算机、电子、光学产品制造(C17);电气设备制造(C18);机械设备制造(C19);汽车、挂车和半挂车制造(C20);其他运输设备制造(C21)

表 6-7 报告了基准回归的结果,估计结果显示:(1)数字化转型对高技术行业、中技术行业、低技术行业参与度均有显著正向影响,但影响幅度有所不同。数字化转型对中技术行业的影响最大,其影响大于高技术行业。主要原因可能是中国的高技术产业(尤其是关键技术)对国外的依赖性强,发达国家对华技术封锁和出口限制严格,即使产业实现数字化,对一些卡脖子技术的自主创新仍然需要时间,数字转型对高技术产业的影响效果暂时相对有限。(2)数字经济降低了企业生产成本和贸易成本,大幅促进低技术行业参与全球价值链分工。(3)在全球价值链长度上,数字转型对中低技术行业并不明显,对高技术行业有显著影响,这符合现实。在 2001—2014 年样本期内随着全球供应链一体化程度不断加深,各国根据自身的禀赋优势和成本差异逐渐

表 6-7 数字经济对制造业 GVC 影响的行业异质性分析

变量	低技术行业 GVC 参与度	低技术行业 GVC 长度	变量	中技术行业 GVC 参与度	中技术行业 GVC 长度	变量	高技术行业 GVC 参与度	高技术行业 GVC 长度
Dig1	2.335* (1.96)	0.629 (0.38)	Dig2	2.457* (1.81)	−1.180 (−0.59)	Dig3	1.731*** (12.71)	2.131*** (9.02)
控制变量	控制	控制	控制	控制	控制	控制	控制	控制
常数项	−0.087 (−0.32)	2.872*** (6.18)	常数项	0.679* (1.76)	4.595*** (8.17)	常数项	1.973*** (4.37)	1.937** (2.47)
时间固定效应	是	是	时间固定效应	是	是	时间固定效应	是	是
行业固定效应	是	是	行业固定效应	是	是	行业固定效应	是	是
样本数	56	56	样本数	98	98	样本数	84	84
R-squared	0.918	0.998	R-squared	0.732	0.987	R-squared	0.952	0.926

注：括号内为 t 值，*、**、*** 分别代表在 10%、5%、1% 水平下显著。

形成了较成熟的分工形态,分工越来越细。以苹果为例,其零部件生产供应商主要分布在中国(391家)、日本(139家)和韩国(32家),每个企业只专注于其中的某个环节和零部件,做到高度专业化,提高生产效率。所以,高技术行业的价值链长度更长,数字经济的影响更显著。

第五节 机制检验

根据前文,数字化转型主要通过贸易成本节约、技术创新和资源配置优化三条传导路径来影响制造业细分行业参与全球价值链分工。本节将检验这三条路径的有效性。

一、贸易成本效应的机制检验

数字化转型通过降低贸易成本促进分工效率提升,进而影响制造业参与全球价值链分工。贸易成本范围较广,包括关税和非关税壁垒成本、营销成本、谈判成本、运输成本、客户服务成本、语言成本等,不同行业的测度口径很难统一,数据收集较难。易(Yi,2003)的研究证实多次跨境交易增大了运输成本对贸易的影响。诺威(Novy,2006)改进引力模型,用冰山贸易成本替代贸易成本变量,被学者广泛采用。借鉴前人文献,本研究构建了行业层面的冰山贸易成本:

$$Cost_{ij,n} = 1 - \left(\frac{Export_{ij,n} \times Export_{ji,n}}{(GDP_j - Export_{j,n}) \times (GDP_i - Export_{i,n})} s^2 \right)^{\frac{1}{2\rho-2}}$$

(6-15)

式6-15中,i表示中国,j表示中国以外其余国家,n表示行业。$Cost_{ij,n}$表示中国第n行业向世界出口的贸易成本。$Export_{ij,n}$表示中国第n行业向世界出口的总额,$Export_{ji,n}$表示世界其余国家第n行业向中国的出口总额(可以用中国第n行业进口总额表示)。数据来源于联合国贸易数据库(UN Comtrade database)。GDP_i、GDP_j分别表示中国国内生产总值和中国以外世界其余国家国内生产总值。$Export_{j,n}$表示除中国外世界其余国家第n行业出口总额,$Export_{i,n}$表示中国第n行业出口总额,s代表中国和除中国外其余国家可贸易品的比重,ρ 表示替代弹性。为便于计算,本研究参照已有文献(Milner & McGowan,2013),设定 $S=0.8$,$\rho=8$。在此基础上,进行中介效应分析,结果报告于表 6-8。由列(3)和列(5)可知,数字经济 Dig 的系数和中介变量 $Cost$ 系数,显示均显著,说明数字经济能够通过降低冰山贸易成本正向影响制造业的 GVC 参与度,促使国际分工向模块化演进,进一步促进垂直专业化和延长 GVC 长度。

表 6-8 冰山贸易成本的机制检验

变 量	(中介变量) cost(1)	GVC 参与度 (2)	GVC 参与度 (3)	GVC 长度 (4)	GVC 长度 (5)
Dig	−0.036*** (4.27)	0.636*** (4.30)	0.433*** (10.31)	0.838*** (3.42)	0.834*** (6.23)
$Cost$			−0.245** (−2.01)		−1.656*** (4.76)
控制变量	控制	控制	控制	控制	控制
$Constant$	0.000 (1.00)	1.473*** (2.90)	0.220* (1.80)	4.130*** (4.91)	1.601*** (5.96)
时间固定效应	是	是	是	是	是
行业固定效应	是	是	是	是	是
样本数	238	238	238	238	238

二、技术创新效应的机制检验

本研究使用各行业专利申请数量衡量一国产业的技术创新水平,检验数字化转型是否通过增强企业创新活力进而影响其在全球分工体系中的参与度和长度。结果见表 6-9 所示。由列(1)可知 Dig 的系数在 1% 水平下显著为正,说明数字经济能够提高行业技术创新水平,而列(4)—列(5)中的 Dig 和 $Lnpaten$ 的系数通过检验且为正,说明制造业数字化转型可以通过促进技术创新提升全球价值链长度。就全球价值链参与度而言,由表 6-9 列(3)可知,直接效应为 0.595,中介效应为 −0.050,加总到总体效应得出数字经济对全球价值链参与度提升的正面效应(总效应 0.545>0),即数字经济促进全球价值链参与度提升。但是技术创新的系数为负(−0.019),存在遮掩效应。遮掩效应表现为直接效应与间接效应符号相反,属于广义中介分析中的概念,即控制技术创新,可以增强数字经济对全球价值链参与度提升的作用力。本研究认为遮掩效应的主要原因可能有:一是投机心理导致制造业企业过度追求"国高新技术企业"标签。2008 年以来,为了扶持制造业转型升级,政府愈来愈重视创新,在各方面加大对高新技术企业的奖励补贴,地方政府也相继出台极具吸引力的优惠政策,包括减税、降费、给予现金补贴等。如杭州对高新企业直接补贴现金 60 万,每年拨出 5 000 万专项资金资助"雏鹰计划";深圳给予 15%的税收减免,2019 年减免税收达 136 亿。巨额的优惠使得企业纷纷成立"政策优惠办公室",研读申报条件,导致技术创新的目的往往倾向于套取资金而非提升生产效率。二是专利申请重量而不重质。中国专利申请连续 11 年全球第一,但是大而不强的格局一直未变,"专利泡沫"说法由来已久,专利申请实效低下降低制造业企业的长期竞争力。三是过度追求专利申请可能会引起经营成本和管理费用的提升,弱化制造业企业核心竞争力(Gebauer et al.,2005)。因此,不顾自身实际,盲目对标其他地区或行业,反而不利于制造业竞争力和全球价值链地位的提升,提升技术创新实效是当前必须重视的问题。

表 6‑9 技术创新的机制检验

变量	中介变量 $Paten$(1)	GVC 参与度 (2)	GVC 参与度 (3)	GVC 长度 (4)	GVC 长度 (5)
Dig	2.631*** (3.07)	0.636*** (4.30)	0.595*** (3.85)	0.838*** (3.42)	0.770*** (2.81)
$LnPaten$			−0.019* (−1.68)		0.055*** (4.36)
控制变量	控制	控制	控制	控制	控制
$Constant$	−0.999 (−0.34)	1.473*** (2.90)	0.203 (0.89)	4.130*** (4.91)	1.801*** (13.33)

续表

变量	中介变量 Paten(1)	GVC 参与度 (2)	GVC 参与度 (3)	GVC 长度 (4)	GVC 长度 (5)
时间固定效应	是	是	是	是	是
行业固定效应	是	是	是	是	是
样本数	238	238	238	238	238

三、资源配置效率的机制检验

本研究参考刘斌(2020)的方法构建资源配置效率指标。该指标由三部分组成,具体是行业资本配置效率(用行业资本存量除以行业总产值表示)、劳动力配置效率(用行业就业人员数除以行业总产值表示)和总体资源配置效率(用行业资本配置效率与劳动力配置效率的算术平均值表示)。由于有三个核心自变量,故使用适合多变量检测的 Sobel 检验代替逐步回归法进行中介效应分析。表 6-10 结果显示,估计系数均显著,表明数字化转型通过优化资源配置促进了中国制造业全球价值链参与度的深化和长度的增加。

表 6-10 资源配置效率 Sobel 检验

变量	GVC 参与度 Z 值	GVC 参与度 P 值	GVC 长度 Z 值	GVC 长度 P 值
劳动配置效率	1.7	0.098	2.68	0.007
	占比 17.83%		占比 21.00%	
资本配置效率	2.68	0.007	3.43	0.0006
	占比 20.20%		占比 38.65%	
总体配置效率	2.58	0.009	2.12	0.03
	占比 16.01%		占比 40.24%	

第六节 结论与研究展望

本研究以中国制造业为研究对象,考察了数字化转型与产业全球价值链分工演化之间的关系,实证研究发现:(1)数字化转型对中国制造业全球价值链参与度具有显著的正向促进作用,并使得制造业的GVC长度变长。在更换数字化测算指标后,以上结论依然稳健。(2)数字化转型主要通过成本节约效应、技术创新效应和资源配置优化效应影响GVC分工。在资源配置优化效应分析中,发现相对于劳动力配置效率,数字经济对资本配置效率的促进作用更为显著;同时,技术创新在数字化转型对GVC参与度的影响机制中存在一定的遮掩效应。(3)在行业异质性分析中,发现数字化转型对中等技术行业的价值链参与度提升影响最大。(4)利用系统GMM进行动态面板分析,得出数字经济对GVC地位参与度指数和长度指数影响均显著为正,验证了结果的稳健性。

基于此,本研究提出如下政策建议:(1)完善制造业数字化转型的关键保障措施,促使更多中小企业通过数字化转型嵌入全球价值链。将数字基础设施建设(新基建)作为发展数字经济的关键抓手,加快数据采集、存储、计算、共享、安全等环节的软硬件建设步伐,制定数据共享、数据交易、知识产权保护、隐私保护等法律法规,打破数据流通壁垒,强化区域间、行业间、部门间政策协同,形成合力,最大限度发挥数据要素的价值创造功能。(2)持续着力于数字经济关键技术的突破,打造制造业的国际竞争力新优势。专注于产业基础短板(尤其是基础零部件、关键基础材料、先进基础工艺)的核心技术研发,加强国家战略科研力量建设,着力打造高端科研团队,提升原始创新能力,为制造业转型升级提供持续动能。(3)加快推进工业互联网建设,提高制造业嵌入全球价值链的附加价值。推动物联网、大数据、云计算、区块链、人工智能与实体经济紧密融合,以平台经济为突破口,建设一批工业互联网发展示范区,打通企业内部及企业、行业之间的"数据孤岛",为实现制造业高质量发展和内外高水平循环赋予新动能。

本研究在以下方面存在进一步深化的空间:(1)全球价值链研究已经延伸至国内区域层面。盛斌、苏丹妮(2020)使用区域投入产出表计算30个省份的国内价值链,将国内价值链和全球价值链进行对比,考察二者对经济增长的互动效应,这为笔者的后续研究提供了拓展空间。(2)数字经济研究越来越趋于微观层面。数字经济的重要性进一步凸显,数字技术在远程医疗、远程办公、在线教育、无接触配送等领域的迅速补位,确保了全球产业链、供应链的顺利运行。从微观视角考察数字化转型在重构全球价值链过程中作用,也是后续可探讨的一个方向。

第三篇

案例篇

上海作为中国改革开放的前沿阵地以及创新发展的先行者,积极开展体制机制创新,通过打造新型创新机制(大企业开放创新中心)、新型创新主体(新型研发机构)、新型创新平台(硬核科技企业公共技术服务平台),通过充分发挥政府端和市场端的双重积极性,推动有为政府与有效市场紧密结合,以激发制造业企业创新活力,推动制造业内部创新资源的高效流动与优化配置。

本篇第七章重点研究大企业开放创新中心(GOI)。大企业开放创新中心作为助力浦东做强创新引擎和自主创新新高地的重要抓手,通过推动创新资源在大中小企业之间的融通共享,纠正创新资源在不同规模企业之间的错配,提升创新资源配置效率。浦东正在加速推进大企业开放创新中心建设工作。聚焦浦东重点科技产业领域,其技术赋能持续扩大,创新溢出效应开始显现;金融赋能持续提升,要素支撑功能日益强化;生态赋能持续优化,区域创新氛围日益浓厚;新赛道赋能持续推进,科技创新新战场加速开辟。但是,其中也存在公共技术服务平台等基础设施建设力度不够,供需对接机制不畅,创新成果知识产权亟待进一步完善,大企业开放创新中心与双创载体仍需强化联动合作等问题。因此,未来浦东应当通过增强大企业开放创新中心的孵化服务功能,建立大企业开放创新中心的耦合发展机制,优化大企业开放创新中心的考核评价细则,加强大企业开放创新中心的氛围营造工作等,强化大企业开放创新中心科创引领功能,更好地服务浦东引领区建设工作。

第八章重点研究浦东的公共技术服务平台建设情况。公共技术服务平台对解决制造业企业共性技术难题,降低制造业企业创新成本具有重要意义。浦东新区公共技术服务平台主要聚焦生物医药、集成电路和信息科技三大产业领域,不同领域平台运营情况迥异,孵化载体自建公共技术服务平台比例仍然偏低。平台前期投入资金规模大,平台运营专业性要求高,运营团队组建难度大、成本高是阻碍孵化载体自建公共技术服务平台的主要原因。在已建成平台当中,设备更新难度大,供需不匹配等问题亦十分突出。本章在深入分析上述问题及其原因的基础上提出具有针对性的对策建议。

第九章聚焦研究上海新型研发机构的建设及其对制造业企业自主创新能力提升的影响。新型研发机构是顺应科技革命和产业变革的产物,对于盘活创新资源,实现创新链条有机重组,加快上海科创中心建设具有重要的时代意义。在所有类型的研发机构当中,上海的事业单位类新型研发机构仍然面临体制机制瓶颈,主要表现为其在人、财、物、管方面的"四多四少"。本章在充分借鉴国内新型研发机构发展经验的基础上,对上海事业单位类型新型研发机构发展提出有益建议。上海应当聚焦此类机构的发展痛点堵点,加快完善给予研究机构充分自主的顶层设计,为进一步释放体制机制优势、提高创新体系效能、激发科学家创新活力提供重要动力。

第十章重点研究浦东硬核科技企业孵化服务体系的建设问题。孵化服务体系对于制造业企业特别是制造业当中的高科技企业的培育、孵化具有重要意义。第十章首先分析了浦东硬核科技企业的发展现状、特征和趋势。然后,从孵化源头、孵化培育和孵化成效等角度剖析了浦东硬核科技企业存在的短板和不足。未来,需要进一步优化浦东整体区域的创新动力,搭建资源对接平台,提升专业服务水平,为浦东的硬核科技企业的成长创造更好的发展路径。

第七章 大企业开放创新中心赋能浦东制造业创新发展研究

第一节 研究背景和意义

2021年7月15日,中共中央、国务院发布《关于支持浦东新区高水平改革开放打造社会主义现代化建设引领区的意见》,要求浦东"全力做强创新引擎,打造自主创新新高地"。在此背景下,浦东迅速落实"引领区"文件精神,于2021年7月底正式发布大企业开放创新中心计划。所谓大企业开放创新中心,即以大企业为发起建设主体,具备开放意识和路径,能够与外部共享自身资源,建设双向开放通道,已建立或者有意向建立外部创新合作的载体。作为贯彻落实《中共中央 国务院关于支持浦东新区高水平改革开放打造社会主义现代化建设引领区的意见》的重要举措,大企业开放创新中心计划是浦东推出的六大功能性引领项目之一。项目提出"三年建设大企业开放创新中心100家以上,赋能高质量创新企业5000家以上"目标,旨在由行业龙头企业或细分领域领军企业发起建立,吸引集聚创新力量,实现协同创新的新型载体,从而做强创新引擎,打造自主创新的新高地。

截至2022年8月,浦东累计授牌大企业开放创新中心47家,集聚赋能合作伙伴36家,积极构建"政产学研金服用"七位一体的赋能体系。大企业开放创新中心计划实施一年来,通过"四大作用力"赋能浦东新区做强创新引擎和自主创新新高地。

一是赋能牵引力。各大企业开放创新中心结合自身资源优势,积极探索特色赋能模式,赋能企业总量超2000家。技术赋能深入拓展,1100余家中小企业实现技术创新突破;商业赋能粲然可观,近60家企业获大企业超2.07亿元合作订单;生态赋能生机勃勃,300余场活动赋能项目超580家,覆盖企业

3 000余家。

二是平台辐射力。大企业强强联手,在大企业开放创新中心计划平台上搭建"百度飞桨大企业开放创新中心联合赋能计划"等局域网生态;信贷赋能持续发力,16家银行合作伙伴为赋能企业保驾护航;投资赋能展现张力,累计促进68家企业获得融资额超37.46亿元。

三是根植发展力。大企业开放创新中心已成为促进优质项目招引、培育、根植发展的重要平台载体,累计引进新注册浦东企业超过300家。微软人工智能和物联网实验室与张江孵化器合作,推动赋能企业在人工智能岛场景落地。

四是品牌影响力。大企业开放创新中心已成为浦东创新发展的重要名片。2021年新闻联播对浦东大企业开放创新中心进行报道,2022年央视经济频道经济半小时栏目对大企业开放创新中心进行全方位采编,在两会闭幕当日进行播出。

第二节 大企业开放创新中心计划实施现状分析

一、大企业开放创新中心建设发展与功能发挥现状

(一)大企业开放创新中心建设发展现状

区域分布方面,围绕张江地区呈高度集聚发展态势。张江片区仍为大企业开放创新中心集聚主要区域,共有6家,其他分布于金桥、保税区、世博地区以及高桥镇。47家大企业开放创新中心整体分布较以往趋于均衡。

发起主体属性多样化特征显著。发起主体上,由浦东培育和发展的本土龙头企业5家,国内细分领军企业4家,500强外资企业4家,巴斯夫、联想、富士等行业龙头企业入场。

产业领域布局持续深入。产业分布上,电子信息企业增长迅速,达到5家;装备制造3家;生物医药2家;信息服务2家;新材料1家。47家大企业开放创新中心当中,大部分紧扣硬核产业,其中,生物医药仍为主要产业领域,总体占比27.66%,高端装备占比21.28%,电子信息占比17.02%。(见表7-1)

表 7-1 2022 年 8 月新增大企业开放创新中心情况

序 号	大企业开放创新中心名称	发 起 主 体
1	巴斯夫开放创新中心	巴斯夫(中国)有限公司
2	通用电气医疗上海创·中心	通用电气医疗贸易发展(上海)有限公司
3	富士胶片商业开放创新中心	富士胶片商业创新(中国)有限公司
4	上海诺基亚贝尔 OpenXlab 开放创新中心	上海诺基亚贝尔股份有限公司
5	联想上海开放创新中心	联想集团
6	UAES 车云一体生态创新中心	联合汽车电子有限公司
7	盛美半导体设备亚太创新中心	盛美半导体设备(上海)股份有限公司
8	上海机器人产业技术研究院创新中心	上海电器科学研究所(集团)有限公司
9	邮轮内装产业开放创新中心	中船邮轮科技发展有限公司
10	华勤电子产品全球研发开放创新中心	华勤技术股份有限公司
11	美迪西院士创新药熟化中心	上海美迪西生物医药股份有限公司
12	上海韦豪创芯产业孵化中心	上海韦尔半导体股份有限公司
13	上海金桥网易联合创新中心	网易公司

(二) 大企业开放创新中心功能发挥现状

1. 技术赋能持续扩大,创新溢出效应开始显现

大企业开放创新中心通过技术平台、底层架构、权威专家指导等方式,为中小企业技术创新与迭代升级提供专业支持和技术赋能。2022 年 6 月新增技术赋能企业 20 家,其中,皓元医药上海创新赋能中心新增技术赋能企业数量 9 家,占新增总量的 45%,在抗体偶联药物小分子部分工艺开发生产等细分领域为礼新医药、映恩生物、普众发现医药科技、德烽药业等提供技术支持。NI 中国创新发展中心帮助飞骧科技在开展手机 5G 和 Wi-Fi 射频前端研发环节提供了一套射频前端自动化验证方案,极大地提升了工程师开发效率,芯片验证时间从5个小时降至20分钟左右,加快了产品开发和上市的速度。西门子医疗上海创新中心基于西门子医疗C-Arm进行骨科扫描及定位,帮助金帛瑟(上海)医疗科技研究骨科领域混合现实的应用。BI-ATLATL联合创新实验室赋能企业沙砾生物入选"2022中国生物医药产业价值榜"最具成长性创新疗法企业TOP10。

2. 金融赋能持续提升,要素支撑功能日益强化

大企业开放创新中心以自有资金或联合基金进行投资,或者促成企业获得融资。晶晨股份智能终端芯片研发中心对国内DPU芯片领先企业芯启源电子科技有限公司投资200万元。BI-ATLATL联合创新实验室助力赋能基因治疗药物开发企业愈方生物于8月完成数千万元天使轮融资。该轮融资由上海生物医药创新转化基金领投,金浦新潮基金跟投,将用于推动靶向端粒基因疗法开发。

3. 生态赋能持续优化,区域创新氛围日益浓厚

大企业开放创新中心开展生态活动亮点纷呈,活动总场次达81场。其中,开展创新需求对接与发布7场,商业对接16场,赛事活动、会议沙龙、课程培训58场。百度飞桨人工智能产业赋能中心选取齿轮配件异常检测作为AI+工业瑕疵检测作为比赛场景,发布3项技术需求。微软人工智能和物联网实验室的零售创新加速营TECHTAGS正式启动,以利用微软前沿的AI及IoT技术加速各类创新解决方案为目标,将助力15家符合标准的企业获得微软免费的AI及IoT技术赋能,并直接与TECHTAGS的合作伙伴——三大国际零售巨头,一起加速其零售解决创新方案的商业化落地。

4. 新赛道赋能持续推进,科技创新新战场加速开辟

新赛道是以新技术新模式为核心竞争力的新兴产业或细分领域,具有引领性发展、颠覆性创新、爆发式成长特性。安永中国创新增长中心(Wave Space)以"元宇宙"为主题,邀请多位业内嘉宾、校友、企业,共同探讨作为数字经济重要组成部分的元宇宙行业趋势、商业应用以及创新路径,展望智慧新零售的发展方向。NI中国创新发展中心及其主体NI聚焦6G领域,通过利用NI的USRP产品,助力清华大学课题组对提高6G通信能力的有源智能超表面技术进行实测验证,并联合清华大学在第十一届中国国际通信大会上展示该技术。

二、大企业开放创新中心赋能主要产业分布与进展情况

(一)跨界融合赋能欣欣向荣,创新要素跨领域高效配置

人工智能、生物医药、智能制造等不同产业间的融合赋能日益显著。如西门子医疗上海创新中心利用数字技术,帮助上海蓝帆博奥医疗通过3D打印完成心脏瓣膜手术所使用的管接头等多种零件,实现心脏瓣膜输送器的产品迅速开发。阿里云创新中心——宝马初创车库(上海)金桥联合创新基地目前已赋能数字化、电动化、可持续发展等战略创新领域企业有20余家,并联合多家机构正式启动2022年全球"未来汽车"场景创新挑战赛,寻找领先技术解决方案,解决自动驾驶瓶颈问题,为汽车产业升级提供助力。该基地以"互联网+汽车"产业融合为核心,链接"未来车、智能造、数据港"全产业链创新要素,已累计对接洽谈项目近百个,实际签约并入驻项目二十余个。安永中国创新增长中心Wave Space为制造业领域数十家中小企业提供数字化转型探索咨询服务,助力制造类科技企业数字工厂建设与工业互联网建设。百度飞桨人工智能产业赋能中心举办"聚力共振,智汇上海"一周年开放日活动,连线上海智慧金融、生物医药、集成电路企业代表,共同探讨AI+产业智能化转型升级,参与企业超数十家。

(二)生物医药赋能持续深入,科技成果转化加速落地

11家生物医药类大企业开放创新中心深入推进细分领域精细化赋能。如罗氏中国加速器在2022年5月吸纳奕拓医药、赛岚医药、剂泰医药、臻络科学等9家实力中小企业入驻,在液液相分离、表观遗传学、人工智能剂型优化等领域提供专业服务,并开展业务合作。默克中国创新中心与60余家潜力企业开展合作赋能,其中通过专业女性生殖健康领域技术植入,帮助孕橙公司开发多囊卵巢综合征数字治疗方案,以APP和智能化体外诊断为核心,为患者提供个性化的干预治疗。维亚生物以提供投资孵化为赋能手段,助力其孵化企业安济药业顺利完成全球首创机制创新药ANJ908全球2期临床试验入组。强生JLABS@上海正式宣布苏州复融生物技术有限公司入驻,并将助力复融生物快速开发新型长效细胞因子药物,以应对全球癌症日益增长的负担。在赋能服务建设方面,罗氏中国加速器一方面稳步推进主体建设,预计2022年底建设完毕;另一方面已紧锣密鼓地开展资金渠道、合作机会、研发经验、实

验设备等资源对接,帮助企业制定个体化指导方案,助力科研成果转化落地。截至目前,奕拓、赛岚医药、科因生物等9家初创企业已成为加速器成员企业。

(三) 人工智能赋能方兴未艾,软硬兼施助力中小企业提升

人工智能领域大企业开放创新中心发挥自身优势,赋能成效实现跃升。微软人工智能和物联网实验室第二季度新赋能碳榕数科、巡智科技、翼时科技、ABB、长观科技、WesCEF(澳洲)等9家国内外企业,为碳榕数科提供出储能方面技术咨询与培训,协助巡智科技对接多家微软生态ISV客户等,已有3家企业产出项目成果。IBM Watson Build人工智能创新中心在2021年二季度新增加赋能星系新能源、光沦科技、莱芙泰健康、域看科技机器人、赛灵思5家企业,针对医疗健康、芯片研发等领域提供专业咨询服务。百度飞桨人工智能产业赋能中心开展底层AI技术赋能生态企业,支持璧仞科技、天数智芯等芯片企业阶段性完成飞桨深度学习框架适配,支持维亚生物、药明康德等生物医药企业探索借力百度飞桨 Paddle Helix 加速药物研发。

(四) 智能制造赋能开始发力,直击行业发展技术痛点

7家智能制造领域大企业开放创新中心,加快推进大飞机、大轮船等国家重点领域赋能服务。如中国商飞上飞院发起的大飞机创新谷,已完成大飞机创新谷知识产权中心建设,全面开展知识产权风险管控、知识产权保护、专利大数据分析和科技成果转移转化工作,建设大飞机创新谷专利池,首批入池高价值专利达千余件,赋能企业百余家,并与上海市共建大飞机谷产业园。大飞机创新谷已赋能企业84家,联合获得专利授权5件,并参与前沿科技难题攻关,与上海尚实航空发动机股份有限公司开展国产APU研制项目;在全国范围内联合行业领军企业、科研院校建设6所联合创新中心和7所联合工程中心,开放赋能中小微企业。大型邮轮创新中心召开大型邮轮可靠性模型研讨会,对邮轮各系统的可靠性进行分析和研讨,为之后赋能运营打牢基础。ABB机器人赋能中心稳步推进建设规划,将在医学检测、诊断化验及生物制药、医学治疗及远程会诊等多个行业细分领域提供技术服务。施耐德电气创新赋能中心针对新能源行业断路器设备健康度监控及预警模块,金融行业交易期无法进行设备维修、应急场景实操时间少、风险高、对技术人员技能熟练度要求高等痛点,为上海孪数科技有限公司和上海朋禾智能科技有限公司两家公司提供个性化数据PoC方案。

(五) 其他多元产业领域赋能已开展多种探索

专业服务、电子信息、新材料领域大企业开放创新中心赋能频次提升,建设进展逐步恢复。如普华永道张江科学城陆家嘴金融城加速营帮助赋能企业森梅医疗科技与普华永道思略特对接,在数字疗法领域探索生态创新。国际化创新生态中心 Plug and Play China 在 2022 年 2 季度新增赋能企业 28 家,加入 2022 长三角区块链应用创新大赛,为中小企业解决对区块链相关技术的需求。AI+海洋科创中心协助芯袖微电子、迈波科技 2 家企业进行产业对接,并举办第四期沙龙暨《海上风电》线上路演活动,报名人数突破 260 人,实时最高在线人数 180 人以上,覆盖超 10 家企业。杜邦上海创新中心加快推进建设进程,先行推出线上"云"展厅,全面介绍杜邦实验室。国际化创新生态中心新增塞瑞克新、天眼智联等 4 家赋能企业。NI 中国创新发展中心帮助上海孤波科技有限公司加速推出芯片自动化验证平台和解决方案,共计新增赋能企业 8 家,并积极举办 3 场赋能活动,参与人数近千人。正在建设的大企业开放创新中心加快布局,如新材料领域的杜邦上海创新中心联合建立并启用 OLED 材料应用开发中心,与客户进行联合实验,以加速材料升级和客户创新进程,催生创新思维并转化为现实解决方案。

第三节　大企业开放创新中心建设过程中存在的主要问题

一、由大企业牵头的公共技术服务平台建设力度亟待提升

在推进大企业开放创新中心建设过程中,应十分注重运用平台性思维强化大企业开放创新中心的对外技术溢出效应和带动功能。然而,当前浦东已经建成的 47 家大企业开放创新中心当中,并未有大企业牵头建设以公共技术服务平台为代表的平台性科创载体。从浦东全域来看,公共技术服务平台的建设主体仍然集中在孵化器企业领域。从公共技术服务平台的建设比例来看,当前浦东 175 家创新型孵化器当中,建有公共技术服务平台的专业孵化器数量仅有 17 家,占孵化器总数不到 10%。从公共技术服务平台的投资建设主体和模式来看,浦东现有公共技术服务平台大多以企业和孵化器自建为主,政企联合投资或多方投资共建模式等目前仍处于空白状态,投资主体和平台

建设模式较为单一。因此,应当通过政策引导与绩效考核标准的调整,积极鼓励大企业开放创新中心根据自身需要和所在产业领域,建设能够放大其技术创新溢出带动效应的公共技术服务平台。

二、创新供需对接缺乏平台化、数字化的高效对接机制

浦东已经建成的大企业开放创新中心,目前尚未就大企业的开放创新需求形成供需对接平台等常态化的线上撮合机制与载体,大企业与中小企业之间的科技创新供需对接仍然呈现碎片化、散点式、不定时的非理想状态。这导致围绕科技创新供需对接的创新要素流量未呈现快速壮大态势。根据"五型经济"发展思路,流量型经济发展的关键在平台,因此,浦东科技主管部门应当进一步强化平台性思维,通过建设大企业开放创新需求平台等对接载体加快推进大中小企业之间创新供需之间的对接效率和对接频率,并在此基础上形成吸引、壮大科创要素流量的关键平台载体和"引力场"。

三、创新成果知识产权保护体系亟待进一步完善

充分释放大企业开放创新中心创新带动效应的前提,是大企业有意愿、有能力对外公布自身科技创新需求,中小企业有动力和积极性参与到大企业的创新链当中。当前掣肘这一功能发挥的主要堵点是,大企业在公布科技创新需求时,以及中小企业参与大企业科技创新攻关的过程中,彼此都对最终产出的科技创新成果的归属权和使用权等存在顾虑。因此,下一步需要针对大企业开放创新中心出台更为精确的知识产权保护规定,以期能够更加清晰地规定大企业与中小企业在协同创新过程中的产权归属和权益保障。

四、大企业开放创新中心与浦东孵化器、加速器等双创载体合作机制亟待建立

浦东创新孵化体系加速完善,目前已经形成包括众创空间、科技企业孵化器、大学科技园、大企业开放创新中心等多种载体在内的综合性创新孵化和服务体系。截至2021年底,浦东创新型孵化器总数达175家,创新孵化面积超过137万平方米,在上海各区中排名第一。浦东双创载体中集聚有4000余家

硬核科技企业,这是浦东打造自主创新新高地和做强创新引擎的重要资本。如何推动硬核科技企业在浦东加速生根发展,是浦东亟待探索的重要课题。然而,大企业开放创新中心与双创载体以及双创载体内部的硬核科技企业之间的联动合作机制亟待进一步完善。将大企业开放创新中心这一创新机制进一步赋能双创载体,让各孵化器和加速器当中的硬核科技企业借助大企业开放创新中心平台加快其发展成长速度和在浦东加速生根发展,是下一步需要前瞻性谋划的重要课题。

五、针对大企业开放创新中心的差异化、精准化考评体系亟待完善

当前政府资金和政策匹配的效果还需进一步提升,其考评制度并未完全贴近不同类型和特征的大企业开放创新中心,导致其政策的适用度与企业的获得感不强。建议针对不同效能的开放式创新中心匹配相关政策及资源,比如加快制定针对空间载体、资金投入、专业人员团队配套等要素供给方面的优惠支持政策等,进一步通过制度政策创新与资源优化调整加快形成更为针对性和精准性的政策体系。通过强化企业落地支持、空间腾挪需求、创新主体联动、行业资源链接等手段更加精准地支持有形的开放式创新中心和无形的开放式创新中心融通发展。

六、大企业开放创新中心对区域外企业辐射溢出效应仍需强化,亟待制度设计快步跟上

当前浦东大企业开放创新中心辐射溢出的主要企业为区内小型科创企业,其供需对接也多为线下直接对接,其辐射引领的空间范围和对象主体并未冲破浦东区域范围。浦东未来所要建设的自主创新新高地以及创新引擎是面向全国乃至全球的,因此,大企业开放创新中心的建设也应当在更高视野、更宽边界上予以谋划。结合当下浦东招商、安商、稳商的工作需求,以及做大高能级科创要素流量的必然选择,应当通过体制机制创新,进一步扩大大企业开放创新中心辐射带动的空间范围和产业领域,以其更高的开放度和包容度,鼓励和带动区外企业和创新主体参与大企业开放创新中心的协同创新过程,并以此为基础强化大企业开放创新中心的科创招商功能,做大做强上海科创类流量型经济。

第四节 深化大企业开放创新中心建设工作的对策建议

一、增强大企业开放创新中心的孵化服务功能

(一)打造大企业应用场景库,提高技术与场景的对接效率

鼓励浦东有条件的大企业率先打造"大企业需求线上管理平台"。大企业内部各项创新需求实时在平台公开发布,并面向初创企业开放。应用需求牵引是推动技术创新与产业落地的重要突破口,区政府主管部门应该对率先打造"大企业需求线上管理平台"的企业予以财力支持和技术规范性指导。应建立政企对接沟通机制,由企业派专人运营管理平台需求对接和政企事务对接,以便提高供需、资源对接等工作的效率,提升主管部门对企业的服务效率。

在区内各大企业自主打造的大企业需求线上管理平台数量达到一定级别,平台供需对接成果和项目流量达到一定水平之后,建议由浦东科经委牵头,适时对各大企业需求线上管理平台进行整合,打造统一的浦东大企业开放创新中心需求开放平台,并向国内外中小企业和高校、科研院所开放,进一步释放该平台的辐射范围和创新引领功能。

(二)加强知识产权保护工作,为联合技术研发项目提供政策支持

大企业需求线上管理平台供需流量持续壮大的前提是各类企业有意愿将自身科技创新需求在平台发布,因此,需要强化知识产权保护工作打消企业顾虑。应加强对技术共创过程中初创企业核心技术的知识产权保护,实施更大力度的知识产权侵权惩罚性赔偿制度,并设立科创板拟上市企业知识产权服务站,进一步提升知识产权保护水平;扶持现代科技服务业,通过为大企业提供委托开发、专业咨询、项目测试、知识产权和商业化等服务,帮助科技成果进入大企业产业链,建立紧密服务大企业产业链的现代科技服务业;联合开展项目测试的时间长、费用较高,对初创企业承担的与大企业联合开展项目测试过程中产生的费用,给予一定的配比资金支持,进一步推动技术落地转化的效率。

(三) 建立全方位配套服务机制,实现企业服务的精准化

推动各大企业开放创新中心建立涵盖研发、设计、生产、供应链、渠道、创投等全产业链条的创业服务包,通过资源共享、政策对接、孵化加速等举措实现精准产业赋能——可以根据创业项目所在的不同阶段、不同产业、不同需求精准赋能;实施项目经理人制度,为每个项目配备有经验的经理人,全程、全方位为项目(初创企业)提供配套服务。

(四) 强化浦东大企业开放创新中心需求平台科创招商功能

在浦东大企业开放创新中心需求平台汇聚吸引创新要素流量的同时,还应认识到其具备强大的对外招商潜力,因此,有必要针对其谋划配套招商政策,将平台创新流量优势转化为浦东产业发展胜势。一是在打造大企业需求库的同时,加大对外宣传,由浦东科经委牵头对接外地孵化器等对口孵化载体和科研机构,推动更多外地初创企业进驻平台,充实平台内部优质创新主体力量,进一步突出平台的辐射带动效应,为浦东科创招商储备力量;二是由浦东科经委相关主管部门针对入驻浦东大企业开放创新中心需求平台的外省市企业开展动态跟踪服务,根据其创新供需对接的活跃度遴选优质初创型企业作为重点招商对象,并出台专门的超常规招商政策,做好土地、空间等要素优先供给储备工作,吸引集聚海内外优质初创型企业和创新创业团队来浦东扎根发展。

二、建立大企业开放创新中心的耦合发展机制

(一) 与其他孵化载体探索构建"选、育、退、荐"的项目筛选与企业流转机制

在初创企业入驻(孵化)阶段,大企业开放创新中心要加强与孵化器、加速器的协同孵化,发挥自身优势,主动对接进行开放式创新工作;在初创企业退出(发展)阶段,大企业开放创新中心要加强与产业园区的协同孵化,促进高成长性企业的产业化发展。例如,阿里云-宝马创新中心与金桥5G产业生态园,同处于金桥开发区,且都聚焦"汽车智造"领域的孵化和培育,二者应加强协同孵化,共赢发展。

(二) 与其他孵化载体探索建立产业资源的共建共享机制

促进大企业开放创新中心与孵化器、加速器和产业园区等孵化载体的产

业孵化资源共享,建立"大企业需求库"和"大企业应用场景库",并充分共享给其他孵化载体,促进信息的有效流动,以提升供需匹配效率。在每一个特色产业园区内探索设立一个大企业开放创新中心,发挥大企业品牌的集群效应,充分调度大企业内部专家、市场等资源,为初创企业提供一揽子孵化服务,强化产业集群效应。

(三) 依托地区总部提升大企业开放创新中心的发展能级

推动位于浦东的地区总部进行升级,从管理型地区总部升为集投资、管理、经营和研发于一体的综合性地区总部,进一步完备创新人才、研发机构、创新链条和产业体系,集聚、培育、孵化创新链上的中小科技企业,开展协同创新,打造全球产业链供应链价值链重要枢纽。

三、优化大企业开放创新中心的考核评价细则

(一) 强化动态管理,构建"良性循环机制"

建立动态管理机制,在保持总量基础上,有进有出,形成事前申报、事中管理、事后评估退出的良性循环机制。动态更新大企业开放创新中心的认定标准,明确认定条件和工作流程。制定发展评价指标体系,加强数据统计、运行监测和绩效评价。对评价考核结果好的予以通报表扬,统筹各类资金、政策等,加大支持力度;对评价考核结果较差的通过约谈、通报等方式予以警告甚至撤销。

(二) 差异化评价考核,强化不同开放式创新中心的赋能效果

优化政府资金和政策匹配的效果,进一步提高政府资源的利用度,为不同效能的开放式创新中心匹配相关政策及资源。对空间依赖型、非空间依赖型、技术赋能型、商业赋能型等类型的开放式创新中心所需空间、投入强度、配套条件进行研究并制定有针对性的政策细则。通过企业落地支持、空间腾挪需求、创新主体联动、行业资源链接等手段更加精准地支持有形的开放式创新中心和无形的开放式创新中心融通发展。

(三) 引入竞争机制,分类、限量筛选大企业开放创新中心

针对浦东重点发展的三大世界级产业集群(集成电路、生物医药、人工智

能)和六大硬核产业(中国芯、创新药、蓝天梦、未来车、智能造、数据港),分类、限量对申报建设大企业开放创新中心的大企业进行筛选,形成"能者上"的竞争态势,并给予一定的授牌年限,推动更多优质大企业进行更有质量的开放式创新。

四、加强大企业开放创新中心的氛围营造工作

(一) 常态化开展品牌化的产业对接活动

常态化开展"大企业院校行""大企业参访日""龙头企业交流行"等产业对接交流活动,实现院校科研成果与企业需求的无缝对接,并加强龙头企业之间的互动交流;开展创新苗圃集聚发展、高新技术企业"育苗造林""专精特新"培育工程、企业研发机构建设等行动,不断提高产业技术密度和企业核心竞争力。

(二) 赛营结合强化初创企业孵化赋能成效

通过"赛营结合"的方式,从创业大赛中选出优秀选手提供专业孵化服务。开放大企业创新需求、应用场景和全球供应链等资源,依托"品牌大赛＋加速营"的模式,从培训到引入资本,为初创企业提供更有力的创新发展平台,并助力其在区域内落地孵化及加速,助推初创企业完成蜕变成长。

(三) 加强与区域主导产业的结合紧密度

在浦东主导产业重点布局的各个地区,大力实施"百企智能升级改造行动",鼓励大企业(传统企业)以技术革新、设备更新、产品创新为重点,加大技改投入;引导优质初创企业积极参与"机器换人""智能工厂""数字赋能"等方面的地区产业建设,提升地区科创平台的智能孵化层级,助力地区产业迭代,提升地区带来产业集聚及周边辐射作用。

第八章　浦东硬核科技企业公共技术平台建设研究

第一节　主要概念与研究对象

一、主要概念

科技企业孵化器(以下简称"孵化器")作为重要的科技创业服务载体,旨在促进科技成果转化、科技创新和培养高新技术企业。孵化器的建设是国家创新体系的重要组成部分,也是区域创新体系的重要内容。孵化器围绕具体的行业或人群,培育和孵化具有特定技术优势的企业,并在孵化对象、服务内容、运行模式和技术平台上实现专业化服务。孵化器有很多分类,每一类各具独特性和技术专业性。例如,在浦东新区发展迅速的孵化器有生物医药、半导体、人工智能、自主无人系统等领域的专业孵化器。这些行业具备高技术、高投入、长周期、高风险、高收益的特性,要求孵化器的服务内容和服务体系更具专业性、技术性、安全性、保密性,能为特定领域的科技型中小企业提供专业化的技术支撑和运营管理等服务。这类孵化器将成为孵化器建设发展的重要方向。

公共技术服务平台是一种技术创新支撑体系,包括公共实验室等有形设施和技术培训等无形服务,是为解决企业的共性技术问题而建立的。公共技术服务平台具有公共物品性质,可以被集群内的企业所共享,从而提高创新资源在产业集群内的使用效率,促进企业的发展。

公共技术服务平台是专业孵化器的门槛和重要组成部分。《科技企业孵化器认定和管理办法》明确规定,专业孵化器需具备专业技术领域的公共技术服务平台或中试平台,并拥有专业化的技术服务能力和管理团队。浦东一直重视专业孵化器在公共技术服务平台方面的发展建设，其对资源整合、科技创新、技术服务功能完善、推动区域经济发展具有重要作用。为进一步促进科技创新，浦东不断探索公共技术服务平台的发展新机制和建设运营新模式。

孵化器构建公共技术服务平台的主要目的是为了给孵化器内科技型中小企业提供更优质的创业孵化服务，加速初创企业成长，促进科技成果转化和高校成果转化，同时推动大企业协同创新。由此可见，公共技术服务平台建设，对于孵化器的发展来说至关重要，也是提升孵化器创新孵化服务能力的重要手段之一。立足公共技术服务平台的专业孵化体系有助于初创企业降低产品创新成本、加速技术成果从原型开发到产品市场化的过程，通过技术、资源和信息知识的交互和共享产生外溢效应，惠及创新生态内的合作伙伴，最终带动孵化体系的整体进化，有效推动产学研一体化融合发展。

二、研究对象

本研究聚焦于创新型孵化器和公共技术服务平台的建设与运营情况。其中，创新型孵化器对推动战略性新兴产业的发展、促进浦东创新体系和推动产业经济发展等方面具有催化引领作用。一家企业，特别是科技型中小企业，在成立之初，由于资金资源等各方面紧缺，一般没有能力出资购置大型的实验仪器设备，并且由于缺少成熟的研发团队，不具备相应的产品技术研发能力。这些因素在不同程度上阻挠着初创企业的发展，成为初创企业技术创新和服务能力的"绊脚石"。

科技型中小企业在初创期间成长速度慢，急需一个既能解决初创期研发、检测、试验、信息交流和技术咨询服务的公共技术服务平台，帮助初创企业缩短"迷茫期"，加快初创企业的成长速度，降低初创企业创业风险，提高初创企业存活率，使科技型中小企业能够落地生根。因此公共技术服务平台的建立和完善是孵化器建设的一项重要基本内容。公共技术服务平台的建立，一方面能有效降低企业的研发成本，减轻初创企业的经济负担；另一方面能加快项目研发进度和科技成果转化，助力企业快速成长。初创企业、高等院校、科研院所、大企业创新部门等机构联合建立公共技术服务平台，将有效促进产学研用一体化，构建技术转移、成果转化、科技交流合作、人才聚集的重要平台。

第二节 研究意义

第一,浦东做强创新引擎,打造自主创新新高地,加快公共技术服务平台建设是重要支撑。《中共中央 国务院关于支持浦东新区高水平改革开放打造社会主义现代化建设引领区的意见》要求,浦东要全力做强创新引擎,打造自主创新高地。为此,浦东应进一步完善区域创新创业服务体系,加快塑造最优技术创新生态,完善科创服务体系,强化浦东对创新要素的吸引力和配置力。公共技术服务平台对于促进中小企业健康发展、产业转型升级起着积极的推动作用,能够为新产品研发、技术创新、产品改良、质量验证提供优质服务和技术支撑,是浦东科创服务体系的重要组成部分,也是打造自主创新新高地的重要支撑。

第二,浦东强化招商、安商、稳商工作,强化公共技术服务平台溢出带动效应是重要抓手。受国内外环境的影响,浦东经济社会发展下行压力加大。招商、安商、稳商工作成为浦东经济工作的重中之重。在此背景下,浦东应当充分利用区域突出的科创优势,充分发挥区域内各科创园区、载体对创新型企业、创新创业团队的吸引力,强化科创招商功能,通过进一步优化科创服务软环境来吸引高端创新引领企业汇聚浦东,推动区域科创企业安心扎根浦东,助力处于不同生命周期发展阶段的科创企业在浦东平稳健康发展。强化公共技术服务平台的服务功能,是优化浦东科创服务软环境进而助力浦东招商、安商、稳商工作的重要抓手,对于在经济下行压力加大,不利因素增多的背景下,进一步确保浦东科创型企业平稳健康发展,具有重要意义。

第三,浦东硬核科技企业加速生根发展,完善公共技术服务平台功能是必然要求。浦东双创载体中集聚有4 000余家硬核科技企业,这是浦东打造自主创新新高地和做强创新引擎的重要资本,如何推动硬核科技企业在浦东加速生根发展,是浦东亟待探索的重要课题。公共技术服务平台作为科技创新支撑体系的重要组成部分,能够有效解决企业共性技术问题,降低企业研发创新不确定性和各项创新成本,有利于浦东在研发创新领域通过成本节约效应形成创新资源集聚与规模效应,进而有利于推动浦东硬核科技企业有意愿、可持续地扎根浦东,提升其对浦东的根治性。

第三节　总体情况分析

第一,浦东创新孵化面积位居全市第一,创新创业体系不断完善。浦东创新孵化体系加速完善,目前已经形成包括众创空间、科技企业孵化器、大学科技园、大企业开放创新中心等多种载体在内的综合性创新孵化和服务体系。截至2021年底,浦东创新型孵化器总数达175家,创新孵化面积超过137万平方米,在上海各区中排名第一。

第二,浦东公共技术服务平台建设比例低,投资主体与投资模式单一。从公共技术服务平台的建设比例来看,在当前浦东175家创新型孵化器当中,建有公共技术服务平台的仅有17家,占孵化器总数不到10%,仍有较大提升空间。从公共技术服务平台的投资建设主体和模式来看,浦东现有公共技术服务平台大多以企业和孵化器自建为主,政企联合投资或多方投资共建模式等目前仍处于空白状态,投资主体和平台建设模式较为单一。

第三,浦东平台服务企业数量增速加快,孵化加速效果日渐显现。浦东17家公共技术服务平台在过去三年共服务1 566家企业。这些企业分属生物医药、半导体和信息科技三大行业领域,其中8家生物医药类平台在过去三年服务企业总数量高达1 035家。2021年这17家公共技术服务平台共计服务企业数占三年服务企业总数的比重超过50%,公共技术服务平台的孵化加速和服务溢出效应开始显现。

第四,浦东现有平台聚焦三大产业领域,不同领域平台运营情况迥异。浦东公共技术服务平台主要涉及生物医药、集成电路和信息科技产业领域,其中,生物医药公共技术服务平台8家,整体占比高达42%。生物医药类企业的研发测试和环境评价有特殊要求,技术服务平台单体投入大,投资额平均4 400万元,运营团队规模平均14人。生物医药类平台在过去三年服务企业总数量高达1 035家。集成电路公共技术服务平台5家,整体占比26%。集成电路类平台平均投资额855万元,运营团队平均规模18人,在过去三年服务企业总数量为490家。信息科技类公共技术服务平台4家,整体占比21%。信息科技类平台服务开放度和运营专业度相对较高,平均投资额117万元,运营团队平均规模10人,过去三年服务企业总数量117家。三类平台当中,生物医药类平台服务生物医药企业研发周期长,设备占用情况较为显著;集成电路和信息科技类平台服务企业技术更新迭代周期短,服务对象不断提出新的设备服务与公共技术服务需求,导致这两类平台的设备更新压力较大。

第四节 主要问题分析

一、平台建设与运营方面的问题

(一)平台前期投入资金规模大,建设资金亟待多方开源

参与调研的17家公共技术服务平台中,生物医药类平台平均投入建设资金4 440万元,半导体类平台平均投资855万元,信息科技类平台平均投资117万元。创图科技反映:"超洁净实验室建造成本高,大部分初创型企业不具备建造的条件,因此建设超洁净实验室等公共技术服务平台可以解决早期半导体企业的共性需求。"三大领域平台后续运行需要配备一定规模的专业运营团队,前期平台建设资金投入和后续人力资源投入成本较高,掣肘公共技术服务平台的建设意愿和积极性,这是当前公共技术服务平台建设比例不足10%的重要原因之一。且目前浦东公共技术服务平台的投资主体以企业和孵化器自建为主,多元主体参与建设孵化器模式的案例较少,因此,未来亟待谋划构建多元主体共同投资与建设的新模式,推动平台建设资金开源和平台建设成本均摊化。产诚生物医疗反映:"公共技术服务平台是商业模式上并不算好的生意,提供的外部价值更大,很多企业依托公共实验室平台,不重复采购设备、不用马上招聘实验人员,非常安心地降低成本,所以希望财政对公益性质的公共技术平台给予一点鼓励。"公共技术服务平台的社会效应难以内部化为平台建设和运营方的全部收益,这一市场外部性问题也是导致公共技术服务平台建设水平低于社会最优均衡水平的重要原因。因此,亟待政府发挥"看得见的手"功能,通过财政补贴等方式将社会外部收益内部化,激发公共技术服务平台建设与运营积极性。

(二)平台运营专业性要求高,运营团队组建难度大、成本高

平台投入使用后需要优质的技术支持和技术服务能力,高水平的公共技术服务需要高层次的专业技术人才、专家人才和优秀的运营管理团队。当前浦东的公共技术服务平台运营团队在技术专业性水平方面亟待进一步提升。

以创图为代表的半导体公共技术服务平台反映:"孵化器服务团队运营能力不高,导致其平台尚无法持续支持外部需求,服务开放度潜力提升空间大,这也是造成大部分公共技术服务平台无法通过提升对外服务开放度来实现自我造血功能的主要障碍之一。"盛英则反映:"平台服务覆盖从材料分析、电学测试、封装集成、ATE测试和可靠性评估分析等多个模块,每个模块都需要具有丰富实际经验的专业技术人才,如何吸引和培养这些技术人才是一个比较挑战的事情,希望政府可以考虑具体支持措施。"

(三) 已建成平台设备更新需求强烈,设备更新难度高

为了能够提供更为优势充裕的公共技术服务,已建成公共技术服务平台的设备更新需求十分强烈,但是设备更新的高成本又使得平台投资和运营方望而却步,这极大限制了当前已建成平台的服务溢出效能,各平台纷纷反映亟待政策扶持。比如,晟唐表示其孵化协同效应有待提升,目前孵化资源供给大于入驻孵化需求,设备设施维护、房租、实验室管理等固定成本压力大,在专业孵化器运营绩效和设备更新采购方面有政策性补贴需求。张江药谷表示,其在硬件设施更新方面有政策支持需求,以能更好满足生物医药新创企业需要。

(四) 平台多以内部运营为主,开放式运营探索不足

以市场为导向的公共技术服务平台目前数量仍然较少,大部分公共技术服务平台主要以满足内部客户需求为主,平台尚未触及更多创新型企业在研究开发、技术转移、成果转化等各个环节的需求。内部客户无法形成规模性需求,造成对平台的投资回报率低。经过调研发现,大部分公共技术服务平台对完善和推广外部服务功能有一定意愿,但是受制于自身外部资源限制,以及运营团队技术专业度和运营专业服务对接能力较低因素的限制,未能将之落实为实际行动,导致目前浦东公共技术服务平台的开放式运营探索仍然不足。

二、供需匹配方面的问题

(一) 区内公共技术服务平台间供需协同力度不足,供需错配导致平台资源浪费

浦东新区公共技术服务平台在服务内部企业之外,其在浦东区内的开放协同度不足,即区内公共技术服务平台之间在资源共享与协同服务方面未形

成良好互动机制，这直接导致部分公共技术服务平台设备和服务供给不足，亟待扩展空间和进行设备更新或完善，另一部分公共技术服务平台则出现设备限制，需求不足等现象。供需错配导致平台资源严重浪费，也限制了公共技术服务平台造血功能的塑造，以及平台服务溢出效应的持续放大。

（二）信息科技类公共技术服务需求更新迭代加速，考验平台服务供给和更新能力

根据调研得知，信息科技行业领域正处于技术加速升级调整阶段，行业内信息科技企业研发创新更新频率持续提升。以移动互联网创新应用开发支持、云计算基础资源提供为代表的专业孵化器正进入适应人工智能新技术周期的调整提升阶段，为了维持技术领先性，需要持续的资本投入以优化升级其平台的软硬件服务设施和内容，适应企业快速更新的技术服务需求。智百咖反映："由于不同客户对设备的要求不同，需要更新及添加设备来满足更多的客户需求。"这必将持续考验平台投资方和运营方的快速更新与灵活运营能力，乃至对其资本实力和经营成本压力等形成重要影响。面对这种境况的信息科技类公共技术服务平台亟待政府通过政策扶持和社会组织等通过资源合作为其提供外部支持。

（三）集成电路公共技术服务平台亟待顺应趋势，强化针对中大型企业服务供给能力

集成电路和半导体领域的中小型创新企业在进行技术研发创新的过程中，大多通过嵌入中大型企业的创新链和供应链环节，承接大中型企业的技术需求和溢出效应来寻找研发创新方向和主要项目。调研过程中发现，半导体产业类公共技术服务平台强烈呼吁应当进一步放大浦东大企业集聚和规模优势，针对创新孵化器和中小型创新企业导出创新需求，强化平台大企业与中小型创新企业的供需对接功能，在为初创型中小企业提供共性技术服务的同时，强化针对大中型企业的资源供需对接、外部网络构建等功能，丰富平台服务供给功能和能力。比如，盛英孵化器就反映："芯片国产替代已经是市场趋势，这要求平台技术服务能力要尽快更新提高，在服务小微企业常规技术服务需求的同时又能满足大中型企业，特别是头部企业的技术服务需求。如何能针对某些应用领域，建立自己的技术服务特色和优势，是我们目前重点思考的重大课题。希望政府可以考虑在该方面提供相应政策和资源支持。"

(四) 生物医药公共技术服务平台面临的服务需求周期长，平台资源占用率高，亟待扩展空间、设备等多方资源

生物医药公共技术服务平台面临的主要问题在于服务设施和服务空间与所处行业研发创新周期不相匹配。生物医药企业的研发创新周期较长，平台资源的占用时间相对其他行业更长，这导致生物医药类公共技术服务平台的服务设施和空间资源等容易被极少数企业长期占用。因此，在调研过程中，生物医药类公共技术服务平台在扩展空间资源和增购完善研发设备等方面的需求和呼声较高，同时也亟待政府在土地、楼宇空间、设备购置扶持等领域给予一定支持。

三、政策保障方面的问题

(一) 公共技术服务平台建设资金支持力度不足，制约平台建设积极性和功能发挥

公共技术服务平台建设前期需要一次性投入大量资金来购置设备、租用场地、组建运营团队。浦东主要公共技术服务平台大多以企业内部自建为主，这极大考验企业的资金实力和成本控制能力，也是造成目前浦东公共技术服务平台建设比例较低的重要原因之一。在政策端，除研发设备加计扣除等共性税收优惠政策之外，浦东目前尚未出台针对公共技术服务平台建设的扶持政策，在财政直接补助、大力度税收返还、政府参与共建等方面的政策供给和支持力度不足，制约平台建设的积极性和后期运营过程中的功能发挥。此外，在已建成平台当中，设备更新难度大是反映最强烈的问题，同样亟待政府主管部门就平台设备更新方面提供政策扶持，比如设备采购的供需对接服务、设备更新的资金扶持或者税收优惠政策等。

(二) 平台周边交通等公共设施配套亟待优化，空间供给充裕度需进一步强化

由于浦东已建成公共技术服务平台多为孵化器企业自主建设，因此其平台选址也大多主要位于所属孵化器企业所在地。经调研发现，目前很多孵化器周边交通和商务等公共设施配套仍处于不甚完善状态，亟待进一步优化。同时，部分公共技术服务平台所在地不具备显著区位优势，阻碍平台对企业客户的吸引集聚及其服务功能的强化。因此，建议由区级层面一方面通过统一

空间顶层设计规划,以及强化办公空间和土地资源供给等,优化平台交通等区位条件;另一方面通过协同交通委等主管部门,优化平台周边交通、商业等相关配套服务。

(三) 专业运营人才招聘渠道亟待拓宽,配套人才政策亟待跟上

平台建成后的平稳运营依仗高水平、专业化的运营团队和专业人才。浦东公共技术服务平台在运营过程中目前存在运营团队专业技术水平不足、运营人才招聘渠道狭窄,运营团队组建成本过高的问题。这一方面加重孵化器企业经营成本压力,另一方面掣肘平台服务效能的发挥和进一步持续放大,对平台通过开放式服务形成规模效应并强化自我造血功能等形成严重障碍。相关平台呼吁区级政府层面加快出台针对公共技术服务平台运营人才的配套政策,同时动用政府资源网络,打造人才招聘与服务平台,扩展人才招聘渠道,降低人才招聘成本等。

(四) 公共技术服务平台建设与运营绩效评估体系有待进一步优化调整

公共技术服务平台建设作为专业孵化器建设和运营的重要固定成本之一,在实现饱和运营或者由于交通和区位不便长期满负荷运营,都会迫于运营成本压力削减专业技术服务能力的持续投入,同时缩减技术服务内容,以满足孵化器运营绩效需要。经调研发现,各平台强烈希望新区科技主管部门能够针对仪器设备维护、人才培训、正常运行、日常管理、产学研合作机构数量和专家顾问数量构建孵化器评价指标体系和绩效考核制度,依据服务项目数量设置孵化绩效考核加分项,或者依据公共服务占比达标设置孵化绩效考核加分项等。

第五节 国内重点省市公共技术服务平台政策举措与经验总结

一、深圳:强化顶层设计,推出平台建设项目超常规资金支持政策

随着国内重点省市对科技创新的日益重视,许多地区政府纷纷意识到建

设公共技术服务平台的重要意义,加快出台针对公共技术服务的大力度资金支持政策等。其中深圳市政府资金支持力度最大,其规定对"具备对外提供检测、分析、测试、生物资源与实验材料等公共技术服务的装备能力和场地条件,原则要求拥有的仪器设备及专用软件的现值不低于 600 万元,检测、分析、测试专用场地面积不低于 400 平方米,已提供规模化的相关技术服务 3 年以上,2016、2017 年度每年来自我市机构的服务收入不少于总营业收入的 50%的公共技术服务平台,最高给予 500 万每年的资金支持。"深圳市福田区还出台区级层面支持政策。对区政府认定的区级公共技术服务平台,给予每年最高 100 万元,最多两年的资助,其中对互联网等战略性新兴产业领域的区级公共技术服务平台,最高资助金额可提高到 150 万,对区级公共技术服务平台的资助金额不超过该平台总投入的 30%。

二、厦门:对平台提升改造予以项目式全生命周期支持

针对公共技术服务平台进行设备更新和服务升级等需求,厦门市专门制定公共技术服务平台提升改造项目扶持政策,规定:以无偿资助或股权投资方式支持,原则上资助金额最高 1 000 万元,特别重大的可"一事一议"。重点支持领域主要为厦门市重点发展产业领域的公共技术服务平台的提升改造,主要包括:互联网、生物、新能源、新材料、新一代信息技术、节能环保等战略性新兴产业;海洋、航空航天、生命健康、机器人、可穿戴设备和智能装备等未来产业以及资源环境、安全生产等民生科技领域。

三、石家庄:政府牵头建设资源共享平台,优化平台间资源利用效率

针对区域内公共技术服务平台资源的开放共享与高效利用问题,比较有代表性的举措和经验是由政府牵头建设资源共享平台,优化平台间资源利用效率。比如,石家庄市政府牵头建设大型仪器设备共享和公共技术服务平台。平台建设以需求为导向,以共享为核心,将充分整合区内各类大型仪器设备及公共技术服务资源,向全区企业开放共享。投用后,平台将建立动态更新机制、用户需求机制、交流反馈机制,从企业需求角度出发,及时更新、补充各类科技资源信息,开发和挖掘相关功能,为企业提供更具针对性的个性化服务。

四、北京中关村：建设人才服务平台，强化专业人才体系建设

北京中关村十分重视人才公共服务平台建设。结合软件企业对人才的要求，中关村一方面通过建设人才服务平台扩展招聘渠道，另一方面通过强化平台服务推出专业技术培训等服务功能，提升园区工作人员的专业技术能力和水平。比如，通过平台建设与社会上的培训机构、微软等龙头企业进行合作，规范人才培养体系标准，合作开展电子课题工程师以及项目经理的培养等。

第六节 对 策 建 议

一、要素供给方面

（一）制定全生命周期式资金扶持政策体系，提升平台建设积极性和运营成效

针对公共技术服务平台的建设、运营、退出等生命周期过程中的不同阶段，制定全方位的政策扶持体系。在平台建设阶段，基于平台建设初始投资规模大、空间资源紧张、人力资源缺乏保障等问题，建议浦东一方面出台较大力度的平台建设专项扶持政策，对平台建设和运营提供持续性的财政支持；另一方面通过体制机制创新，形成平台建设工作对接工作小组，让每个平台的建设都有专人负责对接相关服务工作，确保平台建设在空间资源保障、人才队伍打造等方面获得政府有力支持。在平台运营阶段，建议浦东效仿厦门出台平台运营能力提升更新专项扶持项目，对平台运营过程中需要设备更新等相关需求以项目形式对其进行定点支持。在平台退出阶段，建议浦东前瞻性谋划出台协助平台退出（比如老旧设备处置、运营团队人员再招聘与重新配置就业等工作）的相关配套政策，推动公共技术服务平台在不同生命周期阶段均能够得到有效支持。

（二）加快完善引才、留才、育才服务体系，制定平台运营人才扶持专项政策

在当前一线城市人才竞争加剧，东部地区人才回流中西部地区的背景下，

浦东一方面应制定更加开放、积极以及更具"刺激性"的人才招引政策,以应对当前各省市的人才大战。例如针对国内外高端创新创业人才,浦东应发挥中智集团、关爱通等国内龙头型人力资源服务企业总部均在上海的优势,与上述人力资源行业的龙头企业共同建设科技人才招引与服务平台,共同制定科技创新高端人才引进计划,不仅采取超常规政策,还主动"走出去"进行重点引进。针对高校毕业生等普及型人才,浦东要加强对重点理工类学校毕业生的跟踪式科技宣贯和招引。一方面走进校园向学生普及公共技术服务平台这个就业行业门类的主要内容;另一方面,推动区内公共技术服务平台面向高校对口专业在校学生开放实习机会,并针对实习岗位予以一定程度的财政补贴支持。

此外,为提高服务平台的开放和共享程度,一方面可以重点提升公共技术服务平台专业岗位人员的引进和发展,匹配相关的人才吸引政策,提供有吸引力的人才补贴政策,以确保实验、检测、分析能力的持续提供,特别是一些专业性比较强的高新技术行业和战略性新兴产业的产品检测能力。另一方面提高专业技术咨询培训服务能力,邀请合作机构、高校、科研院所的相关专家或者高新技术企业技术人员,与入孵企业进行双向交流和培训,帮助企业掌握更多技术信息,将能够解决中小企业技术难题的相关服务列入创新券支持内容,加快发展平台的专业服务能力。国内高校的先进设备和工具资源及有产业创新经验的师资力量相对紧缺,公共技术服务平台可以和高校签署科教融合人才培育协议,提供毕业生实习机会,引进高层次紧缺人才。具体人才培养方式可以是:(1)公共技术服务平台与高校联合实验室共同、定期开展多批次技术培训课程;(2)各联合实验室的技术方向存在一定的互补性,定期组织学术交流,发展交叉学术方向的创新复合人才培养;(3)公共技术服务平台的共建院校单位具备国内国际顶尖专家资源,平台可邀请专家组定期举办专题讲座。通过上述手段提升关键能力中的专业技术支持能力、产学研合作能力、开放社区发展能力。

(三)打开土地留白区域,强化 C65 科创用地和空间供给

当前浦东存在众多土地留白区域,结合当下孵化器和公共技术服务平台存在空间扩展的强烈需求,建议区级层面会同科创主管部门、规资部门等,通过汇总孵化器和平台空间与用地需求,梳理形成科创类重大项目,以优质科创项目形式打开战略留白土地资源,进一步规划增加 C65 科创用地,满足区域科

创孵化器和公共技术服务平台的空间资源需求。

（四）针对不同行业领域孵化器精准施策，"点穴式"举措直击痛点，打通堵点

经调研发现，三大产业领域公共技术服务平台存在的问题和瓶颈不尽相同。比如：信息科技类平台更新设备愿望强烈，生物医药类平台空间资源打开与推动平台间资源共享需求强烈。因此，建议浦东科创主管部门在制定相关扶持政策时，能够对公共技术服务平台分类施策，针对不同类型企业制定更加精准化的政策包。

二、平台建设与运营激励方面

（一）支持搭建公共技术服务平台联盟，强化平台建设与运营能力建设

一是浦东依托区域内技术、经济、人才和市场等优势资源，整合孵化公共技术服务资源，加大面向孵化群体的公共技术服务推广力度，推进孵化器间的合作深度和广度，通过"政府引导＋市场化运作"的集约模式加强对专业孵化器公共技术服务平台的激励和管理，从而提高关键能力中的平台规划建设能力、专业技术支持能力等。二是由现有技术平台发起建立孵化公共技术服务平台联盟，积极鼓励更多孵化器和机构共同参与，实现技术服务资源和客户需求资源在区内的融通发展。在某一平台无法胜任的服务项目可以在平台之间流动，将项目转给条件相符的平台合作，实现关键能力中的创新创业协同能力、公共服务市场化能力。

（二）加大平台宣传推广力度，强化社会各界对平台服务知晓度和认同度

建议平台运营管理对口部门加强统筹宣传与推广，整合现有17家平台的服务能力，融通和拓宽技术服务范围，加强浦东孵化企业、科研院校和社会各界对孵化器公共服务平台的了解，尽快建立一站式便捷入口，提高公共技术服务平台的影响力。通过建立统一的信息化服务门户，建立公共服务数据采集机制，赋能更多的非专业孵化器服务更广大的创新型企业群体，满足逐年倍增的公共服务需求，不断提高孵化公共技术服务平台的市场化盈利空间。通过政府引导、市场运作机制的作用，进一步提高公共技术服务平台的开放共享程度，实现关键能力中的公共服务市场化能力、开放社区发展能力。

（三）建立考量和激励机制，激发平台建设与运营积极性

建议浦东科技主管部门将区内孵化器运营绩效评估体系与公共技术服务平台的建设与运营相挂钩。一是针对平台间资源共享制定绩效考核标准。平台通过自身资源转介绍给区内其他平台的企业客户，亦能够获得年底绩效考核分数，以此来激励区内孵化器已建成平台之间建立合作交流与利益共享机制，互通有无，提高供需匹配效率，推动帕累托改进格局加快形成。二是制定能够赋予平台多维功能的绩效考核体系，比如公共技术服务平台对外合作功能、科技招商功能等，对通过公共技术服务对接和招引到优质企业的平台进行大力度奖励，以配合当前浦东招商、安商、稳商的一系列重点工作，同时激励平台积极扩展新业务，争取发展新空间。

（四）平台嵌入大企业开放创新中心发展框架，丰富多元服务功能

大企业协同创新模式有利于发挥大企业引领支撑作用，浦东新区"十四五"期间发展100家大企业开放创新中心的计划将更好地发挥政府的资源政策优势，引入更多的财富百强和科技龙头企业，从而提升关键能力中的平台规划建设能力、专业技术支持能力、技术平台联盟能力。具体方式有：一是搭建大企业联合创新矩阵，推动大企业创新从目前单纯的技术搜索、技术对接向更完备的大企业创新生态圈发展；二是搭建交流合作平台，促进同行交流、跨行业融合、创业资源有效化和多样化合作；三是借助大企业的平台、资金、数据等资源优势，精准对接符合大企业创新需求的初创企业，将大企业创新需求与初创企业创新能力有机结合，加速初创企业科技项目发展速度；四是在提高大企业创新活力的同时，快速提高浦东专业孵化器的数量、质量和公共服务覆盖，解决孵化技术服务平台的专业化运营能力短板，全面赋能浦东创新生态迭代发展。

第九章 上海新型研发机构发展研究

第一节 研究背景

新型研发机构是顺应科技革命和产业变革的产物,对于盘活创新资源,实现创新链条有机重组,加快上海科创中心建设具有重要的时代意义。"十三五"时期,上海布局建设了数十家新型研发机构。其中,近10家机构瞄准人工智能、量子科学、脑科学等前沿领域。它们是事业单位,但与传统事业单位不同,在体制机制上试点"三不一综合",即不定行政级别、不定编制、不受岗位设置和工资总额限制,实行综合预算管理。还有15家机构围绕上海市重点产业和战略性新兴产业运营研发与转化功能型平台。它们是企业,但与大多数企业不同,其业务是研发行业共性关键技术,提供公共技术服务。新型研发机构的成长与壮大历程,需要在创新资源集聚和体制机制创新上的突破,从而释放出旺盛的发展活力和生命力。新型研发机构的特征主要包括以下几个方面:

一是以技术创新能力为核心竞争力。其一,聚焦科技创新前瞻领域。新型研发机构大多专注于产业价值链的前端和终端,处于新兴产业的细分领域的塔尖位置,开展前瞻布局和研发突破。例如,深圳光启研究院在超材料领域的突破创新,上海微研院在"超越摩尔"领域的领先等。其二,围绕价值链布局产业链,围绕产业链部署创新链,实现价值链、创新链、产业链的有机贯通,强化成果转化环节。

二是以领军人才为核心创立并发展壮大。新型研发机构往往由兼具科学家和创业家素质的领军人才发起和创立,并在全球范围内吸收各种优秀的专业型和复合型人才,做到"以人才识人才,以团队引团队"。例如,深圳华大基因的创始人汪键、深圳光启研究院的创始人刘若鹏,北协院的院长王茅祥。同时,新型研发机构利用全球资源,与国际一流研究机构、行业领军企业建立比较稳定、紧密的合作关系,掌握最新的技术和市场信息,拓展全球影响力。例如,微研院与美国博通、比利时 IMEC 等机构建立了丰富的国内外产学研协同创新渠道,牵头成立了两家产业技术创新联盟。

三是具有新颖的管理体制和机制。其一,在组织形态上,介于"企业"和"研发机构"的模糊地带。它们将科研与产业相结合,集研发、孵化、服务等于一体,并不断衍生出新的产业形态。例如,深圳华大基因形成了研发创业纵向一体化组织架构,公司下设教育学院、研究院、科技服务公司、健康产业公司等一体化架构,实现创新链和产业链的有机结合。其二,在体制机制上创新突破。积极探索企业内设、民办官助、国有新制等多种形式,破除体制机制束缚。例如,江苏省产研院、深圳光启研究院探索"民办公助"的管理模式,深圳华大基因研究院、深圳清华大学研究院则采取事业性质企业化运行方式。其三,在管理运行上,更加扁平化、灵活开放、互通共享。对标国际先进做法,积极探索科学、高效的运行机制和理念,普遍采用合同制、匿薪制、动态考核、末位淘汰等现代管理制度,提高创新效率。例如,微研院以企业化来运营管理,并成立职工持股会的团队公司,将员工与孵化企业形成利益共同体。

四是具备充足研发经费的保障。新型研发机构成立初期大多获得了政府给予的全方位的稳定支持。同时,它们吸引科研院所、风险投资、产业资本、个人等多元化投资主体参与,拓宽融资渠道,为机构的发展壮大奠定坚实基础。例如,北京市对于北协院给予专项研发资助,并设立 12 亿元协同创新母基金,联合社会资本设立 25 亿元风投基金,形成多元化投资体系。

近年来,上海在培育和发展新型研发机构上进行了积极探索,一批专业化、市场化、国际化的新型研发机构正在加速发展,主要有以下几类:

一是产业创新平台机构。该模式的主要特点和功能是由政产学研用各方组建的集研发、投资、产业化等于一体的加速创新的产业化平台,致力于新兴技术的研发和成果转化。如上海产业技术研究院,定位为"智囊""平台""桥梁"和"枢纽",成立三年多来,已集聚一批产业链上下游的机构,着力搭建创新组织架构并实践"两种体制"融合的运行模式,创新孵化功能不断显现;上海微技术工业研究院(简称"微研院"),由上海市政府、中国科学院、嘉定区政府等多方投入并参与建设,建立了集研发、产业化、投资于一体的产业创新平台,整合上海、台湾、硅谷的优势人才资源,形成了一个既独立又相互依存的微技术产业创新生态群落。

二是"科学家+企业家"组织。该模式的主要特点和功能是由有资深专业背景的科学家或有商业头脑的企业家的创业之举,聘请科学顾问、行业资深专家、知名专家教授,协助咨询和管理。如上海海洋大学深渊科学技术研究中心,吸引民间资本,平行设立彩虹鱼海洋科技(国际)有限公司,联合企业家实现深海科学研究和科研服务产业的紧密结合。

三是网络型研发组织。该模式主要特点和功能是在一定的区域内,企业与其他组织(如高校、科研院所、中介机构等)形成相互的、稳定的、本地化的促进创新的正式和非正式关系总和。如中航商发公司组建了由内部的工程技术研究中心(COR)和外部机构组成的联合创新中心(UIC),构成一个网状型研发体系,通过集成内外部资源,不断为公司提供前瞻性和通用性技术,为在研产品的关键技术突破和未来产品的引领性技术储备服务。

但在其成长壮大过程中,上海的新型研发机构仍存在共性体制机制瓶颈,尤其在事业单位类型新型研发机构更为突出。笔者集中调研了部分事业单位类型新型研发机构,梳理并剖析其面临的瓶颈问题,并提出上海新型研发机构改革突破的政策建议,以推动新型研发机构健康有序发展。

第二节 上海事业单位类型新型研发机构经典案例分析

一、产业创新平台组织

(一)典型案例:上海微技术工业研究院(简称"微研院")

微研院以中国科学院上海微系统所为基础,建立了集研发、产业化、工程、资讯、投资于一体的产业化平台和创新加速体系,并通过这一平台孵化 MtM 产业,形成了 MEMS、光电集成、模拟、系统应用产业链体系。微研院是上海微系统所的成果产业转化平台,同时反馈市场需求信息;微研院为企业提供全方位技术服务、创业投资服务等,打造了一个既独立又相互依存的微技术产业创新生态群落。目前,微研院在嘉定区建立"物联网·芯天地"产业园,投资在孵企业 10 家以上,建立 2 家产业创新联盟(超越摩尔和可穿戴产业),在产业培育上取得了良好进展。

在投资主体上,微研院由上海市科委、中国科学院上海微系统所、嘉定区下属国有产业投资企业多方投入并参与建设,其中上海市科委每年给予 5 000

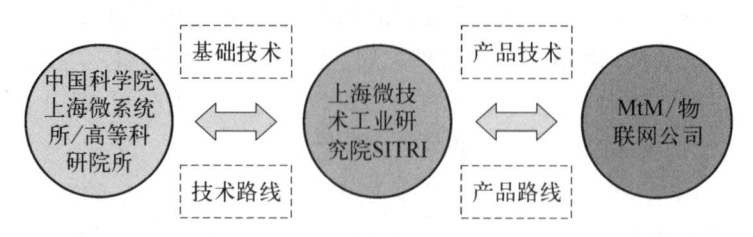

图 9-1 上海微技术工业研究院产业创新平台组织案例示意

万元的试点支持；在运行方式上，微研院以企业化来运营，并成立职工持股会的团队公司，将员工与孵化企业形成利益共同体；在技术领域上，微研院瞄准未来的"超越摩尔"创新技术与产品；在资源配置上，微研院整合上海、台湾、硅谷的优势资源，进行全球化人才配置，营造产业生态群。

(二) 点评

微研院以技术成果产业化为愿景，对资讯、研发、投资、成果转化应用等创新链上的各个环节投入重兵，围绕产业价值链进行战略性布局，跨越式创新，抢占先机，实现创新成果商业价值最大化。据预计，到2020年，微研院将具有领先世界的核心技术，并且成为国内传感器自主知识产权的重要产出地。

二、"科学家＋企业家"组织

(一) 典型案例：上海海洋大学深渊科学技术研究中心(简称"深渊中心")

深渊中心由"蛟龙"号载人潜水器总体与集成项目负责人崔维成教授牵头、依托上海海洋大学成立，中心核心成员已达17人。目前，深渊中心的1.1万米载人潜水器项目正在按计划实施，载人舱设计已完成，进入设备采购阶段；通过民间筹资2.2亿元建造的科考船已基本设计完成，正进入施工阶段。

在投资主体上，深渊中心吸引民间资本，联合企业家、投资家实现海洋科学家和工程技术人员紧密结合的研发组织，其中，上海市科委批准深渊中心挂牌，并提供1 000万项目资金支持。在运行方式上，深渊中心平行设立彩虹鱼海洋科技(国际)有限公司，作为运作实体；在技术领域上，深渊中心以深渊科学技术流动实验室为抓手，推动深海科学与技术的突破，着眼于未来的成果产业化。

（二）点评

深渊中心将科学家原创技术的蓝图向企业家发布，得到企业家认可后，再通过企业家的资金支持和产业化设计与布局得以实现。科学家、企业家各自做自己分内之事，科学家管理科研机构，企业家运作项目公司，投资家投资科考船，"互不干涉"，大大缩短研发周期，使科学家屡屡遭遇的因不会做市场、不会做产业致使技术创新夭折的老问题得以解决。

三、"大学＋院所联盟"组织

（一）典型案例：机械工业共性技术上海研究院

该研究院实现大学和院所强强联合、优势互补，设立了通用机械、精密仪器、准东煤、光机电集成控制和医疗器械、两相流智能仪表等10个创新研发平台，服务和引领行业的发展。

在投资主体上，2012年5月，该研究院由原机械工业部所属上海理工大学、上海工业自动化仪表研究院、上海发电设备成套设计研究院、上海电动工具研究所等"一校八所"发起成立；在运行方式上，该研究院实行理事长领导下的院长负责制。

（二）点评

大学与专业院所通过强强联合，各取所需，优势互补，形成新型研发组织整体研发合力，在各自的强势技术领域继续向前沿地带挺进，有效盘活存量科技创新资源，寻求传统技术领域新突破。

四、"创客空间"组织

（一）典型案例：上海"新车间""蘑菇云"等创客组织

创客空间一般采取会员制，定期举办活动，如上海"创客嘉年华"活动，其内容从"感知情绪而随之变色的衣服"到"立体光束呈现给受众的视觉盛宴"，从"打印立体巧克力和立体人形打印机"到"根据视觉方向写字的神奇机械"等，涉及艺术、手工、科学、工程技术、食物、音乐等多个领域。最近一期的上海创客嘉年华，汇集了全国200多个创客作品，超过300多万市民参加，成为国内最大的创客活动。

"创客空间"组织的主要特征有:(1)网络化理念,体现开放、透明、分享、去中心化的互联网思维。如借助互联网众筹方式筹措资金,借助互联网众包形式进行开放式创新,借助互联网,传播创新理念和分享创意金点,培育创客群体,营造创新氛围。(2)组织形式开放性。组织成员完全开放,内、外部研发人员组成"来去自由"的开放式研发团队。

(二)点评

"创客空间"组织通过"俱乐部"形式发动大众广泛参与,使蕴藏在民众中海量的"创意""金点子""闪光点"有"展现"的舞台,充分释放大众创新的巨大潜能,挖掘民间创新的丰富宝藏。

五、"民办非企业"组织

(一)典型案例:上海电生理与康复技术创新战略联盟(非法人机构,简称"电生理联盟")与电生理与康复技术创新中心(法人机构,简称"电生理中心")

电生理联盟是由企业、高校、医院和研究机构自愿组成的非法人组织,业务范围主要包括产品研发、产业化推进、学术交流、专业培训、人才交流与培养。电生理中心是在电生理联盟的基础上,由企业、高校、医院和研究机构及个人自愿组成的专业性的非营利性社会团体法人,致力于重大电生理与康复技术创新,以具有法律约束力的契约为保障,联合研发、优势互补、利益共享、风险共担。

在运行方式上,电生理联盟和电生理中心均实行理事会领导下的理事长单位负责制,两块牌子一套班子。在组织形式上,电生理联盟是开放性组织,成立后可根据理事会的决议定期吸收具有技术、临床、资金等优势的单位加盟。在价值实现上,电生理中心主要投资并组织开展1—10阶段成果的再开发与转化,实行项目制,开发成功后再向企业转移,取得收益后,按约定的比例支付给成果转化人员。

(二)点评

联盟与民非的有机结合,弥补了联盟利益机制不落地、民非机构资源不足的问题,可按照约定分享权益并承担义务,形成利益共享、风险共担、共同投入、共同发展的长期、稳定的产学研用利益共同体。与传统意义上的联盟和民非不同,电生理中心还对个人会员开放,为创业型个人会员提供一个创新平台,激发成员的创新积极性。

第三节 上海市事业单位类型新型研发机构面临的体制机制瓶颈分析

在调研过程中,笔者发现事业单位类型事业单位面临的体制机制瓶颈最为严重,也最需要通过体制机制创新和大胆改革来予以破解。因此,本节将重点分析事业单位类型新型研发机构面临的主要问题和瓶颈。

近年来,上海瞄准人工智能、量子科学、脑科学等前沿领域,加快布局新型研发机构,并探索体制机制创新,形成了10家采用"三不一综合"模式(不定行政级别、不定编制、不受岗位设置和工资总额限制,实行综合预算管理)的事业单位类型新型研发机构。

表9-1 上海事业单位类型的新型研发机构

序号	单位	经费来源性质
1	上海脑科学与类脑研究中心	全额拨款
2	上海量子科学研究中心	自收自支
3	上海清华国际创新中心	自收自支
4	上海期智研究院	其他
5	上海微纳电子研发中心	自收自支
6	上海人工智能创新中心	自收自支
7	上海处理器技术创新中心	自收自支
8	上海长三角技术创新研究院	自收自支
9	上海浙江大学高等研究院	自收自支
10	上海长兴海洋实验室	自收自支

但在实际运行过程中,由于事业单位类型的新型研发机构的运营管理模式处于"摸着石头过河"阶段,发展中遇到共性体制机制瓶颈,集中体现在"人、财、物、管"领域"四多四少",已对机构运营产生诸多困扰,亟待加快破解。

一、人：招聘方式灵活少，激励机制限制多

在人员招聘方面,事业单位编制内人员与单位签订聘用合同,适用《事业单位人事管理条例》；事业单位编制外人员与单位签订劳动合同,适用《中华人民共和国民法典》。事业单位编制内人员的社保事宜,适用《国务院关于机关事业单位工作人员养老保险制度改革的决定》。当前"三不一综合"类型新型研发机构直接招聘无编制人员及其社保缴纳缺乏相应的管理规定,人员招聘产生一系列新难题。比如,上海清华国际创新中心反映,由于没有事业编制,其人员聘用方式为直接与中心签订合同。在进行社保登记时,登记部门只提供了在编人员和劳务派遣两个选项,无法为人员登记录入社保,后经市领导协调,登记部门改为手工录入,特事特办暂时解决了该问题。

在引进人才方面,上海处理器技术创新中心、上海浙江大学高等研究院等均反映,由于尚未被列入人才重点引进单位,导致部分急需人才无法直接办理落户。此外,由于无法纳入事业单位人员编制,部分高层次人才对发展的稳定性和可持续性存有疑虑。

在激励机制方面,缺乏事业单位员工参与孵化服务形成的子公司股权激励的政策依据。该类型新型研发机构难以开展有效的员工股权激励。

在职称评定方面,新型研发机构大多要开展前沿技术研究和关键核心技术攻关,在人才评价方面具有一定的特殊性,人才的类型也比较多样,原有职称评价体系满足不了其个性化需求。同时,职称序列尚未形成与高校职称互认机制,对吸引高校人才形成一定阻碍。

二、财：启动资金力度小，经费使用限制多

在启动资金方面,上海绝大多数事业单位类型新型研发机构尚处于开办初期,还未形成自负盈亏的运营能力。"科改25条"提出,按照"一所（院）一策"原则,给予研究机构长期稳定持续支持。但截至2022年底,市级层面没有明确对此类新型研发机构的启动资金支持。上海清华国际创新中心、上海处

理器技术创新中心、上海浙江大学高等研究院等机构均反映,开办以来仅获得个别专项资金和项目补贴,且项目经费不能用于人员经费列支,机构运营维系艰难。

在预算管理方面,根据《中华人民共和国预算法实施条例》《中央本级基本支出预算管理办法》《上海市市本级基本支出预算管理办法》等政策法规,事业单位的支出预算由基本支出预算和项目支出预算组成,其中基本支出预算(包括人员经费预算和公用经费预算)实行定员定额管理。由于新型研发机构不定编,财政核定综合预算缺乏相应的法律法规支持,无法核定明确的基本支出预算数额。

在经费使用方面,目前上海大多数事业单位类型新型研发机构通过重大专项等项目形式得到资金支持,但按照目前的财政科技计划项目资金管理办法,人员支出占项目经费比重仅为15%—30%,与70%—80%的实际人员支出需求不相匹配,人员费用难以保障,不利于机构持续健康发展。

三、物:资产配置模式少,国资管理审批多

在资产配置方面,根据财政部2019年修订的《事业单位国有资产管理暂行办法》,事业单位内的所有资产,不论是否直接来自财政经费支持,都要按照规定进行管理。事业单位国有资产配置应当符合规定的配置标准;没有规定配置标准的,应当从严控制,合理配置。比如,事业单位办公用房、公务用车及各类办公用品均根据与其行政级别相挂钩的配置标准执行。不定行政级别的新型研发机构,如何确定其资产配置标准,是否需要审批,尚无明确规定。

在资产使用方面,事业单位如需设立公司,必须经主管部门审核同意后,报同级财政部门审批。比如,新型研发机构如要设立投资公司或资产管理公司对孵化的公司进行投资等,须报财政部门审批,财政部门原则上按照"一事一议"和"从严从紧"的原则,严格控制事业单位新增对外投资,造成机构在投资审批中存在障碍。

四、管:顶层设计存空白,传统管理阻碍多

在运营机制上,按照2011年《中共中央 国务院关于分类推进事业单位改革的指导意见》,事业单位主要分为公益一类和公益二类两种类型。上海市

事业单位登记管理网站提供的《事业单位设立、变更、注销登记办事指南》,"单位经费来源"一处,有"全额拨款、差额拨款、自收自支"三个选项。但新型研发机构在注册时定性为公益一类、公益二类或自收自支事业单位均存在一定不妥。除上海脑科学与类脑研究中心外,其余事业单位性质新型研发机构由于没有套用传统事业单位的级别和人员编制,无法得到固定的财政预算经费支持,无法开具相应的开办资金确认证明,因而无法选择公益一类或公益二类事业单位,只能暂时选择"自收自支"或"其他"选项注册,与其实际上具有公益性质的定位不符,并与国家应逐步将自收自支类事业单位转为企业的改革要求不符。

第四节　国内可借鉴的新型研发机构建设经验探索

尽管事业单位类型的新型研发机构显示出强劲的创新活力,是上海"想创造、能创造、善创造"主体的典型代表。但是当前配套政策与制度供给尚不能适应"新物种"的实际发展需求。综观全国各地政府的政策实践经验,各地在"人、财、物、管"等已探索出一些可复制、可推广的经验,主要体现在:

一是给予政策倾斜。在人才聘用和职称评定方面,浙江赋予符合条件的省级新型研发机构相应级别职称评审权;广东实施企业家职称评审直通车制度。在法人登记和税收等方面,济南制定新型研发机构事业单位法人登记管理办法;广东提出作为省或市登记设立的事业单位不纳入机构编制管理;浙江提出进口科教用品免税方面享受与省属科研院所同等待遇和政策。

二是给予机构稳定性财政支持。对新建的新型研发机构,在前期的3—5年建设期,苏州、浙江、广东等地都给予稳定性财政支持,后续也会根据实际情况再进行持续性补助。

三是建立经费负面清单制度。广州、深圳、北京、江苏等地对建设经费、科研经费等在使用上普遍建立了负面清单制度,给予新型研发机构更多经费使用自主权。

四是将投资决策权限下放给机构。广东对省市参与建设的事业单位性质新型研发机构,可授予其自主审批下属创投公司最高3 000万元的投资决策权;允许新型研发机构设立多元投资的混合制运营公司,其管理层和核心骨干可以货币出资方式持有50%以上股份。

第五节 对策建议

新型研发机构作为链接产学研的枢纽型载体,其发展的关键在于"体制新、机制活、转化快"。上海探索"三不一综合"的事业单位性质新型研发机构,迈出突破传统科研事业单位制度重要的一步。下一步,建议聚焦此类机构的发展痛点堵点,加快完善给予研究机构充分自主性的顶层设计,为进一步释放体制机制优势、提高创新体系效能、激发科学家创新活力提供重要动力。

一、出台总体方案,形成一揽子顶层设计

针对事业单位性质新型研发机构,加快形成一揽子政策和制度供给。建议研究出台事业单位类型新型研发机构运行管理规定,就新型研发机构事业单位的概念、登记管辖权、登记程序、监管责任等内容进行界定,建立健全涵盖准入、登记、运行、管理、退出和监管全过程的配套制度体系,推动此类新型研发机构"设得快、办得好、管得住、退得出"。创新科研人才管理机制,建立"高层次人才周转编制"或双聘制。坚持放管结合,探索采取审慎包容监管。在明确主管部门、举办单位、登记机关以及人力资源保障、财政、审计、税务等相关部门监管职责的基础上,充分利用"互联网+监管"实行远程动态监管和信用监管,不干预机构日常运营;探索建立公益指数评价机制,对机构业务开展情况和提供公益服务的行为、成效等进行定量定性综合评价。

二、加快"放管服"改革,强化多方共办共建

建议市区两级尽快研究给予此类新型研发机构3—5年建设期内的稳定资金支持机制,探索财政科技后补贴模式,保障人才在资金充裕的环境中潜心研究。探索在适当时机,下放对外投资审批权、行政级别相关事项审批权(如公务用车、装修、租房等)等权限至各机构,可赋予机构3 000万元以下投资的自主审批权,行政级别相关事项可由各机构制定相关办法报主管部门备案。探索员工参与孵化形成或出资设立的子公司"上持下"股权激励方案,开展混合所有制改革试点,激发核心技术骨干的积极性和创造性。

三、创新运营管理模式，探索"预算＋负面清单"

支持新型研发机构实施以章程管理、综合预算管理和绩效评价为基础的管理模式。落实国务院常务会议要求，参考进一步改革完善中央财政科研经费管理的相关措施，大力破除不符合科研规律的经费管理规定，支持新型研发机构实行"预算＋负面清单"管理模式。建议依据"契约管理"模式，借鉴上海科技大学等综合预算管理方式，赋予此类新型研发机构充分自主权，将其取得的财政拨款收入、科研收入、经营收入和其他收入等各项收入全部纳入部门预算，统一核算、统一管理。创新运行管理机制，逐步建立具有竞争力的薪酬体系。在财政经费使用上设置更大的灵活度，对机构获得的市级财政建设经费和市级科技创新发展专项经费（事前资助）进行"负面清单"管理，支持新型研发机构围绕既定的目标任务，根据科研活动实际需要，将财政经费用于人员、设备、试验、交流等方面。除"负面清单"及特殊规定之外，财政资金支持产生的科技成果及知识产权由新型研发机构依法取得、自主决定转化及推广应用。

第十章　浦东硬核科技企业孵化服务体系研究

当前中国正在经历由制造大国向科技强国迈进的转型时期。在全国研发经费投入持续快速增长的背后，企业作为研发经费投入的主体之一，所投入的研发经费稳步提升，为推动国家向科技强国的转型奠定了坚实基础。硬核科技企业的专注领域在人工智能、生物医药、集成电路、新材料、新能源、信息技术等高新技术产业，投入一定的研发费用，并且围绕核心产品和核心技术应具备知识产权，具有技术壁垒高、研发投入高，专业人才要求高，符合国家战略、拥有关键核心技术、科技创新能力突出的特点。在大力支持新业态的引领下，浦东科技企业将加大前沿技术研发和关键核心技术的攻关支持力度，包括生物医药、人工智能、集成电路等众多领域。以科技创新驱动高质量发展，浦东科技企业和相关新业态将进入发展黄金期，成为发展主力军，笔者将通过对浦东硬核科技企业以及孵化载体的调研走访和研究分析，针对当前浦东硬核科技企业发展态势、主要问题和发展瓶颈进行分析，为浦东孵化、培育主体环境提升提供政策建议。

第一节　浦东硬核科技企业的发展现状

在已形成的企业培育梯度"孵化企业—高新技术企业—专精特新企业—科技小巨人—上市企业"中，部分孵化企业和高新技术企业、专精特新企业、科技小巨人、科创板上市企业等都属于硬核科技企业范畴，其中孵化企业是硬核科技企业重要来源之一。本节筛选出浦东六大硬核产业范围内的孵化企业（包含在孵企业和毕业企业）进行分析，同时对服务孵化企业的孵化载体进行研究。当前浦东在孵企业中硬核企业数量少，具体来看，满足六大硬核行业领域的企业共有 2 619 家,其中具有研发投入的企业 1 131 家,具有知识产权授权的企业 104 家。通过分析,发现浦东硬核科技企业的发展现状如下:

一、孵化载体数量持续增加

在孵化载体分类上,浦东拥有孵化器、加速器、大企业开放创新中心等多形式、多种类的孵化服务机构,打造出孵化全链条覆盖服务体系。具体来看,孵化载体数量已从 2016 年的 97 家增长至 2020 年的 174 家。2021 年浦东发起大企业开放创新中心建设。由行业龙头企业或细分领域领军企业作为主体,遵循开放式创新全球创新趋势,吸引集聚创新力量,大企业开放创新中心成为实现协同创新的新型载体。2021 年 7 月,浦东授牌第一批大企业开放创新中心 20 家,12 月授牌第二批大企业开放创新中心 14 家。截至 2021 年底,浦东累计授牌 34 家大企业开放创新中心。"十三五"期间,浦东孵化服务主体数量逐渐上升,种类日益丰富,孵化体系发展进入相对平稳时期。

二、孵化载体成效日益显著

浦东孵化载体建设发展呈现高品质,成为国内孵化体系发展标杆。浦东是创新发展的关键标杆,两批大中小企业融通型特色载体在张江和金桥先后试点,全国首批三家海外人才离岸创新创业基地之一落户上海自贸区。浦东孵化载体建设情况在上海名列第一,2020 年浦东孵化毕业企业 127 家,占全市 32.15%(全市 395 家)。浦东市级以上孵化载体数量逐渐上升,2020 年浦东拥有国家级科技企业孵化器 17 家,占全市的 27.87%,拥有市级科技企业孵化器 53 家。浦东孵化器和加速器共获得各类资质 259 项,平均每家获得 1.52 项资质,获得 1 项资质的有 73 家,获 2 项及以上资质的有 71 家。浦东大企业开放创新中心实现多类赋能。自 2021 年 7 月至 2021 年 12 月底,18 家大企业开放创新中心近半年累计推动 76 家企业实现技术赋能,23 家企业实现金融赋能,124 家企业实现生态赋能。

三、硬核企业研发投入和知识产权均逐步增长

一是企业研发投入资金持续上升。2020 年浦东在孵企业共投入研发资

金60.46亿元,同比增长68%,相较2018年增长320.15%。从研发投入平均值来看,2018年为每家企业44万元,2019年为100万元,2020为151万元,连续三年呈递增状态。这表明在孵企业高度重视研发投入,科技实力稳步增强。孵化企业绝大多数属于六大硬核产业领域,且多从事人工智能基础算法底层技术研发、集成电路芯片设计、新药研发、体外诊断等硬科技创新。

二是企业知识产权数量递增。三年来浦东在孵企业知识产权产量呈高速发展。2018年浦东在孵企业知识产权授权PCT 7件,授权一类118项,授权二类867项。2019年知识产权授权PCT增长至10件,授权一类数量增长24.42%(148件),授权二类数量增长28.14%(1 111件)。2020年,知识产权授权PCT数量略有下降,授权5件;授权一类数量同比增长96.62%,与2018年相比增幅达到146.61%;授权二类与2019年相比,增幅为75.34%,比2018年增长124.68%。

第二节　浦东硬核科技企业孵化服务体系的短板和不足

一、孵化源头:企业基数小,硬核科技属性不强

浦东硬核科技企业总量少。现有孵化企业数量为3 984家(包含在孵企业及创业团队),约占浦东中小型企业总量(近5万家)的7.97%。其中属于六大硬核产业范围内的在孵企业有2 619家,约占总量的5.23%。此外,浦东硬核科技企业属性弱。浦东满足三大硬核科技特征属性(产业领域、研发投入、知识产权)的在孵企业不足千家,约占浦东中小型企业数量的2%。通过分析,呈现以下特点:

第一,在孵企业新增量少,近两成孵化载体2020年无企业新增量。2020年浦东新增入孵企业796家,平均每个孵化器新增5.57家企业,其中23家孵化器在有效考核内没有新增企业,占比约为16.08%。杨浦2020年平均每家孵化器新增15家企业,是浦东均值的3倍。从区域分布情况来看,有65.66%的在孵企业集聚张江片区,8.95%的在孵企业位于金桥片区,临港、保税区、陆家嘴和街镇分别汇集5.20%、3.87%、3.14%和13.18%的在孵企业(见图10-1)。从新增在孵企业数量来看,65%的孵化器新增企业数量在1—10家,

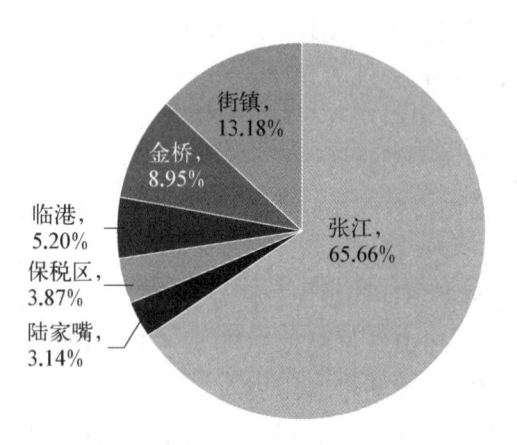

图 10-1 2020年浦东新增在孵企业区域分布情况

仅有4家孵化器新增量在20家以上。

分析来看,新增在孵企业数量较少主要有两点原因:一是孵化器场地不足。由于不同领域企业的成长属性不同,对创业场地面积要求也不尽相同。结合调研走访收集到的信息,发现生物医药类企业成长缓慢,需要较多空间用于实验、安放大型试验设备等,生物医药类孵化器入驻满员后,可能几年内无法吸纳新企业新项目入驻,存在明显场地不足问题。二是招商渠道较少。绝大多数孵化器主要招商渠道为活动招商、以商招商、互联网新媒体招商以及招商代理共四条路径,也有部分孵化器认为政府引入资源是重要的招商渠道,其他招商渠道比较少用。

第二,企业累积量少,超四成在孵企业未获得房租补贴。截至2020年12月,浦东在孵企业总量为3 984家,以房租补贴为口径判断实际孵化企业数量,发现获得房租补贴的企业有2 288家,仅占总量的57.43%。且获得房租补贴的企业中有一些满足毕业标准但仍未离开孵化器。据不完全数据统计,符合毕业标准的企业有548家,获得房租补贴但符合在孵企业标准的企业数量不多。

从原因分析来看,可能存在三种情况。一是部分企业超出孵化期限。在孵企业基本条件中要求孵化时限一般不超过48个月,最长不超过60个月。一些超出孵化期限的企业仍入驻孵化器,所以不满足补贴标准。二是部分企业不是科技型企业。孵化器在招商中会招收普通初创企业,这类企业不满足科技型企业标准,但能给孵化器带来房租收入。三是超四成企业为注册型企业。从数据来看,有1 052家企业为注册型,占浦东在孵企业总量的四成。

第十章　浦东硬核科技企业孵化服务体系研究 / 207

第三,实地办公量少,近四成为虚拟注册型企业。企业发展成效与所处生长环境有较大关联,提供给企业的服务质量、资源对接的丰富度、创新生态氛围等可能会影响企业成长为硬核科技企业。实地办公型企业与注册型企业相比,更能反映出所处环境对企业成长的影响。从数据表现来看,浦东注册型企业数量占比超四成。浦东 2 619 家六大硬核产业相关企业中,59.83%的企业是实地办公型(1 567 家),1 052 家企业为注册型。聚焦区域分布,浦东六大硬核产业相关企业主要集中在张江片区,企业数量超过 72%,远超其他地区;其次为金桥片区,企业数量占比 9%,临港片区和保税区企业数量占比均在 4.5%左右(见图 10-2)。其中张江片区实地办公型和注册型企业数量均为最高,占比分别为 74%和 70%。其次,企业数量较多的为金桥片区,实地办公型企业占比 7.15%,注册型企业占比 11.88%(见图 10-3)。整体来看,不同企业类型地区分布出现不均衡现象。

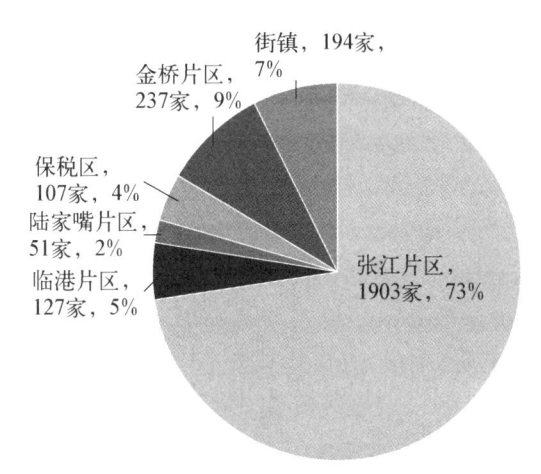

图 10-2　2020 年浦东六大硬核产业企业区域分布情况

图 10-3　2020 年浦东不同在孵企业性质地区分布情况

不同区域呈现出在孵企业分布不均衡现象,可能由多种因素造成。主要原因可能有以下两点:一是张江创新创业氛围浓厚,企业更愿意集聚在氛围浓厚区域。张江拥有信息技术、生物医药、集成电路等多个产业发展基础要素,且产业已经形成规模化发展,可以为初创企业提供较多发展机会、资源。相比较其他区域,企业更愿意入驻张江片区。二是片区之间没有形成联动发展机制,企业资源流通不畅。根据孵化器座谈、沙龙等多个活动的信息收集情况来看,如临港、保税区、街镇等区域,孵化器仍有较多空间可以容纳企业发展,但没有企业团队来源,与此同时张江片区孵化器大多出现企业饱满情况,一些优质新资源想入孵却没有空间满足。不同片区间孵化器联动、沟通缺失,资源流通不畅,最终导致新区整体发展表现为"旱涝分明"。

第四,研发投入较低:超六成在孵企业研发投入低于100万元。2020年,浦东2 619家在孵企业研发投入额共计28.06亿元。具体来看,发生研发投入的在孵企业中,有66.47%的企业投入费用低于100万元,23.42%的企业研发投入费用在100万—500万(含)元范围,研发投入在500万—1 000万(含)元的企业占比5.44%,研发投入高于1 000万元的企业占比4.66%。从企业所属产业领域来看,研发投入高于500万的企业均属于生物医药产业领域。

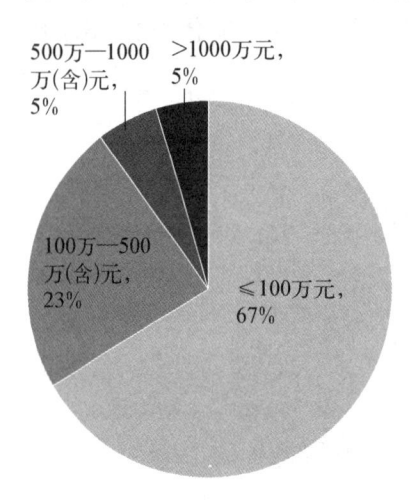

图10-4 2020年浦东在孵企业发生研发投入的企业研发费用分布情况

分析来看,主要原因为:一是对研发重视不足。如互联网企业,注重于模式创新,而非技术创新、产品创新。此外,互联网公司核心研发人员少、研发投入比例小,也是导致该种结果的原因。二是资金不足。企业处于初创期,自有资金少,融资机会不多。从孵化器座谈会、沙龙等活动中,了解到许多企业研发投入费用大,难以找到投资人,导致企业负担加重,后期逐渐减少研发开支。如莘泽孵化器反映,其在孵企业主要为生物医药类企业,企业渴望得到更多融资机会,也期待融资方式更加灵活。一些涉及海外融资的机会受到政策法规等多重阻碍,导致企业融资机会缩减,不得不压缩研发费用投入。

第五,创新成果较少:超九成企业无知识产权授权。据不完全统计分析,

2020年度浦东在孵企业知识产权授权一类291项,占全区总量(授权一类8 000件)的3.64%;授权二类1948项,占全区总量(授权二类22 000件)的8.77%;授权PCT 5件,植物新品种3个,集成电路布图497个,软件著作权6 354件。具体来看,96.33%的在孵企业没有授权知识产权,3.32%的在孵企业授权数量在1—10(含)件,仅有0.34%(13家)的在孵企业授权量超过10件。99.43%的在孵企业没有授权发明专利,发明专利在5件以内的在孵企业有14家,发明专利超过5件的在孵企业的仅有一家,为上海傅利叶智能科技有限公司(7件)。

表10-1 2020年浦东在孵企业创新成果情况

	知识产权申请数	知识产权授权数	授权一类(项)	授权二类(项)	申请PCT(件)	授权PCT(件)
数量	180	404	291	1948	29	5

	软件著作权(件)	植物新品种(个)	集成电路布图(个)	购买国外专利(件)		
数量	6 354	3	497	39		

在孵企业知识产权授权量不多的原因主要有以下几点:一是在孵企业处于初创期,技术不够成熟,想要申请知识产权授权,但不能达到授权标准,所以知识产权授权量不多。二是部分在孵企业不愿意申报知识产权授权。不愿意申报的原因可能是由于申报知识产权授权会产生一定成本,如占用时间较长、花费较多精力;也可能是在孵企业对知识产权没有相关了解,没有意识去申报专利授权;也可能是因为原来浦东是有知识产权申报政策的,对企业有一定的补贴,但现在政策取消,企业无法获得相应补贴。

二、孵化培育:软件配套少,外部资源合作不多

浦东孵化载体培育优质企业数量不多,仅占全区总量的十分之一。2020年浦东孵化载体培育435家高新技术企业,占全区总量的11.50%,高新技术企业培养入库15家。科技"小巨人"企业入库21家(含培育),占全区总量的3.54%。为更好孵化、培育出硬核科技企业,优质孵化载体应具备提供平台/

渠道对接、开展金融活动、具备创业导师辅导培训、相关资源对接等多个条件。基于以上条件对现有孵化载体进行分析,发现整体孵化载体规模、数量上涨,但专业服务水平偏低。分析孵化培育过程,发现主要有如下几方面的特点:

(一)平台搭建不多:超七成孵化器未开展平台建设

平台搭建分为两类,一类为服务平台,另一类为金融平台。浦东2020年数据表明,86.71%孵化器没有服务平台,70.63%孵化器不具备投资基金平台。从区域分布来看,拥有平台建设的孵化器主要位于张江片区,19家建设服务平台的孵化器中有15家位于张江片区,建设投资平台的孵化器中80%集聚张江。从建设成效来看,拥有平台的孵化器在有效期内吸引企业并落地124家,占2020年度新增企业数量(393家)的31.55%。

表10-2 2020年浦东孵化器投资平台建设情况

	投资平台孵化器的情况	占 比
	建设投资平台	29.37%
1	使用自有资金进行投资	18.18%
2	使用母公司基金投资	2.80%
3	合作成立投资基金	8.39%

从原因分析来看,孵化载体平台建设数量不多的原因可归纳于三点:一是部分孵化载体无需平台服务。不同领域对公共服务平台需求不同。如互联网信息技术公司,对平台需求不多;而生物医药类公司,则对平台建设诉求较高,公共服务平台可降低生物医药类公司运营成本、缓解资金压力等。二是对公共服务平台建设重视程度不足。浦东孵化载体数量众多,载体创始人、管理层管理水平存在差异,一些孵化载体对政策了解不足、对平台建设的重要性认知不全,致使对平台建设重视程度较低。三是孵化载体资金不足导致没有能力建设平台。如对于新成立的孵化载体,增加公共服务平台建设会增加载体运营成本,负担过重。

(二) 重大融资偏少: 仅 7 家孵化器达到重大融资标准

从重大融资来看,浦东 7 家孵化器的在孵企业达到重大融资标准,其中上海襄创创业孵化器管理有限公司所孵化的企业融资额度较大。具体来看,融资额在 3 亿元到 4 亿元的在孵企业有一家,位于上海襄创创业孵化器管理有限公司;融资额在 1 亿元到 2 亿元间的企业有两家,分别位于上海襄创创业孵化器管理有限公司和众物(上海)科技有限公司;融资额在 5 000 万元到 1 亿元间的企业有 6 家,2 家位于上海创徒科技创业服务有限公司,其余 4 家分布在上海兴赫众创空间管理有限公司、上海张江管理中心发展有限公司、上海谦岩企业管理有限公司以及上海医谷孵创创业投资有限公司。从原因分析来看,最大可能是多数孵化器成立时间较短,具备的资源不多,尤其是投融资机构、行业龙头等方面资源欠缺,无法为在孵企业提供大量的融资渠道和平台,最终表现为达不到重大融资项考核标准。

(三) 创业导师不足: 导师数量分布离散程度较大

从创业导师拥有数量来看,2020 年,浦东近三成孵化器没有创业导师,且孵化器间相差较大。对于创业企业来说,一个合适的创业导师对企业的发展有举足轻重的影响。创业导师的指导,能帮助企业在面对激烈的市场竞争以及发展路线不明的情况下,少走弯路,迅速成长。据不完全统计,浦东实际服务在孵企业的创业导师有 579 位,平均每家孵化器有 4.05 位,高于平均值的仅有 37 家(约 25.87%)。其中 92 家孵化器拥有 1—10 位创业导师,8 家孵化器有 11—20 位导师,3 家孵化器有 20 位以上导师。莘泽孵化器创业导师人数最多,达到 43 位,为均值的 10.61 倍。对符合标准的孵化器进一步分析发现,以创业导师与在孵企业数量比例为依据,有 6 家企业创业导师数量可以覆盖企业数量,满足一对一辅导服务,有 5.59% 的孵化器创业导师数量可以满足一对二辅导服务。

浦东孵化器创业导师数量分布差距大,可能有以下几点原因:一是孵化器对创业导师重要性认知不足。二是孵化器没有资金能力聘请创业导师。优质创业导师成本较高,对部分孵化器而言会造成一定负担。

(四) 与院校合作少: 不足一成孵化器与高校合作

从数据来看,2020 年,浦东超 90% 的孵化器没有与高校开展合作。仅有 8 家孵化器与知名高校合作,占总量的 5.60%。8 家孵化器与高校合作共计

17次,平均每家2.1次。其中,上海创徒丛林创业孵化器管理有限公司合作次数最多,高达5次,高于均值2倍;上海晟唐创业孵化器管理有限公司与大得创同(上海)科技有限公司各与高校合作3次。

表 10-3　2020 年浦东孵化器与高校合作情况

序　号	孵化器品牌名称	合作次数(次)	所属区域
1	襄创孵化器	1	张江
2	晟唐孵化器	3	张江
3	大得创同	3	张江
4	鑫壁晟	1	张江
5	创徒丛林	5	张江
6	可可空间	2	非张江
7	微创医疗	1	张江
8	能衡科技	1	非张江

(五) 与大企业合作少: 6 家孵化器与 500 强企业合作

从数据来看,与世界500强企业合作的浦东孵化器仅有6家。合作次数共计12次,平均每家合作2次。其中,上海京航创业孵化器管理有限公司合作频次最高达到6次,是均值的3倍;其次为上海智道文化传播有限公司,合作次数为2次;其他孵化器合作频次均为1次。

表 10-4　2020 年浦东孵化器与大企业合作情况

序　号	孵化器品牌名称	世界500强企业重大技术合作(次)	所属区域
1	襄创孵化器	1	张江
2	可可空间	1	非张江
3	智道文化	2	非张江

续　表

序　号	孵化器品牌名称	世界500强企业重大技术合作（次）	所属区域
4	瑞谷传祺	1	张江
5	衍禧堂	1	张江
6	京航孵化器	6	张江

对于没有与高校合作、与大企业开展资源对接联动发展的孵化器来说，主要原因之一是信息联系方式无法获取。超过七成孵化器表示没有科研院校、大企业、园区等产业资源对接的条件，联系方式无法获取，没有搭建资源对接的机遇。

三、孵化成效：毕业企业数量少，服务和联动力度不强

（一）毕业企业数量少：七成孵化器未产生毕业企业

据统计，截至2021年底有超过七成的浦东孵化器还未产生毕业企业。毕业企业数量少，原因可能在于：一是毕业企业认定标准不健全。浦东当前孵化毕业政策只针对孵化器而制定，对于众创空间内的在孵企业还未有认定标准。二是已达到毕业标准的在孵企业不愿意毕业。根据现有政策规定，在孵企业可以享受国家政府补贴，一旦认定为毕业企业，将不能够享受此类政策优惠，所以部分在孵企业不愿意、不主动进行毕业认定。

（二）毕业服务不完善：两成孵化器与毕业企业联系断档

浦东创业服务载体发展呈现"两头强，中间弱"的态势。孵化器和产业园区发展好，加速器发展水平不高。当前浦东加速载体只有4家，孵化毕业企业加速服务环节薄弱。孵化毕业企业或为高新技术企业，或深受资本认可，是科创板上市的潜力企业，但由于对接机制不明，服务断层，孵化毕业企业迁出信息掌握不及时，导致优质孵化毕业企业流失。根据问卷调查情况分析，21.36%的孵化载体没有与毕业企业保持联系。

孵化毕业企业后续追踪服务没有完善，一是由于上海市政府正在更新中小型科技企业系统，已毕业企业填报断档，未与市里取得联络，信息对接缺失；

二是浦东仍未形成自己的孵化毕业企业跟踪体系，对孵化毕业企业掌握不足，导致部分孵化毕业企业流失。

（三）加速器环节薄弱：入驻企业量少，服务水平不足

加速器发展跟不上现有需求。截至2021年底浦东拥有加速器4家，分别为ATLATL飞镖加速器、万库加速器、自贸壹号、贺海加速器。其中三家聚焦生物医药领域，两家位于张江。从入驻企业来看，加速器招商数量不多。截至2021年底浦东拥有高新技术企业累计3 784家，2020年新增高新技术企业1 674家。据不完全统计，入驻加速器的企业总计不足200家，其中高新技术企业数量仅有数十家，占比不足10%。

从产业领域来看，加速器无法满足多数企业需求。当前4家孵化器中，ATLATL飞镖加速器、万库加速器、自贸壹号3家专注于生物医药领域，贺海加速器专注于智能制造领域。但从在孵企业发展领域可知，从事"数据港""中国芯"等领域的企业数量不少，除"创新药"和"智能造"外，其他领域企业总占比超68%，而加速器却没有为这些领域企业提供专业加速服务。

当前浦东加速器发展缓慢主要原因：一是缺乏相应标准指引。随着双创事业的发展，更多机构开始尝试"柔性加速"，如PNP、微能加速器等机构的加速服务打破空间约束，对浦东乃至上海市优秀企业都能提供必要的产业、资本等加速服务。这些新型平台型加速器与传统意义上的加速器有明显区别（不需空间、周期较短），但浦东还未对新型平台型加速器进行界定与支持。二是未能发挥政策效用。首先，加速器"管理办法"设置的门槛仍较高。通过调研走访发现，很多有意向申报加速器的企业都因为企业注册地、投资案例等问题未能申报成功，对其积极性打击较大。目前虽然针对加速器有绩效考评后补贴支持，但是只针对空间型加速器，且由于考核指标体系仍未完善，部分指标设置不够合理，造成加速器实际申领的补贴非常有限。其次，政策补贴主要针对加速器，而加速器申报和绩效考评的材料需要加速企业提供，加速企业并不能直接获得实惠，这也导致了加速企业不愿意配合加速器提交相应材料，直接影响加速器的认定和考评。三是缺乏持续盈利模式。浦东的加速项目高度集中在高科技领域，企业发展周期长，技术要求高，服务企业发展的专业化水平越来越高，与之匹配的人力、服务、运营成本越来越高，容易导致加速器入不敷出。

(四) 创新创业氛围不高：过半的孵化器开展活动较少

从活动开展来看,2020 年考核期内,有 81 家孵化器没有举办任何活动,超总量一半。其余 62 家孵化器,举办重点创新创业活动共 173 次,举办国际化创新创业活动共 98 次。其中,上海纳派创业孵化器管理有限公司举办重点创新创业活动次数最多,共 13 次。上海莘泽创业投资管理股份有限公司和上海智百咖信息科技有限公司紧随其后,均为 11 次。上海芬华创新中心有限公司举办国际化创新创业活动最多,共 10 次。

第三节 优化浦东硬核科技企业孵化的对策建议

一、创造强弱合作机遇,搭建资源对接平台,激活创新新动力

(一) 扩展孵化载体基数,增强创新发展动能

一是加快引进一批知名孵化机构。通过对浦东当前发展现状摸排,对标国内国际知名孵化机构,梳理出优质孵化机构清单;由政府主导,各部门委办协作,建立浦东统一孵化载体引入政策,在土地使用、房屋租赁、人才团队等多方面设立标准,按达到标准条数给予优惠补贴,吸引知名孵化机构落地浦东。二是鼓励各主体自建孵化载体。由政府出台支持孵化载体建设条例,对管理片区/园区/科研院所/高校/大企业等多层次主体建设孵化器、加速器、众创空间、科技园区、特色园区、大企业开放创新中心等孵化载体给予补贴、税收优惠等,加速浦东科技创新、成果转化、产业规模化融通发展。三是促进优质孵化载体品牌化建设。在浦东设立孵化载体品牌化发展鼓励机制,支持张江孵化器、莘泽孵化器、创徒丛林等一批优秀本土孵化载体跳出现有区域,在其他片区如临港、街镇、保税区等设立分支机构,放大服务范围、拓展业务领域、孵化更多企业,为浦东培育更多高质量企业打牢基础。

(二) 增强企业招商力度,优化企业入孵标准

一是加快扩充孵化载体招商渠道。以"协同发展、资源共享"为主要思路,联合浦东各片区、街道、特色园区,制定并出台浦东硬科技企业招商政策,吸引全市、全国优秀企业落地浦东;以创孵汇平台为抓手,进一步丰富信息平台功

能,增加招商板块,为孵化载体招揽企业资源、为科技企业寻求办公场所提供信息交换平台。二是鼓励科技企业在浦东实地办公。注册型企业虽然在法律上属于注册地所属企业,但企业受到实际成长环境的影响,成长结果与所属地区关联不大,也无法实际反映所属地的培育环境和服务水平,所以应该鼓励注册型企业转为实地办公型,促进注册型企业落地在浦东,增加成为硬科技型企业的基数。三是提高科技企业入孵标准。为保障在孵企业硬科技属性持续增强,提升浦东在孵企业硬科技实力,可将在孵企业入孵标准进一步细化,针对硬核科技领域企业提高入孵要求,给予满足研发投入、知识产权等多项要求的企业力度更大的政策补贴,吸引硬核科技企业集聚浦东。

(三) 持续优化载体分布,统筹推进均衡发展

按照"统筹推进、协同联动、分类施策"的总体思路,推动全区协调发展,制定均衡发展计划。一是积极推动同片区内资源流动。由浦东各片区管委会、街道办事处统筹梳理辖区内空置载体空间,形成每月/每季度闲置场地清单,将现有孵化载体的企业满载、场地不足、资源溢出等资源,协调置换到空置区域,最大化利用现有场地。二是促进不同片区间资源共享。以浦东科经委、科促中心为核心,发挥自身功能,出台浦东新区片区间协同发展计划,将孵化资源富裕片区与资源贫瘠片区对接,开展"一对一"帮扶活动,使孵化资源贫瘠片区最大限度利用当前硬件设施,促进资源贫瘠片区孵化事业加速发展。三是支持孵化主体多样化发展。依托浦东各片区、街道对本辖区孵化载体情况梳理,将各区域不同孵化资源缺失情况汇总,由浦东科经委统筹,各片区、街道牵头,制定各区域孵化载体发展计划,大力鼓励优质孵化器建设加速器,鼓励加速器与园区联合建设发展等。

(四) 支持多类产业发展,加快集聚硬核企业

一是在政策上明确产业领域补贴。如对生物医药、人工智能、集成电路、智能装备、新材料等前沿领域企业提高补贴额度。二是因地制宜规划片区主导产业培育。对不同片区优势产业进行梳理,联合各片区管委会,以优势产业为核心制定孵化培育政策,争取打造"一区一产业"。如外高桥可以主导发展游轮制造,以吸引新材料、轮船制造技术等企业为主;张江集聚大量信息技术在孵企业,可以鼓励张江的孵化器设立分支机构,将信息技术企业迁移至街镇,腾挪出张江片区孵化器用于生物医药、集成电路等领域的企业孵化。

(五) 鼓励企业研发投入,提升科技创新成效

一是细化现有政策规定。在浦东现有政策基础之上,对企业的研发投入和创新成果设定等级水平。随企业研发费用总额占销售收入总额的6%(含)以上、5%(含)—6%、4%(含)—5%等不同情况,补贴力度逐次降低。企业在近一年内创新成果可分为授权一类知识产权1项及以上、二类知识产权4项及以上等不同类别,依据成效不同补贴力度不同。二是提供创新研发融资渠道。联合财政局、金融局等政府部门,号召孵化联盟等社会团体,邀请国内外大企业龙头企业等财力雄厚主体,共同设立孵化研发支持基金,为区域内中小型科技企业提供研发投入新动力。三是加强知识产权服务。提升企业知识产权能力,推动硬核领域有研发无专利的企业快速实现知识产权零的突破。通过自主研发、合作研发、购买等方式,推动科技型企业获得有效发明专利授权。落实专利申请有关扶持政策,鼓励各类企业、社会组织及个人在浦东申请各类专利及软件著作权,对国内外发明、实用新型专利授权予以奖励。

二、提升专业服务水平,鼓励开展多样创新模式

(一) 支持载体创新发展,打造优质孵化环境

一是调整优化孵化器绩效考评体系。在孵化器绩效考核中增加孵化载体平台、渠道建设及使用权重,促进孵化器主动建设公共服务平台,为企业提供产业上下游、金融、投融资、法律、行政等资源对接,为企业注入动力源。

二是提升创业导师与企业数量比例。支持社会组织建立创业导师委员会,制定对引入创业导师、创业导师落户浦东的奖励条例,由创业导师委员会负责浦东创业导师人才引进与帮助。增加孵化绩效中创业导师覆盖企业占比绩效的权重,推动孵化器积极招揽并储备一批实战经验丰富的"服务导师团",通过"一对一问诊、针对性开药方"等方式,帮助新设孵化载体、发展遇瓶颈孵化载体成长,提升整体孵化能级,更好为初创型硬核科技企业服务。

(二) 加快融入金融资源,为企业提供资本保障

一是鼓励孵化器设立投资基金。在孵化器绩效考核中,增加建设投资基金项的权重,进一步鼓励孵化器自立或联立投资基金,为在孵企业提供融资来源。二是支持孵化器与投资机构合作。加强区域联动,以张江和陆家嘴片区为试点,建立"投孵联盟",结合张江孵化器资源和陆家嘴金融资源,由孵化器

提供优质在孵企业项目资源清单,与投资机构对接,打造良好投融资环境。三是加强孵化器与银行合作。鼓励银行与孵化器联动合作,通过孵化联盟开展"银孵"对接活动,由孵化器为银行提供高质量企业名录,为企业增加融资机会。

(三) 提高活动开展频次,为企业提供创新氛围

一是以孵化联盟为主导,组织开展孵化载体间需求交流活动。做深做大创孵汇品牌,提升品牌活动频次,扩展品牌活动形式,充实品牌活动内容。增加以细分领域孵化为主的活动主题,打造同产业领域孵化载体交流、合作沙龙及论坛,提升产业孵化合力;由孵化联盟每季度组织孵化载体进行需求交流活动,将资源需求、空间需求等及时梳理形成清单,并发放至每个孵化载体,鼓励孵化载体间资源要素流动,形成动态发展,促进区域发展平衡。开展多形式的品牌化宣传,积极加入抖音、微博等新媒体,拓展宣传途径。二是加强科研院所与孵化器对接。当前浦东拥有43家重点科研院所、16所高校、16个新型研发机构,创新动力源丰厚。加快推进孵化器成为各大高校"成果转化首站",形成一站式成果转化、企业孵化的发展格局。深化高校校区、科技园区联动融合,培育孵化一批胚胎型高新技术企业,做强做大一批高质量在园企业,推动浦东成为政策叠加、资源叠加的成果转化高地,鼓励开展"校—企"合作,辐射带动周边区域经济发展,支撑高校师生双创实践。三是加强大企业和孵化器间纽带联系。浦东拥有34家大企业开放式创新中心、247家外资研发中心、27家2020中国新经济企业500强。积极举办硬核科技企业与大企业/大企业开放式创新中心合作对接活动,加强大企业与科技企业纽带联系,集聚创新项目,储备后备企业,对于有较好赋能成效的创新中心纳入众创孵化体系进行管理,同时帮助硬核科技企业克服技术、产品、金融等相关难题,推进卡脖子技术、前沿科技成果在浦东加速发展并转化落地。

三、完善孵化政策机制,谋划企业成长发展路径

(一) 建立毕业标准,追踪企业成长动向

一是建立硬核科技企业跟踪服务平台。坚持一个标准建设、一个平台管理,形成"一企一档",记录企业核心指标数据和历史评估数据,作为进行孵化评估与企业成长性分析的重要数据来源,以此为基础有针对性地开展全生命

周期服务。二是形成动态管理机制。根据六大硬核产业对载体和企业分类,形成重点孵化器和企业列表并进行动态管理,定期针对列表内企业的发展情况进行调查、审核、更新,根据产业特点形成服务清单,加强资源对接。

(二)完善孵化载体,形成区域联动孵化

一是构建孵化加速综合体。按年度目标分解,挖掘、锁定重点载体全力支持,构建孵化加速综合体,实现孵化器-加速器高效衔接、功能耦合,引导孵化器毕业企业进入加速器"二次孵化"。二是形成浦东孵化器、加速器、众创空间、园区联动发展计划。各片区推动孵化器毕业企业毕业后优先进入本区域加速器或园区,对于推荐毕业企业留在浦东发展的孵化器,按年度推荐成果企业数量计入绩效考核指标。

参考文献

Acemoglu D, Restrepo P. Automation and new tasks: how technology displaces and reinstates labor[J]. Journal of Economic Perspectives, 2019, 33(2): 3-30.

Acharya V, Xu Z X. Financial dependence and innovation: the case of public versus private firms[J]. Journal of Financial Economics, 2017.

Acs Z J, Audretsch D B. Innovation and Small Firms[M]. MIT Press, Cambridge, Mass, 1990.

Adams W J. Firm size and research activity: France and the United States [J]. Quarterly Journal of Economics, 1970, 84 (3): 386-409.

Aghion P, Cai J, Dewatripont M, et al. Industrial policy and competition[J]. American Economic Journal: Macroeconomics, 2015, 7(4): 1-32.

Aghion P, Howitt P. A Model of growth through creative destruction [J]. Econometrica, 1992, 60(2): 323-351.

Akinci G, Crittle J. Special economic zones: performance, lessons learned, and implications for zone development[R]. Washington DC: The World Bank, 2008.

Alder S, Shao L, Zilibotti F. Economic reforms and industrial policy in a panel of Chinese cities[J]. Journal of Economic Growth, 2016, 21(4): 305-349.

Almus M, Czarnitzki D. The effect of public R&D subsidies on firms' innovation activities: the case of Eastern Germany[J]. Journal of Business and Economics Statistics, 2003, 21(2): 226-236.

Anselin L, Varga A, Acs Z J. Geographic and sectoral characteristics of academic knowledge externalities[J]. Papers in Regional Science, 2000, 79(4): 435-443.

Aoki S. A Simple accounting framework for the effect of resource misallocation on aggregate productivity[J]. MPRA paper, 2009, No. 12506.

Arrow K J. The economic implications of learning by doing[J]. The Review of Economic Studies, 1962, 29(3): 155-173.

Arrow K. economic Welfare and the Allocation of Resources for Inwentions. in: Nelson R (ed.), The Rate and Direction of Inventive Activity[M]. Princeton University Press, Prinston, 1962.

Audretsch D B, Feldman M P. R&D spillovers and the geography of innovation and production[J]. American Economic Review, 1996, 86(3): 630 - 640.

Bai P, Cheng W. Labour misallocation in China: 1980 - 2010[J]. Applied Economics, 2016, 48(25): 2321 - 2332.

Bai X J, Yan W K, Chiu Y H. Performance evaluation of China's Hi-tech zones in the post financial crisis era—analysis based on the dynamic network SBM model[J]. China Economic Review, 2015, 34: 122 - 134.

Baldwin J R , Gu W. Plant turnover and productivity growth in Canadian manufacturing[J]. Industrial and Corporate Change, 2006, 15(3): 417 - 465.

Baumol W J. The Free-Market Innovation Machine: Analyzing the Growth Miracle of Capitalism[M]. Princeton: Princeton Universty Press, 2002.

Boeing P. The allocation and effectiveness of China's R&D subsidies-evidence from listed firms[J]. Research Policy, 2016, 45(9): 1774 - 1789.

Brandt L, Tombe T, Zhu X. Factor market distortions across time, space and sectors in China[J]. Review of Economic Dynamics, 2013, 16(1): 39 - 58.

Brandt L, Van Biesebroeck J, Zhang Y. Creative accounting or creative destruction? Firm-level productivity growth in Chinese manufacturing[J]. Journal of Development Economics, 2012, 97(2): 339 - 351.

Brax S. A manufacturer becoming service provider — challenges and a paradox [J]. Managing Service Quality, 2005, 15(2): 142 - 155.

Calvino F, Criscuolo C, Marcolin L. A taxonomy of digital intensive sectors[R]. OECD Science, Technology and Industry Working Papers, 2018, No. 14.

Cao C. Zhongguancun and China's high-tech parks in transition: "growing pains" or "premature senility"? [J]. Asian Survey, 2004, 44(5): 647 - 668.

Carvalho L, Avellar A P M. Innovation and productivity: empirical evidence for Brazilian industrial enterprises[J]. Management Journal, 2017.

Chowdhury R H, Maung M. Financial market development and the effectiveness of R&D investment: evidence from developed and emerging countries[J]. Research in International Business and Finance, 2012, 26(2): 258 - 272.

Cook M B, Bhamra T A, Lemon M. The transfer and application of products service system: from academia to UK manufacturing firm[J]. Journal of Clearner Production, 2006, (14): 1454 - 1465.

Crescenzi R, Nathan M, Rodríguez-Pose A. Do inventors talk to strangers? On proximity and collaborative knowledge creation[J]. Research Policy, 2016, 45(1): 177 - 194.

Dang J W, Motohashi K. Patent statistics: a good indicator for innovation in China? Patent subsidy program impacts on patent quality[J]. China Economic Review, 2015.

Davidson C, Segerstrom P. R&D subsidies and economic growth[J]. RAND Journal of Economics, 1998, 29(3): 548-577.

Dinopoulos E, Syropoulos C. Rent protection as a barrier to innovation and growth[J]. Economic Theory, 2007, 32(2): 309-332.

Dominique G, Bruno V P. The impact of public R&D expenditure on business R&D[J]. OECD Working Paper, 2010.

Dong J, Gou Y N. Corporate governance structure, managerial discretion, and the R&D investment in China[J]. International Review of Economics and Finance, 2010.

Eaton J, Kortum S. International technology diffusion: theory and measurement[J]. International Economic Review, 1999, 40(3): 537-570.

Elvin M. The high-level equilibrium trap: the causes of the decline of the invention in traditional Chinese textile industries[J]. Economic Organization in Chinese Society, 1972(1): 137-172.

Eriksson R H. Localized spillovers and knowledge flows: how does proximity influence the performance of plants? [J]. Economic Geography, 2011, 87(2): 127-152.

Fajgelbaum P D, Morales E, Suárez Serrato J C, et al. State taxes and spatial misallocation[J]. The Review of Economic Studies, 2019, 86(1): 333-376.

Farber S. Buyer Market structure and R&D effort: A simultaneous-equations model[J]. Review of Economics and Statistics, 1981,(3): 336-345.

Foster L, Haltiwanger J C, Krizan C J. Aggregate Productivity Growth: Lessons from Microeconomic Evidence [M]// Hulten C R, Dean E R, Harper M. New Developments in Productivity Analysis[M]. Chicago: University of Chicago Press, 2001: 303-372.

Freeman C, The Economics of Industrial Innovation[M]. Frances Printer, London, 1982.

Fujita M, Mori T, Henderson J V, Kanemoto Y. Spatial distribution of economic activities in Japan and China[J]. Handbook of Regional and Urban Economics, 2003(4): 2911-2977.

Gebauer H, Fleisch E, Friedli T. Overcoming the service paradox in manufacturing companies[J]. European Management Journal, 2005, 23(1): 14-26.

Gereffi G. Global Production Systems and Third World Development [M]. Cambridge: Cambridge University Press, 2002.

Goldsmith-Pinkham P, Sorkin I, Swift H. Bartik instruments: what, when, why, and how[J]. American Economic Review, 2020, 110(8): 2586-2624.

Grillitsch M, Nilsson M. Innovation in peripheral regions: do collaborations compensate for a lack of local knowledge spillovers? [J]. Annals of Regional Science, 2015, 54(1): 299-321.

Grossman G M, Helpman E. Quality ladders in the theory of growth[J]. The Review of Economic Studies, 1991, 58(1): 43-61.

Guan J, Zuo K. A cross-country comparison of innovation efficiency[J]. Scientometrics, 2014, 100(2): 541-575.

Hall R E, Jones C I. Why do some countries produce so much more output per worker than others?[J]. Quarterly Journal of Economics, 1998, 114(1): 83-116.

Hamberg D. Essays on the Economics of Research and Development[M]. New York: Random House, 1966.

Higón D A. The impact of R&D spillovers on UK manufacturing TFP: a dynamic panel approach[J]. Research Policy, 2007, 36(7): 964-979.

Himmelberg C, Petersen B. R&D and internal finance: A panel study of small firms in high-Tech industries[J]. Review of Economics and Statistics, 1994,(76): 38-51.

Holmström B. Managerial incentive problems: A dynamic perspective[J]. The Review of Economic Studies. 1999, 66(1): 169-182.

Hopenhayn H A. Firms, misallocation, and aggregate productivity: a review[J]. Annual Review Economics, 2014, 6(1): 735-770.

Horowitz I. Firm size and research activity[J]. Southern Economic Journal, 1962, 28 (1): 298-301.

Hsieh C T, Klenow P J. Misallocation and manufacturing TFP in China and India[J]. Quarterly Journal of Economics, 2009, 124(4): 1403-1448.

Hsu P H, Lee H H, Liu A Z, Zhang Z P. Corporate innovation, default risk, and bond pricing[J]. Journal of Corporate Finance, 2015.

Hummels D, Ishii J, Yi K M. The nature and growth of vertical specialization in world trade[J]. Journal of International Economics, 2001, 54(1): 75-96.

Humphrey J, Schmitz H. Developing country firms in the world economy: governance and upgrading in global value chains[C]. INEF Report, University of Duisberg, 2002: 25-27.

Jaffe A B, Trajtenberg M, Henderson R. Geographic localization of knowledge spillovers as evidenced by patent citations[J]. Quarterly Journal of Economics, 1993, 108 (3): 577-598.

Jefferson G H, Huamao B, Xiaojing G, et al. R&D performance in Chinese industry [J]. Economics of Innovation and New Technology, 2006, 15(4-5): 345-366.

Jefferson G H, Huamao B, Xiaojing G, et al. R&D performance in Chinese industry [J]. Economics of Innovation and New Technology, 2006, 15(4-5): 345-366.

Jin L, Mo C, Zhang B, et al. What is the focus of structural reform in China?—Comparison of the factor misallocation degree within the manufacturing industry with a unified model[J]. Sustainability, 2018, 10(11), 4051.

Jullien B. Oxford Handbook of the Digital Economy, Chapter Two-sided B to B Platforms[M]. Oxford: Oxford University Press, 2012: 161-185.

Kamien M I, Schwartz N L. Market Structure and Innovation[M]. Cambridge

University Press, Cambridge, 1982.

Kanwar S, Evenson R. On the strength of intellectual property protection that nations provide[J]. Journal of Development Economics, 2009, 90(1): 50-56.

Keller W. International technology diffusion[J]. Journal of Economic Literature, 2004, 42(3): 752-782.

Kleinknecht A. Is labour market flexibility harmful to innovation? [J]. Cambridge Journal of Economics, 1998, 22(3): 387-396.

Knight F. Risk, Uncertainty and Profit[M]. Boston: Houghton Mifflin, 1921.

Koopman R, Powers W M, Wang Z, et al. Give credit where credit is due: tracing value added in global production chains[J]. NBER Working Paper, No. 16426, 2010.

Kudamatsu M. Has democratization reduced infant mortality in sub-Saharan Africa? Evidence from micro data[J]. Journal of the European Economic Association, 2012, 10(6): 1294-1317.

Lach S. Do R&D subsidies stimulate or displace private R&D? Evidence from Israel[J]. The Journal of Industrial Economics, 2002, 50(4): 369-390.

LeSage J P, Pace R K. Introduction to Spatial Econometrics[M]. Chapman & Hall CRC Press, 2009.

Levin R C, Cohen W M, Mowery D C, R&D apropriability, opportunity, and market structure: new evidence on some schumpeterian hypotheses[J]. American Economics Review, AEA Papers and Proceedings, 1985, 75(2): 20-24.

Levin R C, Reiss P C. Cost-reducing and demand-creating R&D with spillovers[J]. Rand Journal of Economics, 1988, 19(4): 538-556.

Lin C, Lin P, Song F. Property rights protection and corporate R&D: evidence from China[J]. Journal of Development Economics, 2010.

Liodakis G. Finance and Intellectual Property Rights as the Two Pillars of Capitalism Changes[M]//Powerful Finance and Innovation Trends in a High-risk Economy[M]. Palgrave Macmillan UK, 2008: 110-127.

Lunn I. An Empirical Analysis of Process and Product Patneting: a similtaneous equation framework[J]. Journal of Industrial Economics, 1986, 34(3): 319-330.

Lvarez R, Crespi G A. Heterogeneous effects of financial constraints on innovation: evidence from Chile[J]. Science & Public Policy (SPP), 2015, 42(5): 711-724.

Mathieu V. Service strategies within the manufacturing sector: benefits, costs and partnership[J]. International Journal of Service Industry Management, 2001, 12(5): 451-475.

Melitz M J, Polanec S. Dynamic Olley-Pakes productivity decomposition with entry and exit[J]. The Rand Journal of Economics, 2015, 46(2): 362-375.

Melitz M J. The impact of trade on intra-industry reallocations and aggregate industry productivity[J]. Econometrica, 2003, 71(6): 1695-1725.

Milner C, Mc Gowan D. Trade costs and trade composition[J]. Economic Inquiry, 2013, 51(3): 1886-1902.

Nelson R. Why do firms differ, and how does it matter? [J]. Strategic Management Journal, 1991,(12): 61-74.

Novy D. Is the iceberg melting less quickly? International trade costs after world war [R]. The Warwick Economics Research Paper Series 764, 2006, University of Warwick.

Nunn N, Qian N. US food aid and civil conflict[J]. American Economic Review, 2014, 104(6): 1630-1666.

Olley G S, Pakes A. The dynamics of productivity in the telecommunications equipment industry[J]. Econometrica, 1996, 64(6): 1263-1297.

Olley G S, Pakes A. The dynamics of productivity in the telecommunications equipment industry[J]. Econometrica, 1996, 64(6): 1263-1297.

O'Mahony M, Vecchi M. R&D, knowledge spillovers and company productivity performance[J]. Research Policy, 2009, 38(1): 35-44.

Ponds R, Oort F, Frenken K. Innovation, spillovers and university-industry collaboration: an extended knowledge production function approach [J]. Journal of Economic Geography, 2009, 10(2): 231-255.

Powell B. State development planning: did it create an east Asian miracle? [J]. The Review of Austrian Economics, 2005, 18(3): 305-323.

Reiskin E D, White A L, Kauffman J J, Votta T J. Servitizing the chemical supply chain [J]. Journal of Industrail Ecology, 1999, (3): 19-31.

Restuccia D, Rogerson R. Misallocation and productivity[J]. Review of Economic Dynamics, 2013, 16(1): 10-21.

Romer P M. Endogenous technological change[J]. Journal of Political Economy, 1990, 98(5, Part 2): S71-S102.

Rothwell R, Zegveld W. Innovation and the Small and Medium Sized Firm[M]. Frances Printer, London, 1982.

Rustichini A, Schmitz A. Research and lmitation in long-run growth[J]. Journal of Monetary Economics, 1981, 27(2): 271-292.

Savrul M, Incekara A. The effect of R&D intensity on innovation performance: a country level evaluation[J]. Procedia-Social and Behavioral Sciences, 2015, 210: 388-396.

Scherer F M. Firm size, market structure, opportunity and the output of patented inventions [J]. American Economic Review, 1965, 55(5): 1097-1125.

Scherer F M. Market structure and the employment of scientists and engineers[J]. American Economic Review, 1967, 57(3): 524-531.

Schor J B. Does the sharing economy increase inequality within the eighty percent? Findings from a qualitative study of platform providers[J]. Cambridge Journal of Regions, Economy and Society, 2017, 10(2): 263-279.

Schumpeter J A. Capitalism, Socialism and Democracy[M]. Third Edition, New York: Harper and Row, 1950.

Scott J T. Firm Versus Industry Variability in R&D Intensity. R&D, Patents, and Productivity [M]. Chicago: University of Chicago Press, 1984.

Shang Q, Poon J P H, Yue Q. The role of regional knowledge spillovers on China's innovation[J]. China Economic Review, 2012, 23(4): 1164-1175.

Solow R M. A contribution to the theory of economic growth[J]. Quarterly Journal of Economics, 1956, 70(1): 65-94.

Spara H, Subramanian A, Subramanian K V. Corporate governce and innovation: theory and evidence[J]. Journal of Financial and Quantitative Analysis, 2014, 49(04): 957-1003.

Szalavetz A. Tertiaization of manufactring industry in the new economy: experience of hungarian company[D]. Hungarian Academy of science working papers. NO. 134, March 2003, (134): 5-13.

Tapscott D. The Digital Economy: Promise and Peril in the Age of Networked Intelligence[M]. New York: McGraw-Hill, 1996: 15-25.

Vandermerwe S, Rada J. Servitization of business: adding value by adding services [J]. European Management Journal, 1988, 6(4): 314-324.

Vogel J. The two faces of R&D and human capital: evidence from western european regions[J]. Papers in Regional Science, 2015, 94(3): 525-551.

Wallsten S J. The effects of government-Industry R&D prorams on private R&D: the case of the small business innovation research program [J]. The RAND Journal of Economics, 2000, 31(1): 82-100.

Wang J. The economic impact of special economic zones: evidence from Chinese municipalities[J]. Journal of Development Economics, 2013, 101: 133-147.

Wang Z, Wei S J, Yu X. Measures of participation in global value chains and global business cycles[R]. National Bureau of Economic Research, No. 23222, 2017.

Wei S J, Xie Z, Zhang X. From "Made in China" to "Innovated in China": necessity, prospect, and challenges[J]. Journal of Economic Perspectives, 2017, 31(1): 49-70.

Wei Y D, Leung C K. Development zones, foreign investment, and global city formation in Shanghai[J]. Growth and Change, 2005, 36(1): 16-40.

Wei Y, Zhang H, Wei J. Patent elasticity, R&D intensity and regional innovation capacity in China[J]. World Patent Information, 2015, 43: 50-59.

Yi K M. Can vertical specialization explain the growth of world trade? [J]. Journal of Political Economy, 2003, 111(1): 52-102.

G20. 二十国集团数字经济发展与合作倡议[EB/OL]. (2016-09-20)[2022-01-30] http://www.g20chn.org/hywj/dnegwj/201609/t201609203474.html.

阿林·杨格. 报酬递增与经济进步[J]. 贾根良译. 社会经济体制比较, 1996(2):

52-57.

安同良,周绍东,皮建才. R&D补贴对中国企业自主创新的激励效应[J]. 经济研究,2009,44(10):87-98+120.

白俊红,李婧. 政府R&D资助与企业技术创新——基于效率视角的实证分析[J]. 金融研究,2011(6):181-193.

白俊红,王钺,蒋伏心,等. 研发要素流动、空间知识溢出与经济增长[J]. 经济研究,2017(7):109-123.

白俊红. 中国的政府R&D资助有效吗?来自大中型工业企业的经验证据[J]. 经济学(季刊),2011,10(04):1375-1400.

白俊红. 中国区域创新效率的实证研究[D]. 博士学位论文,南京航空航天大学,2010.

白重恩,钱震杰,武康平. 中国工业部门要素分配份额决定因素研究[J]. 经济研究,2008(08):16-28.

白重恩,钱震杰. 谁在挤占居民的收入——中国国民收入分配格局分析[J]. 中国社会科学,2009(05):99-115+206.

白重恩,张琼. 中国的资本回报率及其影响因素分析[J]. 世界经济,2014,37(10):3-30.

柏培文,吴红. 我国劳动收入占比的影响因素分析[J]. 财政研究,2017(03):71-86+96.

柏培文,张伯超. 工资差异与劳动力流动对经济的影响——以上市公司行业结构和产出为视角[J]. 中国人口科学,2016(02):47-60+127.

柏培文. 不同主体收入差距对我国A股上市公司绩效影响的研究[J]. 国际金融研究,2011(04):87-96.

柏培文. 国有企业双层分配关系的公平与效率研究[J]. 统计研究,2015,32(10):56-64.

柏培文. 我国制造业上市公司的劳资收入分配失衡性及其公平性[J]. 经济学动态,2018(02):76-87.

蔡昉. 中国经济增长如何转向全要素生产率驱动型[J]. 中国社会科学,2013(01):56-71+206.

陈丽娴,沈鸿. 制造业服务化如何影响企业绩效和要素结构——基于上市公司数据的PSM-DID实证分析[J]. 经济学动态,2017,(5):64-77.

陈丽娴. 制造业企业服务化战略选择与绩效分析[J]. 统计研究,2017,(9):16-27.

陈林,朱卫平. 创新竞争与垄断内生——兼议中国反垄断法的根本性裁判准则[J]. 中国工业经济,2011(06):5-15.

陈漫,张新国. 经济周期下的中国制造业企业服务转型:嵌入还是混入[J]. 中国工业经济,2016,(8):93-109.

陈诗一. 资源误配、经济增长绩效与企业市场进入:国有与非国有部门的二元视角[J]. 学术月刊,2017(1):42-56.

陈希敏,王小腾. 政府补贴、融资约束与企业技术创新[J]. 科技管理研究,2016,36

(06): 11-18.

陈永伟,胡伟民. 价格扭曲、要素错配和效率损失:理论和应用[J]. 经济学:季刊, 2011,10(3): 1401-1422.

陈钊,陆铭,金煜. 中国人力资本和教育发展的区域差异:对于面板数据的估算[J]. 世界经济,2004(12): 25-31+77.

成力为,孙玮. 市场化程度对自主创新配置效率的影响——基于Cost-Malmquist指数的高技术产业行业面板数据分析[J]. 中国软科学,2012(5): 128-137.

程时雄,柳剑平. 中国工业行业R&D投入的产出效率与影响因素[J]. 数量经济技术经济研究,2014(2): 36-51.

程郁,陈雪. 创新驱动的经济增长——高新区全要素生产率增长的分解[J]. 中国软科学,2013,11: 26-39.

戴晨,刘怡. 税收优惠与财政补贴对企业R&D影响的比较分析[J]. 经济科学,2008(03): 58-71.

戴魁早,刘友金. 要素市场扭曲与创新效率——对中国高技术产业发展的经验分析[J]. 经济研究,2016(7): 72-86.

单豪杰. 中国资本存量K的再估算:1952~2006年[J]. 数量经济技术经济研究, 2008,25(10): 17-31.

党力,杨瑞龙,杨继东. 反腐败与企业创新:基于政治关联的解释[J]. 中国工业经济, 2015(07): 146-160.

党印. 公司治理与技术创新:综述及启示[J]. 产经评论,2012,3(06): 62-75.

方文全. 中国的资本回报率有多高?——年份资本视角的宏观数据再估测[J]. 经济学(季刊),2012,11(02): 521-540.

符淼. 地理距离和技术外溢效应——对技术和经济集聚现象的空间计量学解释[J]. 经济学(季刊),2009,8(3): 1549-1566.

富兰克·H·奈特. 风险,不确定性和利润[M]. 北京:中国人民大学出版社,2005: 15-18.

盖庆恩,朱喜,程名望,等. 要素市场扭曲、垄断势力与全要素生产率[J]. 经济研究, 2015(5): 61-75.

顾昕. 治理嵌入性与创新政策的多样性:国家-市场-社会关系的再认识[J]. 公共行政评论,2017,10(6): 6-32+209.

顾元媛,沈坤荣. 地方政府行为与企业研发投入——基于中国省际面板数据的实证分析[J]. 中国工业经济,2012(10): 77-88.

郭海,韩佳平. 数字化情境下开放式创新对新创企业成长的影响:商业模式创新的中介作用[J]. 管理评论,2019,31(6): 186-198.

郭庆旺,吕冰洋. 论税收对要素收入分配的影响[J]. 经济研究,2011,46(06): 16-30.

郭庆旺,吕冰洋. 论要素收入分配对居民收入分配的影响[J]. 中国社会科学,2012 (12): 46-62+207.

过新伟,王曦. 融资约束、现金平滑与企业R&D投资——来自中国制造业上市公司的证据[J].经济管理,2014,36(08):144-155.

韩剑,郑秋玲.政府干预如何导致地区资源错配——基于行业内和行业间错配的分解[J].中国工业经济,2014(11):69-81.

韩民春,杨承奥.服务贸易自由化对中国制造业价值链升级的影响[J].产经评论,2021,12(3):87-103.

韩永辉,黄亮雄,王贤彬.产业政策推动地方产业结构升级了吗?——基于发展型地方政府的理论解释与实证检验[J].经济研究,2017,8:33-48.

何文彬.全球价值链视域下数字经济对我国制造业升级重构效应分析[J].亚太经济,2020(3):115-130.

何轩,马骏,朱丽娜,李新春.腐败对企业家活动配置的扭曲[J].中国工业经济,2016(12):106-122.

胡靖春.论劳资分配失衡——经济危机形成的一个重要原因[J].马克思主义研究,2010(11):68-78.

黄群慧,霍景东.全球制造业服务化水平及其影响因素——基于国际投入产出数据的实证分析[J].经济管理,2014,(1):1-11.

黄婷婷.制造业服务化的经济效应与作用机制研究[D].济南:山东大学,2014:33-42.

黄先海,徐圣.中国劳动收入比重下降成因分析——基于劳动节约型技术进步的视角[J].经济研究,2009,44(07):34-44.

黄阳华,夏良科.为什么R&D投资没能有效促进中国工业TFP快速提升?[J].经济管理,2013(3):12-25.

江飞涛,李晓萍.直接干预市场与限制竞争:中国产业政策的取向与根本缺陷[J].中国工业经济,2010(9):26-36.

蒋为,张龙鹏.补贴差异化的资源误置效应——基于生产率分布视角[J].中国工业经济,2015(2):31-43.

焦翠红,陈钰芬.R&D资源配置、空间关联与区域全要素生产率提升[J].科学学研究,2018(1):81-92.

焦翠红.我国R&D资源配置与全要素生产率提升研究[D].博士学位论文,吉林大学,2017.

解维敏,唐清泉,陆姗姗.政府R&D资助,企业R&D支出与自主创新——来自中国上市公司的经验证据[J].金融研究,2009(06):86-99.

解维敏.财政分权、晋升竞争与企业研发投入[J].财政研究,2012(06):30-32.

靳来群,胡善成,张伯超.中国创新资源结构性错配程度研究[J].科学学研究,2019(03):222-232.

靳来群,胡善成,张伯超.中国创新资源结构性错配研究[J].科学学研究,2019,37(3):545-555.

靳来群,张伯超,莫长炜.我国产业政策对双重要素配置效率的影响研究[J].科学学研究,2020,38(3):418-429.

靳来群.地区间资源错配程度分析(1992-2015)[J].北京社会科学,2018(01):57-66.

靳来群.所有制歧视所致金融资源错配程度分析[J].经济学动态,2015(06):36-44.

靳涛,陶新宇.中国持续经济增长的阶段性动力解析与比较[J].数量经济技术经济研究,2015,32(11):74-89.

景光正,盛斌.跨国并购、汇率变动与全球价值链地位[J].国际金融研究,2021(3):37-46.

鞠晓生,卢荻,虞义华.融资约束、营运资本管理与企业创新可持续性[J].经济研究,2013,48(01):4-16.

康淑娟.行业异质性视角下的中国制造业在全球价值链中的地位及影响因素[J].国际商务(对外经济贸易大学学报),2018(04):74-85.

康志勇.融资约束、政府支持与中国本土企业研发投入[J].南开管理评论,2013,16(05):61-70.

孔东民,徐茗丽,孔高文.企业内部薪酬差距与创新[J].经济研究,2017,52(10):144-157.

寇宗来,刘学悦.中国城市和产业创新力报告2017[R].上海:复旦大学产业发展研究中心,2017.

黎文靖,郑曼妮.实质性创新还是策略性创新?——宏观产业政策对微观企业创新的影响[J].经济研究,2016,51(4):60-73.

李宾.国内研发阻碍了我国全要素生产率的提高吗?[J].科学学研究,2010,28(7):1035-1042.

李宾.我国资本存量估算的比较分析[J].数量经济技术经济研究,2011,28(12):21-36+54.

李勃昕,韩先锋,宋文飞.环境规制强度是否影响了中国工业行业的R&D创新效率[J].科学学研究,2013,31(7):1032-1040.

李春涛,宋敏.中国制造业企业的创新活动:所有制和CEO激励的作用[J].经济研究,2010,45(05):55-67.

李馥伊.中国制造业及其在数字经济时代的治理与升级[D].北京:对外经济贸易大学,2018.

李国璋,周彩云,江金荣.区域全要素生产率的估算及其对地区差距的贡献[J].数量经济技术经济研究,2010,27(05):49-61.

李后建,张剑.腐败与企业创新:润滑剂抑或绊脚石[J].南开经济研究,2015(02):24-58.

李后建,张宗益.金融发展、知识产权保护与技术创新效率——金融市场化的作用[J].科研管理,2014,(12):160-167.

李靖华,马丽亚,黄秋波.我国制造业企业"服务化困境"的实证分析[J].科学学与科学技术管理,2015,(6):36-45.

李力行,申广军.经济开发区,地区比较优势与产业结构调整[J].经济学(季刊),2015,

14(3):885-910.

李唐,李青,陈楚霞.数据管理能力对企业生产率的影响效应——来自中国企业—劳动力匹配调查的新发现[J].中国工业经济,2020(6):174-192.

李文贵,余明桂.民营化企业的股权结构与企业创新[J].管理世界,2015(04):112-125.

李向毅,田慧,徐小聪.外资进入对中国企业嵌入全球价值链位置的影响研究——基于溢出渠道的视角[J].宏观经济研究,2021(11):112-129.

李晓宁,马启民.中国劳资收入分配差距与关系失衡研究[J].马克思主义研究,2012(06):48-58.

李旭超,罗德明,金祥荣.资源错置与中国企业规模分布特征[J].中国社会科学,2017(2):25-43.

李宇,张瑶.制造业产业创新的企业规模门槛效应研究——基于门槛面板数据模型[J].宏观经济研究,2014(11):96-106.

李政,杨思莹.创新型城市试点提升城市创新水平了吗?[J].经济学动态,2019,(8):70-85.

李政,杨思莹.国家高新区能否提升城市创新水平?[J].南方经济,2019,(12):49-67.

廖信林,顾炜宇,王立勇.政府R&D资助效果、影响因素与资助对象选择——基于促进企业R&D投入的视角[J].中国工业经济,2013(11):148-160.

林炜.企业创新激励:来自中国劳动力成本上升的解释[J].管理世界,2013(10):95-105.

刘斌,潘彤.人工智能对制造业价值链分工的影响效应研究[J].数量经济技术经济研究,2020(10):24-44

刘斌,王乃嘉.制造业投入服务化与企业出口的二元边际——基于中国微观企业数据的经验研究[J].中国工业经济,2016,(9):59-74.

刘斌,魏倩,吕越,祝坤福.制造业服务化与价值链升级[J].经济研究,2016,(3):151-162.

刘军,王佳玮,程中华.产业聚集对协同创新效率影响的实证分析[J].中国软科学,2017(6):89-98.

刘瑞明,赵仁杰.国家高新区推动了地区经济发展吗?——基于双重差分方法的验证[J].管理世界,2015(8):30-38.

刘亚琳,茅锐,姚洋.结构转型、金融危机与中国劳动收入份额的变化[J].经济学(季刊),2018,17(02):609-632.

龙小宁,林志帆.中国制造业企业的研发创新:基本事实、常见误区与合适计量方法讨论[J].中国经济问题,2018,(2):114-135.

鲁桐,党印.公司治理与技术创新:分行业比较[J].经济研究,2014,49(06):115-128.

陆菁,刘毅群.要素替代弹性、资本扩张与中国工业行业要素报酬份额变动[J].世界经济,2016,39(03):118-143.

陆铭.大国大城:当代中国的统一,发展与平衡[M].上海人民出版社,2016.

吕越,谷玮,包群.人工智能与中国企业参与全球价值链分工[J].中国工业经济,2020(5):80-98.

吕云龙,吕越.制造业出口服务化与国际竞争力——基于增加值贸易的视角[J].国际贸易问题,2017,(5):25-34.

吕政,张克俊.国家高新区阶段转换的界面障碍及破解思路[J].中国工业经济,2006,2:5-12.

罗长远,张军.经济发展中的劳动收入占比:基于中国产业数据的实证研究[J].中国社会科学,2009(04):65-79+206.

罗德明,李晔,史晋川.要素市场扭曲、资源错置与生产率[J].经济研究,2012(3):4-14.

罗雨泽,罗来军,陈衍泰.高新技术产业 TFP 由何而定?——基于微观数据的实证分析[J].管理世界,2016(2):8-18.

毛德凤,李静,彭飞,等.研发投入与企业全要素生产率——基于 PSM 和 GPS 的检验[J].财经研究,2013,39(4):134-144.

毛其淋,许家云.政府补贴对企业新产品创新的影响——基于补贴强度"适度空间"的视角[J].中国工业经济,2015,(6):94-107.

孟辉,白雪洁.新兴产业的投资扩张、产品补贴与资源错配[J].数量经济技术经济研究,2017(6):20-36.

孟祺.全球公共卫生危机对中国参与全球价值链的影响[J].财经科学,2020(5):77-91.

倪红福.全球价值链中产业"微笑曲线"存在吗?——基于增加值平均传递步长方法[J].数量经济技术经济研究,2016,33(11):111-126,161.

聂辉华,江艇,杨汝岱.中国工业企业数据库的使用现状和潜在问题[J].世界经济,2012,35(5):142-158.

聂辉华,谭松涛,王宇锋.创新、企业规模和市场竞争:基于中国企业层面的面板数据分析[J].世界经济,2008(07):57-66.

潘安,郝瑞雪,王迎.制造业服务化、技术创新与全球价值链分工地位[J].中国科技论坛,2020(10):104-113.

潘文卿,李子奈,刘强.中国产业间的技术溢出效应:基于35个工业部门的经验研究[J].经济研究,2011(7):18-29.

潘越,潘健平,戴亦一.公司诉讼风险、司法地方保护主义与企业创新[J].经济研究,2015,50(03):131-145.

裴长洪,倪江飞,李越.数字经济的政治经济学分析[J].财贸经济,2018,39(9):5-22.

彭水军,袁凯华,韦韬.贸易增加值视角下中国制造业服务化转型的事实与解释[J].数量经济技术经济研究,2017,(9):3-20.

齐俊妍,任奕达.数字经济渗透对全球价值链分工地位的影响——基于行业异质性的跨国经验研究[J].国际贸易问题,2021(9):105-121.

钱雪松,康瑾,唐英伦,等.产业政策、资本配置效率与企业全要素生产率——基于中国2009年十大产业振兴规划自然实验的经验研究[J].中国工业经济,2018,(8):42-59.

任曙明,许梦洁,王倩,董维刚.并购与企业研发:对中国制造业上市公司的研究[J].中国工业经济,2017(07):137-155.

邵敏,包群.政府补贴与企业生产率——基于我国工业企业的经验分析[J].中国工业经济,2012(7):70-82.

邵宜航,步晓宁,张天华.资源配置扭曲与中国工业全要素生产率——基于工业企业数据库再测算[J].中国工业经济,2013(12):39-51.

生延超.创新投入补贴还是创新产品补贴:技术联盟的政府策略选择[J].中国管理科学,2008,(6):184-192.

盛斌,景光正.金融结构、契约环境与全球价值链地位[J].世界经济,2019,42(4):29-52.

盛斌,苏丹妮,邵朝对.全球价值链、国内价值链与经济增长:替代还是互补[J].世界经济,2020,43(04):3-27.

盛斌.中国对外贸易政策的政治经济分析[M].上海:上海人民出版社,2002.

石学刚,齐二石,姜宏.制造业服务化对提升制造型企业创新能力的作用研究[J].天津大学学报(社会科学版),2012,(4):294-299.

宋丽颖,杨潭.财政补贴、行业集中度与高技术企业R&D投入的非线性关系实证研究[J].财政研究,2016(07):59-68.

宋凌云,王贤彬.重点产业政策、资源重置与产业生产率[J].管理世界,2013(12):63-77.

孙瑜康,李国平,席强敏.技术机会、行业异质性与大城市创新集聚——以北京市制造业为例[J].地理科学,2019,39(02):252-258.

孙元元,张建清.中国制造业省际间资源配置效率演化:二元边际的视角[J].经济研究,2015(10):89-103.

谭劲松,黎文靖.国有企业经理人行为激励的制度分析:以万家乐为例[J].管理世界,2002(10):111-119+156.

唐德祥,李京文,孟卫东.R&D对技术效率影响的区域差异及其路径依赖——基于我国东、中、西部地区面板数据随机前沿方法(SFA)的经验分析[J].科研管理,2008(02):115-121+127.

唐清泉,罗党论.政府补贴动机及其效果的实证研究——来自中国上市公司的经验证据[J].金融研究,2007(06):149-163.

唐清泉,甄丽明.管理层风险偏爱、薪酬激励与企业R&D投入——基于我国上市公司的经验研究[J].经济管理,2009,31(05):56-64.

唐未兵,傅元海,王展祥.技术创新、技术引进与经济增长方式转变[J].经济研究,2014,49(07):31-43.

唐要家,孙路.专利转化中的"专利沉睡"及其治理分析[J].中国软科学,2006,(8):

73-78.

汪亚楠,苏慧,郑乐凯.突发性公共卫生事件对全球价值链分工的影响及其机制研究[J].财贸研究,2021,32(9):1-13.

王保林,张铭慎.地区市场化、产学研合作与企业创新绩效[J].科学学研究,2015(5):748-757.

王丹,郭美娜.上海制造业服务化的类型、特征及绩效的实证研究[J].上海经济研究,2016,(5):94-104.

王刚刚,谢富纪,贾友.R&D补贴政策激励机制的重新审视——基于外部融资激励机制的考察[J].中国工业经济,2017(02):60-78.

王贵东.中国制造业企业的垄断行为:寻租型还是创新型[J].中国工业经济,2017(03):83-100.

王健忠,高明华.反腐败、企业家能力与企业创新[J].经济管理,2017,39(06):36-52.

王俊.政府R&D资助与企业R&D投入的产出效率比较[J].数量经济技术经济研究,2011(6):93-106.

王珺.政企关系演变的实证逻辑——我国政企分开的三阶段假说[J].经济研究,1999(11):69-76.

王立平.我国高校R&D知识溢出的实证研究——以高技术产业为例[J].中国软科学,2005(12):54-59.

王万珺,沈坤荣,周绍东,秦永.在职培训、研发投入与企业创新[J].经济与管理研究,2015,36(12):123-130.

王小霞,蒋殿春,李磊.最低工资上升会倒逼制造业企业转型升级吗?——基于专利申请数据的经验分析[J].财经研究,2018,44(12):126-137.

吴超鹏,唐菂.知识产权保护执法力度、技术创新与企业绩效——来自中国上市公司的证据[J].经济研究,2016,51(11):125-139.

吴非,杜金岷,李华民.财政科技投入、地方政府行为与区域创新异质性[J].财政研究,2017(11):60-74.

吴淑娥,仲伟周,卫剑波,黄振雷.融资来源、现金持有与研发平滑——来自我国生物医药制造业的经验证据[J].经济学(季刊),2016,15(02):745-766.

吴宣恭.分配不公的主要矛盾、根源和解决途径[J].经济学动态,2010(11):12-19.

吴延兵.企业规模、市场力量与创新:一个文献综述[J].经济研究,2007(05):125-138.

吴延兵.中国工业R&D投入的影响因素[J].产业经济研究,2009(06):13-21.

伍山林.劳动收入份额决定机制:一个微观模型[J].经济研究,2011,46(09):55-68.

武鹏.改革以来中国经济增长的动力转换[J].中国工业经济,2013(02):5-17.

肖兴志,彭宜钟,李少林.中国最优产业结构:理论模型与定量测算[J].经济学(季刊),2013,12(01):135-162.

谢子远,吴丽娟.产业集聚水平与中国工业企业创新效率——基于20个工业行业2000—2012年面板数据的实证研究[J].科研管理,2017,38(1):91-99.

徐蔼婷. 劳动收入份额及其变化趋势[J]. 统计研究, 2014, 31(04): 64-71.

徐博, 杨来科, 常冉. 中间品关税减让对企业全球价值链生产长度的影响[J]. 世界经济研究, 2021(4): 12-27, 134.

徐小锋. 关税变动对我国产业全球价值链参与度和位置影响研究[D]. 上海: 上海财经大学, 2020.

徐晓萍, 张顺晨, 许庆. 市场竞争下国有企业与民营企业的创新性差异研究[J]. 财贸经济, 2017, 38(02): 141-155.

徐振鑫, 莫长炜, 陈其林. 制造业服务化: 我国制造业升级的一个现实性选择[J]. 经济学家, 2016, (9): 59-67.

许和连, 成丽红, 孙天阳. 制造业投入服务化对企业出口国内增加值的提升效应——基于中国制造业微观企业的经验研究[J]. 中国工业经济, 2017, (10): 62-80.

许捷, 柏培文. 中国资本回报率嬗变之谜[J]. 中国工业经济, 2017(07): 43-61.

续继, 唐琦. 数字经济与国民经济核算文献评述[J]. 经济学动态, 2019(10): 117-131.

鄢萍. 资本误配置的影响因素初探[J]. 经济学: 季刊, 2012, 11(1): 489-520.

闫伟. 国有企业经理道德风险程度的决定因素[J]. 经济研究, 1999, (2): 5-14.

闫云凤, 赵忠秀. 中国在全球价值链中的嵌入机理与演进路径研究: 基于生产链长度的分析[J]. 世界经济研究, 2018(6): 12-22, 135.

严成樑, 龚六堂. R&D 规模、R&D 结构与经济增长[J]. 南开经济研究, 2013(2): 3-19.

杨婵, 贺小刚, 朱丽娜, 王博霖. 垂直薪酬差距与新创企业的创新精神[J]. 财经研究, 2017, 43(07): 32-44+69.

杨楠. 资本结构、技术创新与企业绩效——基于中国上市公司的实证分析[J]. 北京社会科学, 2015(07): 113-120.

杨汝岱. 中国制造业企业全要素生产率研究[J]. 经济研究, 2015(2): 61-74.

杨志才, 柏培文. 要素错配及其对产出损失和收入分配的影响研究[J]. 数量经济技术经济研究, 2017, 34(08): 21-37.

杨仲山, 张美慧. 数字经济卫星账户: 国际经验及中国编制方案的设计[J]. 统计研究, 2019, 36(5): 16-30.

于蔚, 汪淼军, 金祥荣. 政治关联和融资约束: 信息效应与资源效应[J]. 经济研究, 2012, 47(09): 125-139.

余姗, 樊秀峰, 蒋皓文. 数字经济对我国制造业高质量走出去的影响[J]. 广东财经大学学报, 2021(2): 16-27.

余泳泽, 刘大勇. 我国区域创新效率的空间外溢效应与价值链外溢效应——创新价值链视角下的多维空间面板模型研究[J]. 管理世界, 2013(7): 6-20.

袁富华, 张平, 刘霞辉, 楠玉. 增长跨越: 经济结构服务化、知识过程和效率模式重塑[J]. 经济研究, 2016, (10): 12-26.

袁航, 朱承亮. 国家高新区推动了中国产业结构转型升级吗[J]. 中国工业经济, 2018, 8: 60-77.

袁志刚,解栋栋.中国劳动力错配对TFP的影响分析[J].经济研究,2011(7):4-17.

张伯超,邸俊鹏,韩清.行业资本收益率、资本流动与经济增长[J].财经问题研究,2018(08):34-41.

张伯超,靳来群,胡善成.我国制造业行业间资源错配、行业要素投入效率与全要素生产率[J].南京财经大学学报,2019(01):1-13.

张车伟,赵文.中国劳动报酬份额问题——基于雇员经济与自雇经济的测算与分析[J].中国社会科学,2015(12):90-112+206-207.

张杰,芦哲,郑文平,陈志远.融资约束、融资渠道与企业R&D投入[J].世界经济,2012,35(10):66-90.

张杰,芦哲.知识产权保护、研发投入与企业利润[J].中国人民大学学报,2012,26(05):88-98.

张俊瑞,陈怡欣,汪方军.所得税优惠政策对企业创新效率影响评价研究[J].科研管理,2016,37(3):93-100.

张莉,朱光顺,李夏洋,等.重点产业政策与地方政府的资源配置[J].中国工业经济,2017(8):63-80.

张其仔,李蕾.制造业转型升级与地区经济增长[J].经济与管理研究,2017,38(2):97-111.

张晴,于津平.制造业投入数字化与全球价值链中高端跃升——基于投入来源差异的再检验[J].财经研究,2021,47(9):93-107.

张全红.我国劳动收入份额影响因素及变化原因——基于省际面板数据的检验[J].财经科学,2010(06):85-93.

张天华,张少华.偏向性政策、资源配置与国有企业效率[J].经济研究,2016(2):126-139.

张维迎,马捷.恶性竞争的产权基础[J].经济研究,1999(06):11-20.

张西征,刘志远,王静.企业规模与R&D投入关系研究——基于企业盈利能力的分析[J].科学学研究,2012,30(02):265-274.

张艳萍,凌丹,刘慧岭.数字经济是否促进中国制造业全球价值链升级?[J].科学学研究,2021(3):1-19.

赵俊康.我国劳资分配比例分析[J].统计研究,2006(12):7-12+83.

赵玮.融资约束、政府R&D资助与企业研发投入——来自中国战略性新兴产业的实证研究[J].当代财经,2015(11):86-97.

赵增耀,章小波,沈能.区域协同创新效率的多维溢出效应[J].中国工业经济,2015(1):32-44.

郑绪涛、柳剑平.促进R&D活动的税收和补贴政策工具的有效搭配[J].产业经济研究,2008,(1):26-36.

中国信息通信研究院.中国数字经济发展白皮书(2020年)[R/OL].(2020-07-10)[2022-01-30]https://baijiahao.baidu.com/s?id=16718 295659214594 68&wfr=spider&for=pc.pdf.

周大鹏. 制造业服务化研究、成因、机理与效应[D]. 上海:上海社会科学院,2010:36-48.

周黎安,罗凯. 企业规模与创新:来自中国省级水平的经验证据[J]. 经济学(季刊),2005(02):623-638.

周明海,肖文,姚先国. 企业异质性、所有制结构与劳动收入份额[J]. 管理世界,2010(10):24-33.

周明海,肖文,姚先国. 中国经济非均衡增长和国民收入分配失衡[J]. 中国工业经济,2010(06):35-45.

周明海,杨粼炎. 中国劳动收入份额变动的分配效应:地区和城乡差异[J]. 劳动经济研究,2017,5(06):56-86.

周绍东. 企业技术创新与政府R&D补贴:一个博弈[J]. 产业经济评论,2008(03):38-51.

周世民,盛月,陈勇兵. 生产补贴,出口激励与资源错置:微观证据[J]. 世界经济,2014(12):47-66.

周煊,程立茹,王皓. 技术创新水平越高企业财务绩效越好吗?——基于16年中国制药上市公司专利申请数据的实证研究[J]. 金融研究,2012,(8):166-179.

周亚虹,贺小丹,沈瑶. 中国工业企业自主创新的影响因素和产出绩效研究[J]. 经济研究,2012,47(5):107-119.

周艳春. 制造业企业服务化战略实施及其对绩效的影响研究[D]. 西安:西北大学,2010:42-55.

朱恒鹏. 企业规模、市场力量与民营企业创新行为[J]. 世界经济,2006(12):41-52+96.

朱平芳,项歌德,王永水. 中国工业行业间R&D溢出效应研究[J]. 经济研究,2016(11):44-55.

朱平芳,徐伟民. 政府的科技激励政策对大中型工业企业R&D投入及其专利产出的影响——上海市的实证研究[J]. 经济研究,2003(06):45-53+94.

宗庆庆,黄娅娜,钟鸿钧. 行业异质性、知识产权保护与企业研发投入[J]. 产业经济研究,2015(02):47-57.

邹薇,袁飞兰. 劳动收入份额、总需求与劳动生产率[J]. 中国工业经济,2018(02):5-23.

邹文杰. 研发要素集聚、投入强度与研发效率——基于空间异质性的视角[J]. 科学学研究,2015(3):390-397.

图书在版编目(CIP)数据

中国制造业企业自主创新能力提升研究：趋势把握与政策选择 / 张伯超著. — 上海：上海社会科学院出版社，2023
ISBN 978-7-5520-4227-6

Ⅰ.①中… Ⅱ.①张… Ⅲ.①制造工业—工业企业管理—研究—中国 Ⅳ.①F426.4

中国国家版本馆CIP数据核字(2023)第163593号

中国制造业企业自主创新能力提升研究：
趋势把握与政策选择

著　　者：张伯超
责任编辑：应韶荃
封面设计：周清华
出版发行：上海社会科学院出版社
　　　　　上海顺昌路622号　邮编200025
　　　　　电话总机021-63315947　销售热线021-53063735
　　　　　http://www.sassp.cn　E-mail:sassp@sassp.cn
排　　版：南京展望文化发展有限公司
印　　刷：上海颛辉印刷厂有限公司
开　　本：710毫米×1010毫米　1/16
印　　张：16.25
字　　数：278千
版　　次：2023年9月第1版　2023年9月第1次印刷

ISBN 978-7-5520-4227-6/F·740　　　　　定价：85.00元

版权所有　翻印必究